Fritz Gundel
Falk Gundel (Hrsg.)

# Rohre klar – Torpedos los!

Als Torpedomechaniker auf
Panzerschiff „Deutschland",
U 512, U 655, U 380, U 967 und U 230
im Atlantik und im Mittelmeer

Ausbildung – Einsatz – Gefangenschaft
1937 - 1948

**Bibliografische Information der Deutschen Nationalbibliothek**
Die Deutsche Nationalbibliothek verzeichnet diese Publikation in der Deutschen Nationalbibliografie; detaillierte bibliografische Daten sind im Internet über www.dnb.de abrufbar.

© 2015 Germania-Verlag
Postfach 10 11 17, D-69451 Weinheim
www.Germania-Verlag.de

Alle Fotos aus dem Archiv des Verfassers.
Alle Rechte vorbehalten.

Herstellung: BoD – Books on Demand, Norderstedt

ISBN 978-3-934871-06-9

# Inhalt

Vorwort des Herausgebers..................................7
Als Freiwilliger zur Kriegsmarine........................13
  Beim Reichsarbeitsdienst..............................13
  Grundausbildung als Matrose in Wesermünde-Lehe........19
  Torpedoschule in Flensburg-Mürwick....................22
  Die Torpedowaffe......................................26
  Aus der Schießlehre...................................33
Auf dem Panzerschiff „Deutschland".......................37
  Seeklar zum großen Atlantikmanöver....................44
  Katapult-Lehrgang in Warnemünde.......................54
  Der Krieg beginnt: Kaperfahrt gegen England...........56
  Heimaturlaub..........................................64
  Unternehmen Weserübung................................66
Auf Unterseebooten.......................................77
  U-Boot-Lehrgang.......................................77
  Baubelehrung in Hamburg-Finkenwerder..................81
  Von U 512 auf U 655...................................91
  Betreuung der Frontboote in Saint Nazaire, Frankreich....101
  Mit U 380 auf Feindfahrt ins Mittelmeer...............106
  Im Kriegsmarinehafen La Spezia, Italien...............119
  Die dritte, vierte und fünfte Feindfahrt von U 380....125
  Mit U 380 im Sondereinsatz: Hilfe für Rommel..........129
  Auf der U-Bootsweide in Viareggio, Italien............136
  Im Hafen von Toulon, Frankreich.......................143
  Die letzte Feindfahrt von U 380 unter Kaleu Brandi....146
  Auf Feindfahrt mit U 967..............................156

    Heimaturlaub..........................................................................163
    Die letzte Feindfahrt von U 230...........................................166
    Auf einem Fischerboot in die Gefangenschaft.................174
Gefangenschaft.............................................................................185
    Durchgangslager und Registrierung....................................185
    Bei der CIA in Rom zum Verhör..........................................193
    Im P.O.W. Camp No. 379 Quassassin in Ägypten.............202
    Unser Gefangenentheater.......................................................214
    Arbeitseinsatz im Scheinwerfer-Kommando......................216
    Bei der Arbeitskompanie 3108 zum Kläranlagenbau........229
    Als Maurer im Headquarter Middle East............................234
    Meine Entlassung aus der Gefangenschaft........................245
    Die Fahrt nach Hause – ein Reisebericht............................252

# Vorwort des Herausgebers

Fritz Gundel – mein Vater – wurde 1919 geboren. Gerade war der Erste Weltkrieg mit der Niederlage Deutschlands zu Ende gegangen. Wirtschaftskrise, Inflation und Massenarbeitslosigkeit folgten und prägten seine Kindheit und Jugend.

Der Wunsch, Matrose zu werden, begleitete meinen Vater schon während seiner Lehrzeit, und so beschloss er, sich freiwillig bei der Marine zu bewerben. Als Matrose, so glaubte mein Vater, sei er gut versorgt und könnte sich seine Sehnsucht nach Abenteuern in der fernen Welt erfüllen.

Tatsächlich schien sich der Traum, ferne Länder zu bereisen, zunächst zu erfüllen. Doch bald ereilte ihn auf einem Panzerschiff der Kriegsausbruch. Mit knapper Not entging er der Versenkung mit diesem Schiff.

Er ließ sich von der U-Boot-Waffe anwerben und erlebte und überlebte durch schier unglaubliche Glücksumstände fünf verschiedene U-Boote. Drei Viertel seiner Kameraden sind umgekommen.

Mein Vater gehörte zur Besatzung des letzten einsatzfähigen deutschen U-Bootes im Mittelmeer. Nach dem Auslaufen zu einer letzten Feindfahrt wurde der Hafen geschlossen, es gab also überhaupt keine Chance für eine Rückkehr. Das Boot strandete auf einer Felsenklippe.

Ein Dreivierteljahr vor Kriegsende geriet mein Vater so in englische Gefangenschaft. Die Odyssee als Gefangener durch etliche Lager und Verhöre endete in einem trostlosen Camp inmitten der Wüste in Ägypten.

Erst 1948 wurde er in die damalige sowjetische Besatzungszone entlassen.

\* \* \*

Im Alter von knapp 50 Jahren erlitt mein Vater einen schweren Herzinfarkt. Die Rehabilitation zog sich eine lange Zeit hin. Um nicht untätig zu sein, befasste er sich mit der Niederschrift seiner Erlebnisse.

Seinen Aufzeichnungen beigefügt ist eine Notiz mit folgendem Wortlaut:

*„Die Idee zu dieser Niederschrift ist mir während meiner langen Krankheit 1970 gekommen. Anregung und Aufforderung dazu erhielt ich von dem Bibliothekar des Krankenhauses Dresden-Neustadt. Nachdem ich alle Materialien zusammengetragen hatte, schrieb ich schon im Herbst 1970 die ersten Zeilen. Mit unterschiedlichem Eifer und Elan entstand in der folgenden Zeit Seite um Seite. Heute, am 20. November 1974, nehme ich das letzte Blatt aus der Maschine."*

Mit diesen Worten beendete mein Vater seine Aufzeichnungen, die er anfangs als Therapiemaßnahme, dann aber, seiner Eigenart folgend, konsequent bis zum Ende führte, obwohl er inzwischen wieder voll berufstätig war.

Er hat fünf Jahre lang an dieser Schrift gearbeitet, die er eigentlich nur für sich selbst verfertigen wollte. Weil er damals überhaupt nicht an eine Veröffentlichung dachte, hat er seine Gedanken ehrlich niedergelegt, so wie es ihm in den Sinn kam und wie es seiner Überzeugung entsprach, ohne Berücksichtigung der zur Zeit des DDR-Regimes üblichen Darstellung des Zweiten Weltkrieges und des Dritten Reichs.

Mein Vater hat seine Aufzeichnungen auf einer Reiseschreibmaschine im Dreifingersystem getippt. Stückweise hatte er sich im Vorfeld handschriftliche Notizen angefertigt. Die Seiten schmückte er zum Teil liebevoll mit Handzeichnungen aus. Die Pappdeckel der vier Ordner sind mit dem Titel *„Oh, du schöne Jugendzeit"* beschriftet.

Heute ärgere ich mich, dass ich der Beschäftigung meines Vaters mit seinen Lebenserinnerungen damals kaum Aufmerksamkeit gewidmet habe. Ich bedauere es, dass ich zu Lebzeiten meines Vaters mit ihm viel zu wenig über seine Kriegserlebnisse gesprochen habe. Glücklicherweise habe ich es abgewendet, als meine Mutter die Bände aus Platzgründen wegschenken wollte.

Ziemlich genau 40 Jahre nachdem mein Vater seinen Bericht beendet hat, habe ich die Bände wiederentdeckt und damit gewissermaßen einen kleinen Schatz ans Licht gebracht. Mit der heutigen Gelassenheit des Alters und mit dem erheblichen Abstand zu den beschriebenen Ereignissen war ich von den Schilderungen fasziniert, und ich bin überzeugt, dass das anderen Lesern ebenso ergeht.

Ich bin glücklich, die Aufzeichnungen meines Vaters der Nachwelt erhalten zu können.

Danke, Vater!

Falk Gundel

# Erinnerungen

an die Zeit meiner Jugend, die, aus der heutigen Zeit gesehen, doch so ernst und doch schönste Jugendzeit war, vielleicht für den heutigen Betrachter, voller Abenteuer und auch Romantik.

Diese Zusammenstellung soll keinesfalls werben sondern erinnern an meine Dienstzeit

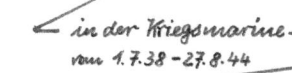
beim Arbeitsdienst
vom 1.10.37 - 28.3.38.

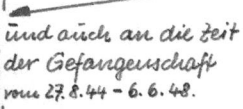
in der Kriegsmarine
vom 1.7.38 - 27.8.44

und auch an die Zeit der Gefangenschaft vom 27.8.44 - 6.6.48.

Titelblatt der Originalaufzeichnungen meines Vaters Fritz Gundel

# Als Freiwilliger zur Kriegsmarine

## Beim Reichsarbeitsdienst

Der Wunsch, später einmal Matrose zu werden, begleitete mich schon während meiner Lehrzeit als Werkzeugmacher. So bewarb ich mich nach der erfolgreich beendeten Lehre bei der Kriegsmarine.

Eine Voraussetzung zur Aufnahme als Wehrmachtsfreiwilliger war es, noch vor der Einberufung die Arbeitsdienstpflicht zu erfüllen. Normalerweise mussten alle Städter im Sommerhalbjahr und die Jungen vom Land im Winterhalbjahr für sechs Monate zum Dienst antreten. Bei Wehrmachtsfreiwilligen hingegen blieb nur ein möglicher Termin – für mich war es der 1. Oktober 1937. Die Landbevölkerung hatte den Vorteil, erst am 1. November antreten zu müssen, sie brauchte meist nur fünf Monate dienen.

Ich erhielt ein amtliches Dokument, dass ich am 1. Oktober 1937 in Nossen/Sachsen einzutreffen hätte. Schon auf dem Bahnhof und im Zug fand ich einige Leidensgefährten. Schnell waren wir uns einig, erst einmal bei einem kleinen Stadtbummel die letzte Freiheit zu genießen. Nachdem wir uns auch noch etwas Mut angetrunken hatten, ging es mit Musik und viel Elan in die Reichsarbeitsdienst-Abteilung 9/155.

◀ Fröhlich zogen wir durch Nossen ins Lager

Die RAD-Abteilung 9/155 war in einem ehemaligen Fabrikgebäude untergebracht. Wir Ankömmlinge waren dort zunächst weit und breit die einzigen. Sogleich mussten wir erst einmal antreten, und wir wurden zu einem Trupp zusammengefasst. Die Vorgesetzten wurden uns vorgestellt. Wie wir bald merkten, waren sie sehr korrekt. Sie bezeichneten uns als „ausgesuchtes Material", denn wir waren allesamt Wehrmachtsfreiwillige.

Nun begann die Grundausbildung, bei der wir als erstes mit dem Symbol des Reichsarbeitsdienstes – dem Spaten – vertraut gemacht wurden und mit dessen Handhabung auch als Exerziermittel. Die ersten Tage der Ausbildung standen unter dem Motto: „Schnaps ist Schnaps und Dienst ist Dienst".

Bald verband uns ein schönes kameradschaftliches Verhältnis mit unseren Ausbildern. Wie viel das wert war, bekam ich wenig später schmerzlich zu spüren, nachdem ich versetzt wurde.

Nachdem wir eine Grundausbildung von etwa drei Wochen absolviert hatten, begann der Arbeitseinsatz. Wir bauten an einer Wirtschaftsstraße durch den Wald, parallel zur Autobahn. Einige von uns waren im Steinbruch beschäftigt und beluden ein Fahrzeug mit großen Steinen von einer Halde, andere versetzten die Steine als Packlager für unsere Straße. Jeden Tag wurde gewechselt, so dass jeder einmal schlechtere und einmal bessere Arbeit hatte.

Am 1. November 1937 trafen dann weitere junge Männer ein, die zum größten Teil im Bayrischen Wald beheimatet waren. Ich hätte es nicht für möglich gehalten, wenn ich es nicht erlebt hätte, dass bei diesen Neuzugängen sogar Analphabeten dabei waren, jedenfalls des Schreibens fast unkundig und auch der deutschen Sprache. Wegen des starken Dialektes hatten wir mit vielen kaum überbrückbare Verständigungsschwierigkeiten. Nun hatte das Lager Sollstärke.

Unser Mustertrupp wurde aufgelöst und jeweils ein Mann von uns wurde als Hilfsausbilder unter die Neuen gemischt. Wir fühlten uns natürlich sofort wie befördert, aber wir hatten unsere liebe Not, unseren Trupps die geforderte Ausbildung beizubringen.

Leider war dieser Traum nur sehr kurz, denn schon am 10. November wurden wir auf höheren Befehl in alle Winde verstreut, immer zwei bis drei Mann in andere Lager der Umgebung.

Ich wurde in das Reichsarbeitsdienst-Lager 2/155 nach Langenau bei Freiberg versetzt. Wir wurden sehr herzlich von unseren Führern einschließlich dem Lagerleiter (Oberstfeldmeister, entspricht etwa einem Hauptmann) verabschiedet.

Das Lager in Langenau war nicht einfach zu finden. Ganz im Gegensatz zum herzlichen Abschied in Nossen wurden wir hier unfreundlich empfangen. Alles sah anders aus, das Lager bestand nur aus Baracken. Auch für das Waschen gab es eine Baracke mit vielen Schüsseln und wenigen Wasserhähnen. Die freie Natur ringsum diente als Toilette. Das wurde dann erst richtig ekelhaft, als der Winter mit Schnee und Eis einbrach.

Wir wurden verstreut in Trupps gesteckt, wo noch ein Bett (das heißt: ein Strohsack) frei war. So landete ich im 2. Trupp mit einem Vormann, dessen Name mir, Gott sei Dank, entfallen ist. Ich war hier unter lauter Neue geraten, die alle aus Niederschlesien stammten und trotz fünfmonatiger Reichsumschulung sprichwörtliche Bauernjungs blieben.

Anfangs wollte bei uns überhaupt nichts klappen, weshalb wir von unserem Vormann – einer Intelligenzbestie sondergleichen – nach allen Regeln der Kunst gestaucht wurden. Aber schließlich und endlich waren wir doch ein Trupp geworden, konnten den „Spatengriff" und andere lebensnotwendige Bewegungen auf Kommando gleichzeitig ausführen.

Unsere Baustelle war etliche Kilometer entfernt. Deshalb legten wir die Strecke über Berg und Tal mit dem Fahrrad zurück. Wenn bei Schnee und Eis einer aus der Kolonne nicht aufpasste, lagen wir manchmal auf der Straße kreuz und quer durcheinander.

Unsere Arbeit bestand darin, Drainage-Gräben für die Entwässerung von Wiesen und Feldern anzulegen. Von weitem grüßte uns die Augustusburg beim Schachten. Die Arbeiten wurden erst unterbrochen, als der Boden steinhart gefroren war. Unsere Arbeitsstiefel waren nur dürftig mit Flicken repariert. Das war praktisch, denn das Wasser, das vorn rein lief, konnte hinten bequem wieder heraus.

Der Tagesablauf war so organisiert: Vormittags arbeiteten wir auf der Baustelle. Vor dem Mittagessen mussten noch die Fahrräder so geputzt werden, dass sie der Abnahme standhielten. Das war bei Matschwetter ein echtes Problem. Am Nachmittag stand dann Exerzieren und Unterricht auf dem Programm. Als Exerzierplatz diente die Straße, bei Frost dann der Acker.

Obwohl sich später unsere Beziehung zur Lagerführung verbesserte, habe ich von diesem Lager nur wenige gute Erinnerungen.

Ich weiß noch, dass wir später am Sonnabend und am Sonntag Ausgang hatten. Zum Tanze zogen wir nach Brand-Erbisdorf oder gar bis zum „Letzten Dreier" kurz vor Freiberg. Ziemlich nahe lag der Gasthof zu Mönchenfrei, aber dort war nur gelegentlich sonntags Tanz.

Eine Episode ist mir in besonderer Erinnerung geblieben. Es war Ende Januar, möglicherweise war es auch schon Februar, als wir Arbeitsdienstler vom Turnverein Langenau zum großen Sportlerball in den Zentralgasthof eingeladen wurden, natürlich bei freiem Eintritt. Das Schicksal stellte seine Weichen, denn mir fiel ein junges Mädchen sofort ins Auge. Mit ihr stellte ich mein ganzes bescheidenes Barvermögen auf den Kopf. Mit den letzten fünf Pfennigen leisteten wir uns eine Rutschfahrt auf der eigens hergerichteten Bahn in den Keller zur Bar. Der Not gehorchend stellten wir beide übereinstimmend fest, dass wir eigentlich überhaupt keinen Durst spürten. Der aufkeimenden Liebe hat das keinen Abbruch getan, denn später wurde Inge, meine Freundin vom Sportlerball, meine Frau. Sicherlich ist es diesem Umstand zu verdanken, dass die Zeit anschließend viel schneller vergangen ist und alle schlechten Erinnerungen verdrängt worden sind.

Der 28. März 1938 war der Tag der Entlassung aus dem Reichsarbeitsdienst. Nun folgte noch eine Zeit als, wie ich es damals empfand, „schäbiger Zivilist" ohne Einkommen, bis ich am 1. Juli 1938 wieder einmal einrücken durfte.

Reichsarbeitsdienst-Lager Langenau: Belegung Winterhalbjahr 1937/38

Arbeitsmann Gundel im Drillichanzug

## Grundausbildung als Matrose in Wesermünde-Lehe

Nach meiner Bewerbung als Matrose beim II. Admiral der Nordsee gab es einige Korrespondenzen mit dessen Amt. Eine Voraussetzung für die Aufnahme in die Kriegsmarine war ein Nachweis arischer Abstammung. Bei der Überwindung dieser Hürde gab es einige Schwierigkeiten. Meistens konnten die Pfarrämter an den Wohnorten der Vorfahren entsprechende Auskünfte erteilen. Jedoch mein Großvater mütterlicherseits war nicht in die Registratur des zuständigen katholischen Pfarramtes eingetragen worden, weil er als Katholik mit einer Protestantin meine Mutter unehelich gezeugt hatte. Eine weitere Voraussetzung für die Annahme war natürlich noch die Attestierung meiner Tauglichkeit für den Marinedienst.

Aber nun war es endlich soweit: Am 1. Juli 1938 hatte ich in Wesermünde-Lehe meine freiwillige Verpflichtung einzulösen. Ich hatte meine Dienstzeit bei der Kriegsmarine anzutreten.

Ich hatte für die Anreise vorsorglich einen Zug gewählt, der frühzeitig in Lehe ankommen würde. Vor dem Einrücken wollte ich mir noch den Wunsch erfüllen, einmal den Hafen oder das Meer zu sehen. Leider erfüllte sich dieser Plan nicht, denn schon am Bahnhof wurden wir von den Ausbildern mit gewaltigem Stimmaufwand empfangen und im geschlossenen Trupp im Gleichschritt zur Kaserne geführt.

Acht Tage lang wurden wir Ankömmlinge nochmals allen Prüfungen einschließlich Sporttests und Untersuchungen unterzogen. Doch dann war ich endgültig angenommen und damit stolzer Matrose geworden.

Meine erste Dienstabteilung war die 10. Schiffsstammabteilung Wesermünde-Lehe, 2. Kompanie, 3. Zug.

Es begann die Grundausbildung, die sogenannte Infanterie-Ausbildung, oder mit anderen Worten: Rekrutezeit mit großem Dampf und hartem Pfeffer und mit großem sportlichen Einsatz. Diese Ausbildung dauerte drei Monate. Am Schluss gab es eine Besichtigung durch einen Admiral, dem wir unsere frisch erworbenen Fähigkeiten und Kenntnisse präsentieren mussten.

Jeder Mann unserer Kompanie musste unter anderem einen Salto über den Tisch mit Anlauf über das Trampolin machen. Wir waren ein ganzes Vierteljahr ohne Rücksicht auf Verluste darauf gedrillt worden. Erstaunlicherweise hat es nach meiner Erinnerung dabei keine Unfälle gegeben.

Die ersten vier Wochen hatten wir überhaupt keinen Ausgang. In der Sprache der Matrosen hieß das, wir durften nicht an Land. Am Vormittag des fünften Sonntags endlich wurden wir von unserem Ausbildungs-Unteroffizier (Bootsmaat) zum Hafen geführt. Wir konnten dort einen der größten deutschen Passagierdampfer, die „Bremen" besichtigen. Später durften wir jeden Sonnabend bis 22 Uhr und sonntags bis 20 Uhr ausgehen, wenn zuvor alles geklappt hatte.

Matrose Gundel

10. Schiffsstammabteilung, 2. Kompanie

# Torpedoschule in Flensburg-Mürwick

Am 3. Oktober 1938 wurde ich zu meiner nächsten Ausbildungsstation kommandiert, zur Torpedoschule in Flensburg-Mürwick. Hier wurde ich in die 2. Kompanie eingereiht. In Flensburg erhielt ich eine Fachausbildung als Torpedomechaniker.

Hier hatten wir jeden Vormittag fünf Stunden Unterricht. Nachmittags gab es zweimal pro Woche Infanteriedienst und zweimal Sport. Die Nachmittage am Mittwoch und am Sonnabend waren dienstfrei, auch der ganze Sonntag. Davon gab es jedoch Ausnahmen, zum Beispiel, wenn „Reinschiff" angesetzt wurde. In der scheinbar reichlichen Freizeit mussten allerdings noch Schularbeiten angefertigt werden. Der Unterricht beinhaltete neben der exakten Fachausbildung über den Torpedo, die Ausstoßrohre und die elektrischen Rechenanlagen und Übertragungssysteme auch allgemein bildende Fächer, Mathematik, Deutsch, Physik und besonders Elektrotechnik.

Im November war dann ein großes Torpedoschießen über eine ganze Woche angesetzt. Dabei galt es zu beweisen, was wir inzwischen erlernt hatten. Dazu machten wir erstmals Bekanntschaft mit der richtigen See (Ostsee), und die zeigte sich gleich von einer stürmischen Seite. Mit einem Motorboot wurden wir durch die Flensburger Förde bis in die offene See auf ein großes Motorschiff gebracht. Die „Rügen" war unser Wohnschiff. Allerdings konnten wir die schönen Unterkünfte auf diesem Schiff kaum genießen, denn an jedem Tag ging es früh von acht bis halb zwei in der Nacht auf ein altes Torpedoboot der Torpedo-Schulflotte, ein so genanntes G-Boot.

Ununterbrochen mussten wir Torpedos klarmachen (für das Schießen vorbereiten). Es wurde Angriff auf Angriff gegen ein Zielboot gefahren. Wir hatten mit unserem Ausbildungsmaat die Torpedos bei stürmischster See unter harten Bedingungen laufend neu zum Schuss vorzubereiten, während die Offiziere dabei Angriff, Zielen und Schießen lernten. Später erkläre ich noch, welche Aufgaben und Handlungsabläufe die Torpedomechaniker zu erfüllen hatten.

Bei der Torpedo-Ausbildung:
Der Aal wird an Bord gehievt

Wir waren wie gerädert, wenn wir nach Mitternacht endlich ölig und speckig auf unser Wohnschiff abgesetzt wurden und ein paar Stunden schlafen konnten. Trotz aller Anstrengung war ich stolz auf mich, denn ich hatte den Seegang sehr gut überstanden, obwohl mir manchmal hundeelend zu Mute war. Mehr als die Hälfte meiner Kameraden haben sich grau und blau gekotzt.

Außer diesem Einsatz gab es auf der Torpedoschule immer einen geregelten Tagesablauf. Ausgang gab es jeden Mittwoch, Sonnabend und Sonntag bis 24.00 Uhr für uns. Es war eine meiner schönsten Zeiten, denn Flensburg ist ein reizendes Städtchen mit netten Menschen und Mädchen. Was die Gaststätten anbelangt, die Varianten waren so vielfältig, von der richtigen Seemannskneipe, dem Grog-Keller bis zum schönsten Café. Auch die Umgebung hatte ihre Reize, landschaftlicher und gastronomischer Art.

Zum Abschluss gab es Prüfungen und zuletzt eine bunte Veranstaltung. Mit großer Spannung erwarteten wir nun unsere Kommandierung auf ein Schiff, die richtige Seemannszeit stand bevor. Nach der Absolvierung der Torpedoschule war ich nun nicht mehr nur schlicht „Matrose", sondern Mechanikersgast (T), wobei das „T" für Torpedo steht.

*  *  *

Am 17. März 1939 war es so weit. Uns wurden die neuen Kommandos bekannt gegeben. Vor Freude hätte ich einen Satz machen können, denn ich sollte auf das berühmte Panzerschiff „Deutschland" (10.000 t) kommen.

Die Tage vergingen viel zu langsam. Endlich bekamen wir unsere Marschpapiere. Ab ging es nun in Richtung Wilhelmshaven, in Marinekreisen als „Schlicktau" bekannt. Dort sollte mein herrliches Schiff liegen!

Mechanikersgast (T) Fritz Gundel auf der Torpedoschule

## Die Torpedowaffe

Hier schreibe ich meine Kenntnisse über die Torpedos und die Aufgaben und Pflichten des Torpedomechanikers nieder.

Drei Typen von Torpedos wurden bei der Kriegsmarine geschossen, es waren der G 7a, der G 7e und der Zaunkönig. Der G 7a war ein so genannter Lufttorpedo, denn der Antrieb erfolgte mit Pressluft. Er konnte drei Geschwindigkeiten laufen: 30, 40 und 44 Seemeilen/Stunde. Der G 7e (elektrisch angetrieben) lief 30, der Zaunkönig nur 27 Seemeilen/Stunde. Jeder Typ hatte Vor- und Nachteile. Dem entsprechend wurden die Torpedos eingesetzt. Der Zaunkönig war der Neueste. Er wurde erst die letzten Jahre, beinahe nur Monate eingesetzt.

### Allgemeine Beschreibung der Torpedos

Torpedos bestehen aus drei Teilen: Gefechtskopf, Mittelteil und Hinterteil.

Das wichtigste Teil, der Gefechtskopf, war mit 300 kg Sprengstoff gefüllt. Von vorn wurde der Zünder, hier Pistole genannt, eingesetzt. Die Form der Pistole wurde im Laufe der Zeit mehrfach geändert, wahrscheinlich auch die Wirkungsweise. Zuletzt war die Pistole so lang, dass sie durch den ganzen Kopf gesteckt werden musste, was wahrscheinlich auf Kosten der Menge der Sprengladung ging.

Die Wirkungsweise der Pistole war streng geheim und nur Offizieren gelehrt worden. Mir war bekannt, dass erst durch die Rotation des Propellers der Pistole nach dem Abschuss des Torpedos die Zündladung in Zündstellung gebracht wurde. Erst dann konnte die Pistole auf Anschlag ansprechen. Dafür war die Pistole mit vier großen gebogenen Armen ausgestattet. Es gab auch eine magnetische Auslösung.

Bei Schul- und Übungsschießen wurde ein Übungskopf verwendet, der dieselben ballistischen Eigenschaften wie ein normaler Gefechtskopf hatte. Ein Übungskopf war leuchtend rot-weiß angemalt. Er hatte die Aufgabe, den Torpedo nach Ablauf der eingestellten Schussweite schwimmend zu erhalten. Im Gegensatz dazu gingen scharfe Torpedos nach dem Verbrauch des Treibstoffs auf Grund.

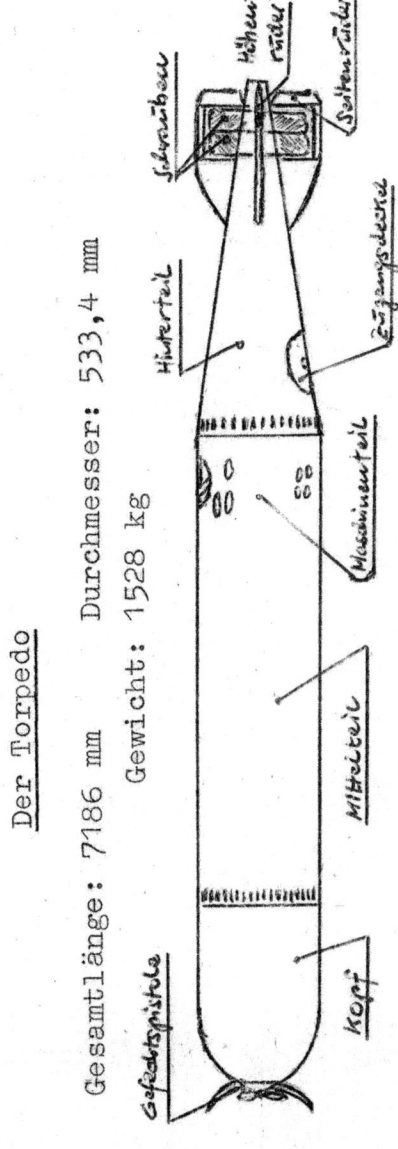

Die Wirkungsweise des Übungstorpedos war folgende: Wenn der Torpedo stoppte und an Fahrt verlor, betätigte sich eine Stauklappe, die ein Ventil öffnete. Aus einem Pressluftbehälter wurde das in den Übungskopf eingefüllte Süßwasser ausgeblasen. Der Torpedo schwamm nun, schräg im Wasser liegend.

Zur Sicherheit war noch ein Sender eingebaut, dessen knarrende Töne von geeigneten Geräten angepeilt werden konnten. Dieser Sender war auch von Bedeutung, weil beim Schulschießen öfter Torpedos havarierten und auf den Meeresboden sackten, weil zum Beispiel der Torpedomechaniker vergessen hatte, einen Zugangsdeckel in den hinteren Teil zu verschließen. Bei jedem Übungsschießen war ein ausgebildetes Kommando mit Tauchern mit der Bergung solcher Torpedos beschäftigt.

In den Übungskopf konnte auch wahlweise eine „Miefbuchse" oder eine große Lampe eingebaut werden. Erstere hatte die Aufgabe, den aufgetauchten Torpedo durch starke Rauchentwicklung zu markieren, geeignet nur beim Tagesschießen. Beim Nachtschießen hingegen war der starke Lichtkegel des Scheinwerfers für das Auffinden unentbehrlich.

Zum Übungsschießen konnte man nur den G 7a, den Lufttorpedo verwenden. Dessen Blasenbahn war hilfreich für die Auswertung der Übung. Die elektrischen Torpedos G 7e waren für Übungen nicht geeignet, weil die Batterien nach einmaliger Anwendung völlig verbraucht waren. Damit war ein wiederholtes Schießen nicht denkbar.

Der Mittelteil des Lufttorpedos birgt einen Pressluftkessel mit 676 Litern Inhalt. Dieser Kessel wurde mit 205 atü aufgepumpt. Der E-Torpedo hat in der Mitte Stauraum für zwei hintereinander untergebrachte Akkumulatoren. Jeder Batterietrog wog etwa sieben Zentner. Weil die Batterien nicht Kopf stehen dürfen, war das ein weiterer Grund, weshalb sich die elektrischen Torpedos nicht für das Üben eigneten.

An das Mittelteil schloss sich die Maschine an, die in einem Falle ein Elektromotor (Hauptschlussmotor) und beim anderen Typ ein Vierzylinder-Stern-Expansionsmotor war. Ein Elektromotor erfordert nicht allzu viel Aufwand an Hilfseinrichtungen, lediglich Schalter und Ladeanschlüsse und Belüftungen für das Batterieteil. Demgegenüber benötigte der Lufttorpedo einige zusätzliche Aggregate. Ein Druckregler stellte die Pressluft auf den gewünschten Betriebsdruck je nach Schussart (Schnell-, Nah- und Weitschuss) ein. Im Verdampfer wurde der Pressluft noch Süßwasser und Treibstoff zugemischt. Über eine Ventilsteuerung wurde das Heißluft-Dampfgemisch dem Sternkolben Motor zugeführt. Die Kurbelwelle übertragt die erzeugte Antriebskraft über die Schraubenwelle und über ein Kreuzkopfgetriebe zu den beiden gegenläufigen Antriebsschrauben.

Im Hinterteil oder auch Schwanzstück waren alle empfindlichen Steuergeräte untergebracht, der Geradlaufapparat mit Steuermaschine (GA) und der Tiefenapparat mit Steuermaschine. Der GA enthielt einen kardanisch aufgehängten Kreisel, der im Moment des Ausstoßes sofort mit Hilfe von 205 atü Pressluft auf 15.000

Umdrehungen pro Minute gebracht wurde und damit frei im Raum lief. Jede Kursabweichung wurde auf die Steuermaschine übertragen. Diese wiederum brachte dann mit Hilfe von Pressluft die Kräfte auf, das Steuerruder zu bewegen. An dieser komplizierten Mechanik war auch der Schusswinkel einstellbar. Es war möglich, dass der Torpedo nach Verlassen des Ausstoßrohres sofort einen Bogen laufen konnte, bis maximal 90° nach beiden Richtungen, und sich dann schnurgerade weiter bewegte. Dies war wichtig für Unterseeboote, weil diese im Gegensatz zu den Überwasserschiffen nur starr mit dem Bootskörper verbundene Ausstoßrohre haben.

Der Tiefenapparat arbeitet pendelförmig. Eine Feder erhielt eine einstellbare Vorspannung, die dann mit dem Wasserdruck (Wassersäule über dem Torpedo) verglichen wurde. Es waren Einstellungen bis zwölf Meter Wassertiefe möglich. Die schwachen Ausschläge wurden wiederum mit Hilfe von Pressluft verstärkt und den Tiefenrudern übermittelt. Am Ende des Torpedos waren die beiden vierflügeligen Schrauben auf einer Welle angebracht. Die Schrauben liefen im Gegensinn, weshalb auch die Steigung der Schraubenflügel gegensinnig war. Außerdem befanden sich am Heck noch vier um 90 Grad versetzte Leitwerke.

Der neue Torpedo, Deckname „Zaunkönig", kam erst im Sommer oder Herbst 1943 zum Einsatz. Für einen Lehrgang zum neuen Torpedo musste ich extra von Toulon (Südfrankreich) nach Danzig und Gotenhafen fahren. Die Wartungsmaßnahmen für den Zaunkönig ähnelten denen des E-Torpedos. Er hatte jedoch einige zusätzliche Aggregate an Bord, die die Steuerung des Torpedos beeinflussten, so dass er sich den Gegner selbst suchen konnte und ihm auch nachlief. Die Wirkungsweise war uns nicht gelehrt worden, wahrscheinlich reagierte er auf Geräusche. Am Kopf, wo sonst die Pistole saß, hatte er eine andere Form, man sprach von einer Geräuschmembrane. Die Pistole war sehr klein und wurde von oben in den Kopf eingesetzt. Leider hatte er einen großen Nachteil, er erreichte nur noch eine Geschwindigkeit von 27 Seemeilen pro Stunde, die zusätzlichen Apparate zehrten an der Leistung. An Bord war beim „Zaunkönig" nicht viel mehr zu beachten als bei den Vorgängern.

In Gotenhafen wurde uns dieser Torpedo unter anderem auch bei einem Nachtschießen vorgeführt. Es war verblüffend, was wir dort erlebten. Wir fuhren auf einem modernen Torpedoboot in die Danziger Bucht hinaus. Dieses Boot war das Zielschiff. Durch ein Leuchtsignal wurde uns angezeigt, wann das angreifende U-Boot den Torpedo abgeschossen hatte. Bald darauf sahen wir schon den großen Lichtkreis auf der Wasseroberfläche herannahen. Nun wurden allerhand Kursänderungen vorgenommen, aber der Torpedo lief laufend unter uns durch, machte einen Bogen und unterlief uns wiederum. Unser Torpedoboot machte dann große Fahrt auf, vielleicht 40 bis 50 Seemeilen pro Stunde, und schon blieb der Torpedo zurück, bis er dann stoppte und auftauchte. Es war klar, dass schnelle Schiffe dem Torpedo davonlaufen konnten.

Wir hatten im Fronteinsatz gute Erfolge mit diesem Torpedo. Später in der Gefangenschaft, bei einem Verhör durch einen englischen Captain, erklärte der mir, weil ich Auskünfte zu diesem Torpedo verweigerte, dass sich Boote mit diesem Torpedo selbst versenkt hätten. Der Torpedo hätte auch auf das eigene Boot angesprochen. Trotzdem war dieser Torpedo in technischer Hinsicht ein großer Fortschritt. Die anderen Torpedotypen waren schon viele Jahre im Einsatz. Hinsichtlich der Schuss- und Laufgenauigkeit blieben sie schon lange hinter den modernen Feuerleitanlagen zurück.

* * *

Wir Torpedomechaniker wurden auf den Schiffen kurz „Mixer" genannt. Unsere Aufgabe bestand darin, die Torpedos, die wir fix und fertig vor jedem Auslaufen erhielten, zu warten und zu pflegen. Dazu gab es genaue Anweisungen, was an täglicher Pflege oder in längeren Zyklen an Bord vorzunehmen war. Im Fronteinsatz war es nicht immer möglich, alle vorgeschriebenen Pflegemaßnahmen und Funktionsprüfungen durchzuführen. Nach jedem Einsatz auf See und natürlich nach jedem Fronteinsatz wurden die noch an Bord verbliebenen Torpedos gleich am nächsten Tag abgegeben. Sie gingen zurück in die Torpedowerkstätten, wo sie einer intensiven Wartung unterzogen wurden.

Die Torpedoübernahme und -abgabe war auf kleinen Schiffen ein komplizierter Vorgang, der oft die halbe Besatzung beschäftigte. Die 1,5 t schweren Torpedos waren nicht so einfach über oder unter Deck und in die Ausstoßrohre oder Reservelagerungen zu transportieren. Es gab ein umfangreiches Ladegeschirr mit Flaschenzügen und Schlitten. Das Nachladen der Rohre auf See war besonders schwierig. Vor einem Fronteinsatz wurden gewöhnlich zwölf Torpedos auf ein U-Boot verladen. Dieser Vorgang dauerte fast einen ganzen Tag. Auf Überwasserschiffen war das nicht so kompliziert, denn diese Schiffe nehmen keine Reservetorpedos mit. Damit entfallen dort die Transporte bei Seegang.

Ein weiteres Aufgabengebiet unter der Obhut der Mixer waren die Ausstoßrohre oder Rohrsätze, die ebenfalls einer laufenden Pflege bedurften. In Friedenszeiten waren dort vor allem die vielen Messing- und Bronzeteile sehr arbeitsaufwändig. Sie mussten pausenlos auf Hochglanz poliert werden. Im Kriege wurde dann vieles davon mit Farbe übermalt. Das galt nicht nur für unsere Waffe, sondern für das ganze Schiff.

Die Torpedorohre unterscheiden sich wesentlich dadurch, ob sie über oder unter der Wasserlinie des Schiffes angebracht sind. Bei der deutschen Kriegsmarine gab es Unterwasserrohre nur auf U-Booten. Die schweren oder leichten Kreuzer, Zerstörer und Torpedoboote hatten Rohrsätze. Üblich waren Drillings- und Vierlings-Rohrsätze, die auf einem drehbaren Untersatz montiert sind. Gezielt wurde durch Schwenken des ganzen Satzes. Es war möglich, damit Salven – wir sagten „Fächer" – zu schießen. Das zügige Schwenken des ganzen Satzes erforderte komplizierte Steuerungsanlagen. Feststehende Rohre hatten nur die Schnellboote, es musste dann mit dem ganzen Boot gezielt werden.

Je moderner das Schiff war, desto moderner waren auch die Rohrsätze: Sie mussten nicht mehr von Hand gesteuert werden, waren automatisiert und schwenkten nach eingegebenen Werten. Der Torpedo wurde durch Pressluft ausgestoßen und machte einen gewaltigen Satz in das tiefer liegende Wasser. Diese Torpedos brauchten eine gewisse Laufzeit, bis sie sich auf die eingestellte Tiefe eingespielt hatten.

Auf U-Booten waren die Rohre fest eingebaut und lagen unter der Wasserlinie, auch im aufgetauchten Zustand. Es wurde hier nur mit dem Winkelschuss gearbeitet. Die Rohre besaßen vorn eine wasserdichte Mündungsklappe. Außerdem wurden hier die Torpedos mit Hilfe eines Kolbens, hinter dem dann die Ausstoßpressluft wirkte, ausgestoßen. Diese Rohre waren zwar wegen der fehlenden Schwenkmechanik einfacher, aber die Abfangvorrichtung für den Kolben und vor allem die Abführung der Ausstoßpressluft in das Innere des Bootes waren hier zusätzliche Aufgaben. Es ging in erster Linie darum, den gewaltigen Luftschwall nach außen, der den Standort des Bootes verraten hätte, zu verhindern. Diese Technik machte die Rohre im U-Boot auf andere Weise komplizierter als bei den Überwasserrohren. An allen Rohren konnte man von außen bis zum Moment des Abschusses die Tiefe, den Winkel und die Schussart an dem im Rohr lagernden Torpedo verändern.

Die Aufgaben der Torpedomechaniker waren sehr vielseitig und reichten von Funktionsprüfungen und Wartungs- und Pflegemaßnahmen bis zu ernsthaften Reparaturen. Eine besonders „beliebte" Arbeit war die Reinigung der Rohre. Das war von Zeit zu Zeit notwendig, denn die Torpedos waren mit einer dicken Fettschicht umhüllt. Diese Fettschicht bewirkte ein besseres Gleiten beim Ausstoß und war auch zur Konservierung des Torpedos notwendig. Oftmals mussten die Torpedos stundenlang im Seewasser lagern, wenn wir im Angriff waren.

Bei dem Kommando „Rohre klar machen zum Schuss" mussten an den Unterwasserrohren eine Reihe von Aufgaben erledigt werden, ehe der Torpedo ausgestoßen werden konnte. Als erstes mussten die Rohre geflutet werden. Damit sich die Lastigkeit des Bootes nicht verändert, wurde dazu Wasser aus den Tanks des Bootes mit Hilfe von Pressluft in die Rohre geleitet. Nachdem der Druckausgleich mit Außenbord durchgeführt war, konnten die Mündungsklappen geöffnet werden. Wenn dann noch die Ausstoßpatronen mit Pressluft gefüllt waren, konnten die Rohre „klar zum Schuss" gemeldet werden. Bei der Abgabe des Schusses musste zur Sicherheit noch mit der Hand zusätzlich ausgelöst werden, um einem Versager vorzubeugen. Anschließend galt es, die Mündungsklappen so schnell wie möglich zu schließen, denn die Rohre waren empfindlich gegen übermäßigen Druck. Solche Druckbelastungen entstehen, wenn das Boot auf Tiefe geht oder wenn in der Nähe des Bootes Flieger- oder Wasserbomben detonieren.

## Aus der Schießlehre

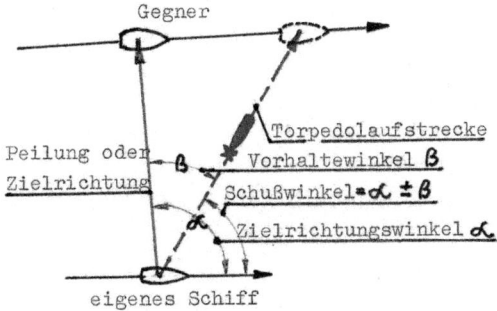

Der Vorhaltewinkel musste je nach der Fahrtrichtung des Gegners vom Zielwinkel ab- oder zugerechnet werden.

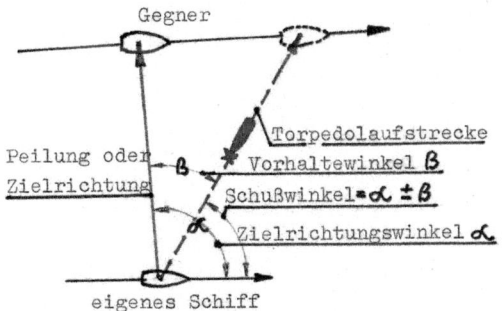

Entfernung, Geschwindigkeit des Gegners und der Lagenwinkel waren entscheidende Faktoren für die Schusswinkelerrechnung. Sie mussten vom schießenden U-Boot geschätzt werden. Bei den modernsten Schiffen werden diese Werte mit der Hilfe von Radar sehr exakt ermittelt.

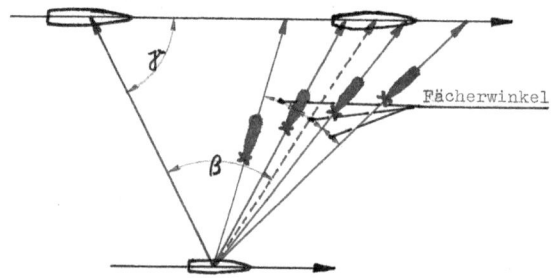
Fächerwinkel

Bei Fächerschüssen mussten die Abstände, in denen die Torpedos den Gegner erreichen sollten, am Fächerschussgerät eingestellt werden. Die Korrektur des Schusswinkels erfolgte dann automatisch. Dabei wurde berücksichtigt, dass die Torpedos nur in gewissen Zeitabständen abgeschossen werden können, damit Kollisionen und eine gegenseitige Beeinflussung vermieden wird.

Wenn ein Viererfächer geschossen wurde, war an den Torpedorohren allerhand los. Nach jedem Schuss musste über Ventile zusätzlich Wasser in Tanks geflutet werden, um das verlorene Gewicht der Torpedos (bei vier Torpedos sechs Tonnen) auszugleichen. Diese Maßnahme verhinderte, dass das Boot bei Unterwasserfahrt nach dem Schuss vorn aus dem Wasser auftauchte. Alles wurde vielfach geübt, denn an der Front kam es oft auf Sekunden an. Falsche Handgriffe hätten üble Folgen nach sich gezogen.

Zur Torpedowaffe gehörte nicht zuletzt auch noch die Feuerleitanlage. Darunter verstanden wir die elektrischen Rechengeräte und Übermittlungsanlagen vom Zielfernrohr bis zu den Rohren einschließlich des elektrischen Schussauslösers. Je größer und moderner das Schiff war, desto komplizierter waren diese Anlagen. Mit jeder Bewegung des Zielfernrohres wurden auch die Rohrsätze gerichtet bzw. die Winkeleinstellung in den Torpedos mitgeführt, natürlich noch korrigiert um den Vorhaltewinkel, der von der Fahrtgeschwindigkeit und Fahrtrichtung des Zieles abhängt. Bei Fächerschüssen erfolgt die Einstellung individuell für jeden Torpedo. Fächer – Zweier- bis Viererfächer – wurden auf lohnende Ziele geschossen.

Eine weitergehende Beschreibung der Wirkungsweise dieser Feuerleitgeräte würde zu weit führen. Ein Vorbeischießen von einem modernen Schiff aus war theoretisch kaum möglich. Auf U-Booten mussten verschiedene Werte zur Ermittlung des Schusswinkel geschätzt werden, so die Lage des Gegners, dessen Geschwindigkeit und die Entfernung. Alles andere wurde dann vollautomatisch bis in den Torpedo hinein eingestellt und um jede Bewegung des Sehrohres der Schusswinkel laufend verbessert.

Die Feuerleitgeräte erforderten eine gewisse Pflege, obgleich Schäden an diesen Apparaturen mit Bordmitteln kaum behoben werden konnten. Laufend war vorgeschrieben, Funktionsprüfungen durchzuführen und Kontrolleinstellungen abzuchecken. Mit der Hilfe von Messblättern wurden Schäden oder Unregelmäßigkeiten schnell entdeckt. Wenn eine Reparatur oder Nachstellung nicht möglich war, konnte das Gerät nicht mehr benutzt werden. Auch diese Ausfälle und deren Umgehung war eingeübt und exerziert worden.

Damit habe ich wohl eine allgemein verständliche Beschreibung über unsere Aufgaben als Torpedomechaniker gegeben.

### Tonnageangaben für Schiffe

Die Erfolgsbilanz eines U-Bootes auf einer Feindfahrt wurde durch die Tonnage der versenkten gegnerischen Schiffe ausgedrückt. Dabei kursieren unterschiedliche Maßeinheiten.

„t"  Kriegsschiffe werden nach ihrem Gewicht in Tonnen (t) (bei voller Ausrüstung) oder, was identisch ist, nach ihrer Wasserverdrängung gemessen.

„tdw"  Bei Handelsschiffen bestimmt die Tragfähigkeit die Größenangabe. Die wird in englischen „ton" angegeben, wobei ein ton 1.016 kg hat. Die Bezeichnung „tdw" kommt aus dem Englischen und bedeutet „ton dead weight". Diese Angabe gibt also nicht das Eigengewicht eines Handelsschiffes an, sondern dessen gewichtsmäßiges

|  |  |
|---|---|
|  | Fassungsvermögen an Ladung, Passagieren, Brennstoff, Wasser, Proviant usw. an |
| „BRT"/„NRT" | Die dritte Schiffsgrößen-Bezeichnung ist die Bruttoregistertonne (BRT). Sie ist die Maßeinheit für den Rauminhalt eines Schiffes vom Kiel bis zum obersten Deck, vom Bug bis zum Heck. Eine Bruttoregistertonne entspricht einem Volumen von 100 englischen Kubikfuß, das sind 2,83 Kubikmeter. Zieht man alles ab, was nicht zum eigentlichen Nutzraum für Ladung und Passagiere gehört, erhält man Nettoregistertonnen (NRT). |

# Auf dem Panzerschiff „Deutschland"

Am 5. April 1939 stand ich mit zwei Kameraden endlich vor meinem Schiff, dem Panzerschiff „Deutschland", das am Kai der Kriegsmarinewerft in Wilhelmshaven lag. Der Weg über die Stelling mit Seesack und Koffer war schnell getan und damit waren die Weichen für unser Schicksal für – wie es sich herausstellte – ein Jahr gestellt.

Jede Menge neue Eindrücke stürmten auf uns ein. Die Kameraden unserer Waffe waren uns behilflich, damit wir erst mal mit unserer Hängematte zurechtkamen, sonst würden wir vielleicht noch heute mit den Hängematten-Sterzen herumfitzen. Wir merkten sofort, der Begriff „Kameradschaft" hatte an Bord einen besseren Klang.

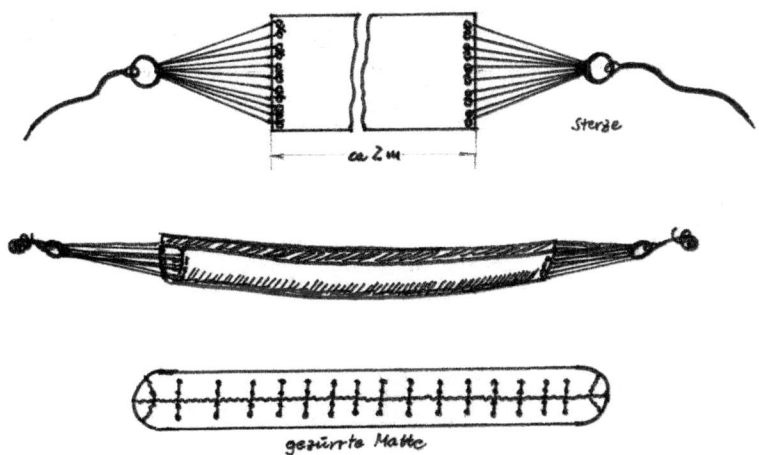

Das Schlafen in der Hängematte hatte besondere Reize und man gewöhnt sich sehr schnell daran. Eine Hängematte besteht aus einem rechteckigen Stück derben Segeltuches. An den schmalen Seiten sind etwa 20 Messingösen eingedrückt, durch die die sogenannten Sterze (20 Stricke) zu einem Stahlring laufen. An den Stahlringen sind dann tauartige Stricke zum Aufhängen der Matte angebracht. In die Matte wurde eine 50 cm breite, nicht allzu starke Seegrasmatratze gelegt, die mit weißem Leinen überzogen wurde, und die zwei Decken zum Zudecken waren mit blaukariertem Schlafzeug überzogen. Ein kleines Kissen und zwei Hängemattenspreizen bildeten den Abschluss des Seemanns-Himmelbettes.

Jeden Morgen nach „Reise-Reise" (Aufstehen) wurde die Hängematte gezurrt, das heißt, sie wurde längs gerollt, die Sterze hineingedrückt und mit den angebrachten Schnürseilchen zu einer langen Wurst geschnürt, die im Ernstfall auch 24 Stunden als Schwimmfloß dienen können sollte. Ich möchte es nicht darauf ankommen lassen.

Unser Wohndeck war ganz vorn unter der Back im Zwischendeck. In unserem Deck waren alle Mechaniker untergebracht. Außer uns sieben Torpedomechanikern wohnten noch zirka 40 Artilleriemechaniker hier. Dieses Verhältnis zeigt schon, wie sich die Kampfkraft unseres Schiffes verteilte. Unsere Waffe war also nur eine Randerscheinung auf dieser kanonenstarrenden Festung und auch das hatte seine Vorteile, wir waren eben ein Haufen für uns.

Am nächsten Morgen begann der Ernst des neuen Seemannslebens. Nach dem Frühstück wurde waffenweise zum Dienst angetreten. Das Personal der Torpedomechaniker bestand aus einem Oberfeldwebel (Obermechaniker), drei Mechanikers-Maate und sieben Mann. Alles unterstand dem Torpedooffizier, der ein seemännischer Offizier mit Spezialausbildung im Rang eines Kaleus (Kapitänleutnant – Hauptmann) war.

Die ersten sechs Tage erhielten wir eine Schiffskunde-Sonderausbildung. Sie wurde von einem Obermaat meiner Waffe übernommen und alle neu angekommenen Mechanikers-Gaste (Artillerie und Torpedo) wurden hier in drastischer Form mit dem Schiff, seinen Abteilungen und Decks vertraut gemacht. Das ging von früh bis Dienstschluss, es gab natürlich auch Pausen.

Siehe da, wir wurden ganz schnell mit allen Raffinessen des Schiffes vertraut. Wir lernten alle Decks und die 16 wasserdichten Abteilungen, in die die Decks wiederum unterteilt sind, kennen. Das ging in etwa folgendermaßen zu: Wir traten früh vor dem Schiff an und dann sagte unser Obermaat nach kurzer und handfester Erklärung: „Auf dem Vormars angetreten, marsch-

marsch!" Schon sausten wir ab und wurden bald durch viele Hindernisse getrennt.

Am Ziel, auf unserem Mast oben (Vormars), kamen wir zeitlich sehr unterschiedlich an. Die Letzten hatten dann einige Repressalien zur Hebung ihrer geistigen Beweglichkeit oder ihrer Pfiffigkeit zu überstehen. Diese Art der Pädagogik hatte vieles für sich. Man musste sich, wollte man nicht das schwarze Schaf sein, gehörig anstrengen, und außerdem förderte es die Kameradschaft. Auf einem Schiff, also auf engstem Raum, können zusammengepferchte Menschen nur mit Disziplin und gegenseitigem Vertrauen einigermaßen zusammenleben. Je kleiner das Schiff ist, desto kleiner ist der Raum, in dem man sich bewegen kann, umso besser muss die Kameradschaft sein. Außenseiter hatten es sehr schwer, wenn sie sich absolut nicht umstellen konnten.

Die Vertrautheit mit unserer neuen Heimat wurde uns ruck-zuck beigebracht. Neben dem Wissen, wo diese oder jene Räumlichkeiten zu finden waren, lernten wir auch die Bewaffnung, die Maschinenanlagen und die Unterteilungen der Menschenhaufen an Bord kennen.

Unser Schiff war gleichzeitig noch Flaggschiff der Panzerschiffe. Wir hatten deshalb bis zum Kriegsbeginn zusätzlich den Befehlshaber der Panzerschiffe, einen Admiral und dessen Stab an Bord. Die Besatzung zählte ungefähr tausend Mann, unterteilt in zehn Divisionen. Es gab vier seemännische und drei maschinentechnische Divisionen. Was sonst noch zur Besatzung gehörte, war in den restlichen drei Divisionen untergebracht. Die Mechaniker stellten zum Beispiel eine Division und zwar die 6c. Auf unserem „Tagespäckchen" war die Division an den roten Streifen am Oberarm links oder rechts erkenntlich. Wir als 6. Division trugen am linken Oberarm drei rote Streifen über unserem Rang- und Waffenabzeichen.

Vor einer Erläuterung des Begriffes „Päckchen" muss ich erst einmal eine Erklärung über unsere Bekleidung verlieren. Unsere Alltagskleidung war ziemlich weiß gebleichtes Drillichzeug (bei Paraden extraweiß gebleicht), eine Hose und eine hemdartige Bluse mit Kragen. Bei besonderen Anlässen musste dazu der Exerzierkragen (blauer Kragen mit drei weißen Streifen, der berühmte Matrosenkragen) getragen werden. Dann hatten wir noch als Arbeitsanzug die sogenannten „Maschinenpäckchen" im selben Zuschnitt, aber in gröberer und grauer Ausführung. Speziell zum Ausgang trugen wir das bekannte „Blau", dazu die entsprechenden Jacken, im Sommer die Paradejacke und im Winter den Kolani. Unter der Paradejacke wurde stets ein weißes Hemd getragen. An heißen Sommertagen oder im südlichen Ausland hatten wir noch weiße Paradehosen dazu. Ebenso konnten wir ohne Jacken, nur in Hemd und Hose, entweder ganz weiß oder mit weißem Hemd und blauer Hose, je nach Anlass, ausgehen. Im Krieg wurden die weißen Hemden und Hosen und auch die Paradejacke nicht mehr ausgegeben.

* * *

Doch nun wieder zurück zur Schiffskunde: Unsere Bewaffnung bestand erst einmal aus zwei Drillingstürmen mit 28 cm Kaliber, also 6 x 28 cm (Hersteller: Krupp, Essen). Eine Granate wog ca. 6 Zentner und war übermannsgroß. Dieses Kaliber war das Maximum dessen, was wir laut Versailler Vertrag haben durften. Unsere Mittelartillerie (Hersteller: Rheinmetall, Düsseldorf) bestand aus acht 15 cm-Kanonen, je vier auf beiden Längsseiten. Zur Flugzeugabwehr hatten wir außer kleinen Kalibern noch drei Doppel-Lafetten, 8,8 cm Geschütze. Nicht vergessen möchte ich die Torpedorohre, zwei mal vier Stück als Vierlings-Rohrsätze mit Splitterschutzhauben und Bedienungsständen, die darunter unter Deck lagen.

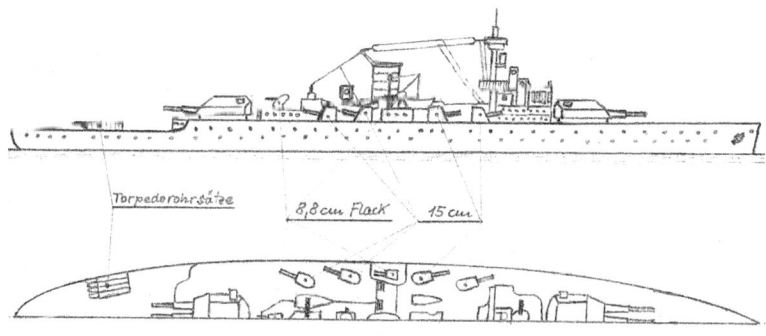

Anordnung der Geschütze auf dem Schlachtschiff

Sehr interessant war die Maschinenanlage. Wir waren ein Zweischrauben-Dieselmotorschiff. Jede Schraube wurde von jeweils vier Dieselmotoren von je 7.000 PS über eine Flüssigkeitskupplung und ein Zahnradgetriebe angetrieben.

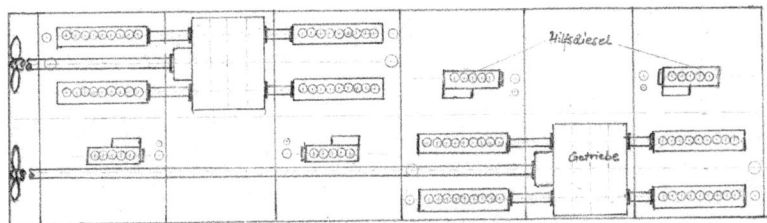

Anordnung der Maschinenräume

Unser Schiff hatte acht Antriebsmotoren mit je 7.000 PS, die in einem doppelt wirkenden Zweitaktverfahren mit neun Zylindern, die Antriebsenergie erzeugten. Zu jeweils zwei dieser Dieselaggregate gehörte ein Hilfsdieselmotor mit fünf Zylindern und einer Leistung von 5.000 PS. Die Hilfsdiesel sorgten mit einem Gebläse für die Zuluft, für die Kühlwasserversorgung und die Drucklufterzeugung für die großen Dieselmotoren. Über die Flüssigkeitskupplungen war es möglich, dass entweder alle vier Motoren oder auch weniger, je nach Fahrtstufe, eine Schiffsschraube antrieben. Alle vier Motoren und das Getriebe waren von einem Hauptmaschinenstand bedienbar. Beide Hauptmaschinenstände wurden wiederum vom Maschinenleitstand über Anzeigeapparaturen geleitet und vom wachhabenden Ingenieur kontrolliert.

Die Gesamtleistung der Maschinenanlage, gebaut von der Maschinenfabrik Augsburg-Nürnberg, betrug 56.000 PS, womit eine Geschwindigkeit von 26 Seemeilen pro Stunde (48 km/h) erreicht wurde. Eine Seemeile (sm) entspricht einem Knoten, das sind 1.852 m. Bei einer Marschgeschwindigkeit von 19 sm/Std (35 km/h) waren wir mit dem Fassungsvermögen unserer Brennstofftanks in der Lage, zirka 10.000 Seemeilen (18.500 km) zu fahren. Ohne zu tanken war eine halbe Erdumrundung möglich. Acht Dieselgeneratoren sorgten für die Bereitstellung der benötigten Elektroenergie. Die erzeugte Leistung entsprach etwa dem Energiebedarf einer Kleinstadt mit 15.000 Einwohnern.

Das Panzerschiff „Deutschland" war 181,7 m lang, 20,7 m breit und hatte einen Tiefgang von 6,6 m bei voller Ausrüstung. Die Wasserverdrängung betrug etwa 10.000 t. Das war die maximale Größe für Schiffe, die Deutschland im Versailler Vertrag zugebilligt worden war.

Die Panzerung bestand aus einem Seitenschutz, zwei gepanzerten Decks und starken inneren Längsschotten. Böse Zungen behaupteten, dass unsere Bordwand mit einem Büchsenöffner hätte geknackt werden können.

Der Stapellauf war nach 1 ¾ Jahren Bauzeit am 19. Mai 1931 auf der Deutschen Werft in Kiel erfolgt, wo auch der weitere Ausbau erfolgte. Am 27. Februar 1933 verließ die „Deutschland" endgültig ihre Werft und fuhr mit eigener Kraft durch den Kaiser-Wilhelm-Kanal (Nord-Ostsee-Kanal) zu ihrer Übergabe bis in die Gewässer von Helgoland. Auf See fuhr sie noch unter der Handelsflagge und unter der Verantwortung der Deutschen Werft, um dann den Hauptliegehafen Wilhelmshaven anzulaufen. Dort wurden in der Marinewerft die letzten Arbeiten durchgeführt, und am 1. April 1933 wurde mit großem Tamtam die Indienststellung zelebriert. Das hörten wir auf unserem einwöchigen Schiffskundelehrgang, aber es sind noch weitere interessante Details hinzuzufügen, von denen wir damals nichts hörten, die aber trotzdem Tatsachen waren.

In der Weimarer Republik gab es 1928 einen Beschluss über den Bau eines Panzerschiffes. Nach dem verlorenen Ersten Weltkrieg hatte Deutschland den Versailler Vertrag unterschreiben müssen. Dieser begrenzte die Größe und Bewaffnung der deutschen Streitkräfte deutlich. Trotzdem wurden von unserem ausgebluteten Vaterland schon 1921 Mittel für neue Kriegsschiffe aufgebracht. So entstand die „Emden" und in den Jahren 1924 bis 1928 die Kreuzer „Königsberg", „Karlsruhe", „Köln" und „Leipzig" sowie zwölf Zerstörer. Nun erwog man, als Ersatz für die alten Linienschiffe „Schleswig-Holstein" und „Schlesien" neue modernere Großschiffe anzuschaffen. Die Bezeichnung Linienschiff darf nicht als ein ziviles Transportmittel missverstanden werden, sondern war in der Zeit des Ersten Weltkrieges eine Bezeichnung für eine bestimmte Größenklasse von Kriegsschiffen.

Die sozialdemokratisch beherrschte preußische Regierung stellte einen Antrag auf Streichung der ersten Rate für das Panzerschiff, trotzdem stimmte der Reichstag für den Bau. Im Herbst 1928 tobte die berühmte Redeschlacht im Reichstag, die nach dem erneuten Antrag auf Einstellung des begonnenen Baues des Panzerschiffes entbrannt war. Trotzdem wurde der Auftrag an die „Deutschen Werke, Aktiengesellschaft, Kiel" gegeben: Bau eines Panzerschiffes A, „Ersatz Preußen". Man argumentierte auch folgendermaßen: In den Kosten des Schiffes von 75 Millionen Reichsmark seien auch 60 Millionen Reichsmark Löhne für die Arbeiter enthalten, und wies dabei auf die Weltwirtschaftskrise bzw. auf die beginnende Arbeitslosigkeit hin.

Durch den Versailler Vertrag war man an Grenzen gebunden, das Deplacement oder die Wasserverdrängung war auf maximal 10.000 t und die Geschützkalibergröße auf 28 cm festgesetzt worden. Unter der Berücksichtigung beider Einschränkungen hatte man für dieses Schiff nach Ansicht vieler ausländischer Sachverständiger eine sehr geniale Lösung gefunden. Man sprach von einem „Westentaschen-Panzerschiff". Dieser Begriff tauchte in den Tageszeitungen der ganzen Welt auf.

Auf diesem Schiff war ich nun gelandet. Was wäre geworden, wenn der Reichstag entschieden „nein" gesagt hätte? Welchen Lauf hätte dann mein Schicksal genommen?

Nach acht Tagen allgemeiner Schiffskunde traten wir in der zweiten Woche unseres Schiffslebens bei unserer Waffe an. Wir wurden in unsere Station eingereiht, dabei kam ich zur Torpedorechenstelle.

Wir Mechaniker hatten auch die zu unserer Waffe gehörenden Räumlichkeiten zu pflegen. Das waren die Rechenstelle, die Werkstatt, der Pumpenraum, Bedienungsstände und Rohrsätze, die Nebelanlage sowie einige Zielgeräte auf der Brücke und auf dem achtern Stande. Die Rechenstelle war dabei die interessanteste Station, die es im Bereich unserer Waffe an Bord gab. Hier war ein großer Gefechtskoppler montiert, auf dem die entscheidenden Werte zur Schusswinkelerrechnung ermittelt werden konnten. Außerdem waren von hier alle Schaltmöglichkeiten durchführbar, die nötig waren, um die Torpedorohre mit Werten zu genauen Schüssen zu versorgen. Diese Station war gewissermaßen das Herz unserer Waffe.

Unsere Wartungsaufgaben bezogen sich hier zu 90 Prozent auf elektrische Rechenanlagen, Sicherungs- und Schaltschränke sowie auf alle Einrichtungen auf der Brücke oder auf dem achtern Stand. Dies hatte wiederum den Vorteil, dass wir stundenlange Pflege unserer Zieleinrichtungen mit den entsprechenden Zielfernrohren betreiben konnten, wenn schönes Wetter war oder wenn lohnende Ziele zu beobachten waren. Bei schlechtem Wetter hingegen hatten wir eben nur unter Deck zu tun. So gestaltete sich nun mein Matrosendasein zunächst etwas trist, aber bald sollten sich auch meine lange gehegten Träume, fremde Länder und fremde Meere zu sehen, erfüllen.

## Seeklar zum großen Atlantikmanöver

Schon am 17. April 1939 hieß es „Seeklar" zum großen Atlantikmanöver der Panzerschiffe. Es waren auch Aufenthalte in spanischen Häfen vorgesehen.

Der Marinestützpunkt Wilhelmshaven wurde bei den Matrosen etwas verächtlich als „Schlicktau" bezeichnet. Wahrscheinlich steckt in dem Wort das englische „town" = Stadt.

Nach dem Verlassen der Schleuse in Schlicktau ging die Fahrt geradewegs in Richtung Helgoland.

Am 17. April 1939 lagen wir vor Helgoland. Hier traf sich unser stolzer Flottenverband.

Wir operierten einige Tage in der Nordsee. Anschließend erreichten wir die Straße von Dover.

Wir durchfuhren den Kanal gerade am 20. April, des Führers Geburtstag. Während wir in großer Paradeaufstellung der Ansprache unseres Kommandanten zuhörten, umkreisten uns pausenlos ausländische Flugzeuge. Wir konnten kaum ein Wort verstehen. Dann war für alle, die nicht unbedingt zur Schiffsführung gebraucht wurden, dienstfrei mit Ausgabe von Freibier.

Es gab nur zwei große Feiertage bei der Marine: Führers Geburtstag und der Skagerrak-Tag am 31. Mai, das war der Jahrestag einer großen Seeschlacht im Ersten Weltkrieg. Diese wenigen Gelegenheiten wurden dann aber entsprechend gefeiert.

Im Atlantik waren große Manöver angesetzt. Wir fuhren am laufenden Band sogenannte Gefechtsbilder. Das begann mit „Emil über Bord" und ständig wurden die Abläufe bei Treffern auf das eigene Schiff geübt. Dabei feuerten wir pausenlos mit allen Kalibern, wobei immer nur geladen und entladen wurde. Bei angenommenen Treffern auf verschiedene Teile des Schiffes bekamen wir durch Gefechtsläufer schriftliche Anweisungen, was wir zu tun hatten. Das ging von Abschaltungen von Aggregaten bis zum Totstellen.

Es gab eine ganze Reihe von Gefechtsbildern, für die alle daraus notwendig zu erfolgenden Maßnahmen exakt festgelegt waren. Wenn zum Beispiel bei einem angenommenen Treffer auf die Schiffsbrücke dort alles kaputt und tot war, dann musste vom achtern Stand das Schiff weiter geführt werden können. Dies war soweit durchgearbeitet, dass alle anderen Stellen natürlich auch reagieren mussten, von der Schiffsführung angefangen bis zu den entlegensten Einheiten eines so komplizierten Apparates, wie es ein Kriegsschiff darstellt.

Nachdem ich einige solcher Manöver mitgemacht hatte, kannte man fast alle Gefechtsbilder und man wusste schon gleich, was nun folgen würde. Auf dem Schiff wurden alle Eventualitäten so lange durchexerziert, bis es alle buchstäblich im Schlaf konnten. Das war notwendig, um im Ernstfall richtig und sicher reagieren zu können. Die Besatzungen wurden aufeinander abgerichtet und eingespielt.

Das erwähnte Manöver „Emil über Bord" war eigentlich „Mann über Bord", ein sehr ernstes Manöver, das sehr oft geübt wurde, wobei es zu großen Wettbewerben unter den Kutterbesatzungen kam. Es galt als große Ehre, wenn man zur „Ersten Kutterbesatzung" gehörte. Dort fanden sich meist die größten Hünen unter den Seeleuten.

Das Manöver selbst lief folgendermaßen ab: Von der Brücke oder von sonst wo wurde eine lebensgroße Puppe, unser Emil, über Bord geworfen. Jeder an Bord hatte, wenn er das sah, die Pflicht, sofort Alarm zu schlagen, indem er „Emil über Bord!" schrie und den nächsthängenden Rettungsring hinterherwerfen musste. Daraufhin wurden durch entsprechende Alarmklingelzeichen die Kutterbesatzungen an ihre Kutter gerufen. Die Kutter mussten ausgeschwenkt und mit Besatzung ins Wasser gelassen werden. Wer den Emil zuerst auffischte, war Sieger. Dies war ein teuflisches Manöver für die Kutterbesatzungen, von denen körperlich alles abverlangt wurde. Härtestes Training ging großen Erfolgen voraus.

* * *

Endlich passierten wir die Straße von Gibraltar ins Mittelmeer und am 27. April 1939 liefen wir im Hafen von Málaga ein. Weil aber die dortigen Hafenanlagen zu flach für unser Schiff waren, mussten wir auf Reede vor Anker gehen.

Vor Málaga mit Tanker auf Reede

Nach dem Einlaufen kam erst der Gouverneur, der spanische Hafengewaltige an Bord. Dabei wurden seinem Dienstrang entsprechende Salutschüsse abgefeuert. Der offizielle Teil des Besuches war damit erledigt. Der Dienst war nun vormittags auf wenige Stunden eingeschränkt und dann konnten wir an Land. Die Dienststunden verbrachten wir auf der Brücke am Zielgerät, womit wir die ganze Gegend absuchten. Der Verkehr zum Ufer wurde mit unserem Verkehrsboot (Barkasse) aufrecht erhalten.

Málaga hatte durch den Bürgerkrieg leichte Beschädigungen erlitten. Die Stadt liegt in einer landschaftlich reizvollen Gegend. Die Einwohner begegneten uns sehr zuvorkommend, beinahe peinlich zuvorkommend. In Straßenbahnen standen sogar alte Leute für uns auf. Mit Nachdruck wurden wir auf die Sitzbänke gedrückt. Oder wir wurden in ein Kino hineingezogen, obgleich wir kaum ein Wort verstanden. Das ereignete sich an einem Nachmittag und alle Mütter erklärten ihren Sprösslingen den Film mit ziemlicher Lautstärke. Das Palaver war so laut, dass wir froh waren, als wir uns wieder davonstehlen konnten.

Auf der Hauptpromenade herrschte ein sagenhafter Verkehr und schon hatten wir einige nette Führerinnen an unserer Seite, Senoritas, die uns alle Sehenswürdigkeiten zeigten, unter anderem auch die Türme der Kathedrale. Die mangelhafte Verständigung war kein Hindernis für unsere freundschaftlichen Beziehungen.

Am Abend waren plötzlich alle weiblichen Passanten aus dem öffentlichen Straßenverkehr und den Lokalen verschwunden. Wir vergnügten uns dann in einfachen Lokalen, schon in Anbetracht unserer wenigen Devisen, die wir erhalten hatten. Diese Lokale oder Hafenkneipen waren oft in Toreinfahrten untergebracht: ein rundes Gewölbe ohne Tor. Der Abschluss nach vorn war durch die Theke gegeben, die noch einen schmalen Durchlass gewährte, um in das Innere des Gewölbes zu gelangen. Im Hintergrund lagen einige Fässer, aus denen durch einen Spundhahn der Wein entnommen werden konnte. Dazwischen standen einige Tische und Stühle oder Hocker. Der Fußboden war mit Sand oder Sägespänen bestreut.

Näherten wir uns einer solchen „Luxusbar", versuchte uns der Wirt sofort, durch heftiges Dienern und mit riesigem Wortschwall hereinzulocken. Schon wurde eine Flasche in zweifelhaft sauberem Wasser gespült, Tisch und Stühle abgewischt, im Hintergrund die Flasche gefüllt und mit einigen Glasbechern kredenzt. Der Wein war sagenhaft billig. Wahrscheinlich haben wir für den Liter oft nur eine Pesete bezahlt (eine Pesete war mit sogenannter Francohilfe knapp 30 Pfennige wert). Es war ein naturtrüber, sehr herber Rotwein, der mit sehr scharf eingelegten Oliven serviert wurde. Wenn wir uns dann in später Nachtstunde wieder unserer Anlegestelle näherten, waren wir leicht bis schwer betankt, und nicht selten nahm der Wein den rückläufigen Weg und fiel uns aus dem Gesicht, was große Ähnlichkeit mit einem Blutsturz hatte und unserem gepflegten Anzug oft arg zusetzte.

An unserer Anlegestelle war zu später Stunde oft großer Betrieb, zweifelhafte Männer und auch Kinder, meist Jungens im Alter von vielleicht acht bis zwölf Jahren, waren scharenweise hier und boten mit lauter Stimme „bella Senoritas, focki, focki" feil. Neben ihrer Lotsentätigkeit betrieben sie noch in aufdringlichster Form rege Geschäfte mit Apfelsinen. Man hatte Mühe, ungeschoren an die Barkasse zu kommen, die uns schließlich zu unserem Schiff übersetzte.

Wie schon erwähnt, war unser Devisenbestand recht knapp. Kurz vor Anlaufen eines fremden Hafens bekamen wir je nach Dienstgrad Peseten ausgezahlt, während unsere normale Löhnung in Kantinenblechgeld ausgegeben wurde. Unser normales Geld mussten wir kurz nach Auslaufen aus Deutschland abgeben. – Ich persönlich hatte nichts abzugeben, so reich war ich noch nicht als Matrose VII T (VII T war die Nummerierung der Mechaniker-Laufbahn, dabei das T = Torpedo). Unser Verdienst wurde um 15 Pfennige Bordzulage etwas erhöht und betrug nun schon 65 Pfennig pro Tag.

* * *

Eine Fahrt mit einem Sonderzug nach dem berühmten Granada mit seiner Alhambra, einem maurischem Schloss, war der Höhepunkt unseres Aufenthaltes in Málaga. Ein großer Teil unserer Besatzung war von einer spanischen Organisation dorthin eingeladen worden. Ich war mit unter den Glücklichen. Schon am frühen Morgen ging es im preußisch festen Gleichschritt durch Málaga zum Bahnhof. Hier stand ein Sonderzug bereit, der uns die 200 km nach Granada bringen sollte. Spanien war nach diesem Bürgerkrieg sehr arm geworden und unsere Sonderzugabteile waren nach deutschen Begriffen primitiv. Einfache Holzbänke, einfache Türen mit sehr primitiven Verschlüssen.

Die Fahrt führte durch ein Tal mit reizvollsten Landschaften und dann immer höher in die Berge. Als wir dann den höchsten Punkt überwunden hatten, ging es in toller Fahrt bergab. Wir hatten oft den Eindruck, dass wir in den Kurven nur auf zwei Rädern fuhren. Unser Waggon ächzte und stöhnte in allen Fugen, die Türen verschoben sich in ihren Rahmen, so dass man manchmal oben und manchmal unten durchsehen konnte.

Auf einem kleinen Bahnhof, auf dem wir einmal kurz hielten, wurden die Bremsen zur Abkühlung mit Wasser übergossen. Dabei zischte und dampfte es bei manchen Rädern recht außergewöhnlich. Die ganze Fahrt glich einer abenteuerlichen Expedition. Uns war es manchmal doch etwas bänglich.

Als wir endlich in den Bahnhof von Granada einliefen, freuten wir uns nicht nur über den sehr festlichen Empfang, sondern auch darüber, alles lebend überstanden zu haben. Eine große Kapelle empfing uns hier. Gleich einem Triumphzug marschierten wir durch die Stadt, wobei uns die dicht am Straßenrand stehenden Einwohner freundlich zuwinkten.

Schließlich wurden wir in Gruppen aufgeteilt und bekamen einen deutsch sprechenden Führer, mit dem wir dann die Burg und die Stadt besichtigten. Das waren unvergesslich schöne Erlebnisse. Leider war das Deutsch unseres Führers nicht allzu gut, so blieb er uns viele Antworten schuldig.

Am Abend ging es dann mit unserem Sonderzug, der um einen geschlossenen Güterwaggon mit zwei großen Weinfässern länger geworden war, zurück. Wir hielten öfters, Gelegenheit, unsere Feldflaschen wieder aufzufüllen. Die Fahrt wurde dadurch recht kurzweilig, zumal es finster geworden war und von der Landschaft sowieso nichts mehr zu sehen war.

In Málaga zog dann in den frühen Nachtstunden eine grölende und desolate Schar vom Bahnhof zum Hafen. Offenbar hatte dies unserem Ansehen keinen Abbruch getan, denn am anderen Tag waren wir immer noch so gern gesehene Gäste wie zuvor.

Marsch durch Granada

Schließlich wurden die Anker gelichtet und Málaga war Vergangenheit für uns. Es ging wieder durch die Meerenge von Gibraltar in den Atlantik zurück, und wir kreuzten einige Tage auf der Höhe der portugiesischen Küste.

Am 6. Mai 1939 liefen wir in den nordspanischen Hafen von Vigo ein.

Unser Schiff auf Reede vor Vigo

Auch in Vigo verlebten wir unvergessliche Stunden. Anders als in Málaga stand uns hier ein großes Haus zur Verfügung. Ich glaube, es gehörte der Deutschen Gesellschaft. Hier war jeden Tag Tanz, und große Behälter mit Bowle standen uns kostenlos zum Verzehr. Zum Tanzen mussten wir uns Mädchen von der Straße einladen. Dies wiederum war kein Problem, es musste sich sofort herumgesprochen haben, denn tanzlustige Mädchen waren jede Menge zur Stelle, sie durften aber nur in unserer Begleitung herein. Aber auch hier wurden die Mädchen gegen 9 Uhr abends sehr unruhig und ab 10 Uhr abends waren keine Mädchen oder Frauen mehr auf der Straße oder in den Lokalen zu sehen, es sei denn in gewissen Häusern.

Am 10. Mai 1939 verließen wir leider Vigo und nun ging es auf die Heimfahrt. Unterwegs fanden natürlich wieder Gefechtsübungen statt. Der große Abschluss war dann eine Flottenparade der Panzerschiffe, die von unserem kommandierenden Admiral abgenommen wurde. Dazu wurde das extra stark gebleichte, also schlohweiße Päckchen angezogen. Das hatten wir schon vor dem Auslaufen für diesen Zweck präparieren lassen müssen.

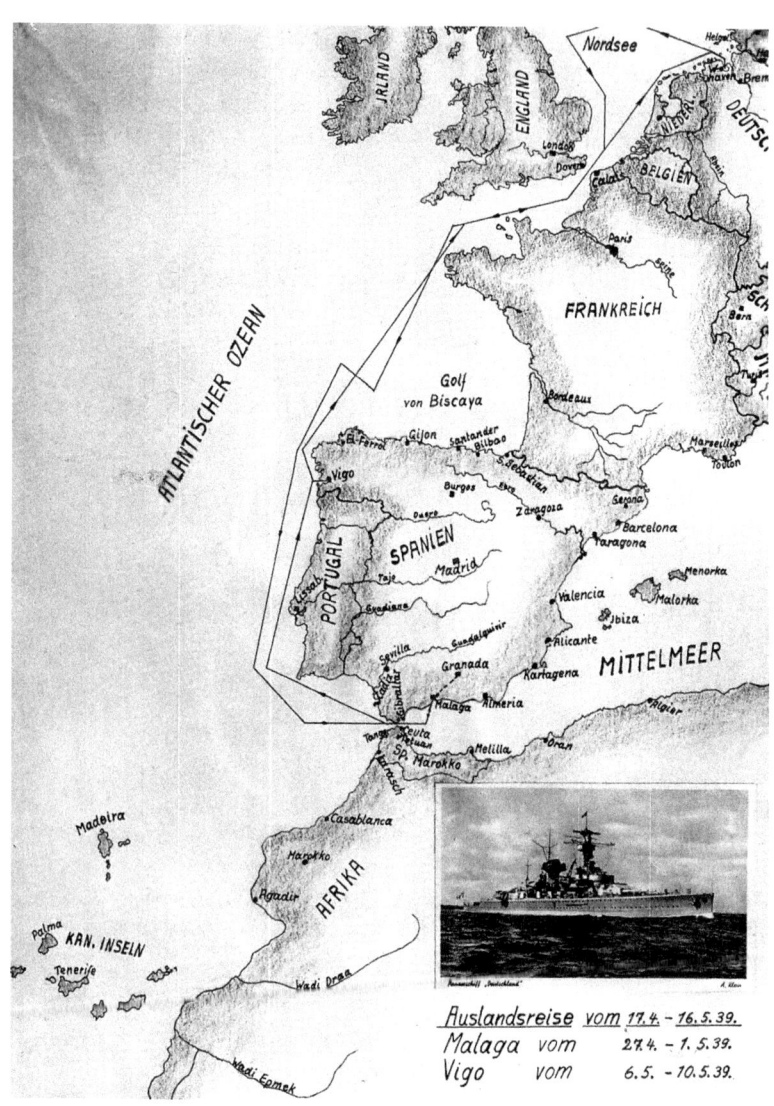

<u>Auslandsreise vom</u> <u>17.4. - 16.5.39.</u>
Malaga vom  27.4. - 1. 5. 39.
Vigo vom  6.5. - 10.5. 39.

Am 16. Mai 1939 liefen wir wieder in Wilhelmshaven ein. Nach kurzen Überprüfungen durch den Zoll konnten wir wieder an Land.

Nun folgte eine große Liegezeit in der Kriegsmarinewerft. Es gab sehr viel zu reparieren, auch unsere Anlagen wurden überprüft. Für uns begann eine schöne, ruhige Zeit. Im Dienst gab es viele Gammelarbeiten, zum Teil recht schmutzige. Viel wurde am Anstrich gearbeitet, Farbe wurde abgekratzt oder gepickert und dann wieder erneuert. Ab Nachmittag war meist dienstfrei und wir gingen oft an Land. Wilhelmshaven bot als Stadt wenig Abwechslung, denn hier waren mehr Marinesoldaten stationiert als die Stadt Einwohner hatte. Die Tage verliefen sehr regelmäßig und in der verlängerten Freizeit wurden viele Dinge getrieben, die auf Seefahrt nicht möglich waren. Außer den häufigen Landgängen wurden auch Bücher gelesen. Ausgiebig wurde auch geköchelt und gebacken in elektrischen Pfannen, am begehrtesten waren Bratkartoffeln oder Puffer. Die verheirateten Offiziere, Feldwebel und Unteroffiziere hatten ihre Frauen zumeist in Wilhelmshaven, weil diese Stadt unser Heimathafen war. Verständlich, dass sie jede Gelegenheit nutzten, nach Hause zu kommen. Deshalb waren nach Dienstschluss nur noch die wachhabenden Dienstgrade an Bord.

Jeden Tag musste einer von unserer Waffe an Bord bleiben, um den Rondenschlüsselbund zu übergeben. Er hatte dafür zu sorgen, dass alle Stationen der Waffe ordnungsgemäß abgeschaltet und aufgeräumt waren. Um 22 Uhr ging der wachhabende Offizier mit allen Wachhabenden der Abteilungen und deren Abgesandten eine sogenannte Ronde durch das Schiff. Dabei konnte es vorkommen, dass er da und dort hinein wollte. Dann musste vom Diensthabenden aufgeschlossen werden. Bis zu diesem Zeitpunkt mussten alle Wohndecks aufgeräumt und gesäubert worden sein, alle Backen und Banken mussten noch hochgeschlagen sein, eingerastet in Halterungen. Die jeweiligen diensthabenden Matrosen, die dafür verantwortlich waren, mussten sich bei der Ronde melden, wenn diese durch das Deck lief. Je nach der momentanen Laune des wachhabenden Offiziers konnte eine Ronde zehn Minuten oder auch wegen allerlei Firlefanzen bis zu einer Stunde dauern. Alle anderen Matrosen hatten sich während dieser Zeit auf Deck oder vor dem Schiff aufzuhalten.

Nach Beendigung der Ronde wurde „Ruhe im Schiff!" ausgepfiffen. Erst nun durften die Hängematten aufgehängt werden. Den ganzen Tag über, auch sonntags, durften die Hängematten nicht vorher benutzt werden. Man konnte höchstens in einer stillen Ecke auf dem Fußboden oder auf der Bank am Tisch ein Schläfchen machen.

Für mich war es ein Vorteil, dass ich fast die ganze Zeit an Bord der „Deutschland" Aufklarer (Putzer / Aufräumer) war. Damit hatte ich Schlüsselgewalt für die Kammer des Torpedooffiziers, später bei unserem Puster (unser Oberfeldwebel, Obermechaniker der Waffe). Wenn die nicht an Bord waren, konnte ich mich mit meinem Kumpel auf deren Kammer abducken, auch während der Ronde, denn diese Räume wurden natürlich nicht inspiziert.

Auf der Kammer meines Torpedooffiziers

## Katapult-Lehrgang in Warnemünde

Die Tage vergingen und am 1. Juli 1939 wurde ich zum Gefreiten befördert. Mein Dienstgrad nannte sich nun Mech. Gefreiter (T). Damit einhergehend erhöhten sich meine Einnahmen, schon betrug mein Grundwehrsold siebeneinhalb Reichsmark für zehn Tage zuzüglich einer Bordzulage.

Kurz danach wurde ich mit zwei meiner Kameraden, mit denen ich an Bord gekommen war, zu einem vierzehntägigen Katapult-Lehrgang nach Warnemünde geschickt. Zu den Wartungspflichten der Torpedomechaniker an Bord der „Deutschland" gehörte auch die Betreuung des Katapultes, mit dessen Hilfe unser Bordflugzeug gestartet wurde. Dies war ein begehrter Lehrgang, zumal in der Hochsaison. Warnemünde hatte damals keine Marineeinheiten. Lediglich ein großer Fliegerhorst der Seefliegerei befand sich an einem nahegelegenen großen Binnensee, etwa eine gute Wegstunde von Warnemünde entfernt.

Arm wie die Kirchenmäuse, wir hatten uns von der Spanienreise noch nicht erholt, gingen wir mit zehn Reichsmark Vorschuss am 16. Juli 1939 auf die Reise ins große Seebad nach Warnemünde. Der Kursus war nicht sehr schwierig oder aufreibend, dennoch höchst interessant. Beim praktischen Teil durften wir sogar einige Male mitfliegen.

Wir wohnten in einer Baracke außerhalb des Fliegerhorstes, weshalb wir praktisch immer Ausgang hatten. Unser Sinnen und Trachten richtete sich voll und ganz auf unsere Freizeitgestaltung aus. Mir ist es heute noch ein Rätsel, wie wir uns die vierzehn Tage täglich amüsiert haben konnten mit nicht viel mehr als drei Mark Bargeld für die ganze Zeit. Von den Badegästen wurden wir in den Lokalen stets freigehalten und beim Tanzen stand immer Bier auf unserem Tisch. Als Gegenleistung hatten wir die Töchter der Badegäste auszuschwenken. Verständlich, dass wir kaum Zeit zum Schlafen hatten. Allerdings forderte der Schlaf dann während des Unterrichts beim Lehrgang seinen Tribut.

Am 29. Juli 1939 war dann der Kurs beendet, alle hatten bestanden, und wir drei Mann von der „Deutschland" hatten zu allem Glück obendrein noch einen Urlaubsschein für einige Tage Heimaturlaub zugeschickt bekommen. Für die Bahnfahrt mussten wir damals einen Pfennig pro Kilometer bezahlen. Leider fehlte uns zunächst das Geld für die Fahrkarte. Doch einer meiner Kameraden fand einen Weg. Er ließ sich telegrafisch Geld für uns drei überweisen. Nun stand unserem Urlaub nichts mehr im Wege.

## Der Krieg beginnt: Kaperfahrt gegen England

Als ich in der Mitte des Monats August 1939 aus dem Urlaub zurückkehrte, herrschte an Bord schon geschäftiges Treiben zum großen „Seeklar". Man hörte, dass wir wieder zu großen Herbstmanövern in den Atlantik auslaufen sollten. An Krieg dachten wir dabei nicht im geringsten.

Nach der Generalüberholung unserer Motoren führten wir sehr umfangreiche Maschinenproben durch. Danach übernahmen wir Munition und Proviant. Wir wunderten uns über die großen Mengen von Konserven, die wir verladen sollten. Dies war außergewöhnlich.

Ein Matrose, der zum Transport der Kisten eingeteilt war, hatte mit uns ein kleines Manöver vor. Jedes Mal, wenn er an unserem Bedienungsstand der Torpedorohre vorbei kam, wurde ganz kurz die Schiebetür aufgeschoben und eine Kiste flog herein. Beim nächsten Gang dasselbe, wobei alles halbe-halbe gehen sollte. Es war ein sehr gewagtes Unternehmen. Wenn es herausgekommen wäre, hätten wir schon empfindlich bestraft werden können. Jedenfalls hatten wir eine Kiste Kirschen in Dosen und eine Kiste Kondensmilch. Mit meinem Kumpel habe ich fieberhaft an der Verstauung gearbeitet, ebenso mussten die Kistenbretter unauffällig verschwinden. Das wurde von uns bestens gelöst.

Später hatte unser Puster (Oberfeldwebel) etwas spitzbekommen, weil er uns bei einem leckeren Essen – Kirschen mit Büchsenmilch – erwischt hatte. Obwohl er daraufhin alles ziemlich gründlich untersucht hatte, konnte er nichts finden, denn unser Versteck war vortrefflich. Weitere Nachforschungen stellte er nicht an, sondern fand sogar ein paar anerkennende Worte für unsere Pfiffigkeit. Sicherlich hätte er uns keine Schwierigkeiten gemacht, wenn er etwas entdeckt hätte. Er war sehr in Ordnung. Aber zumindest hätten wir etwas abgeben müssen.

Diese kleine Episode ist mir mit allen Einzelheiten im Gedächtnis haften geblieben, weil sie sehr tragisch hätte enden können, denn es handelte sich um die Ausrüstung für den Ernstfall. Daran dachten wir allerdings im Moment der Ausführung unseres kleinen Coups überhaupt nicht.

\* \* \*

Bis zum Kriegsbeginn war ich politisch vollkommen ahnungslos. Ich hatte andere Interessen, Politik kümmerte mich am wenigsten. Hitler war auch mein Idol. Es schien mir logisch, dass der Gefreite des Ersten Weltkrieges wohl kaum einem Gefreiten des Großdeutschen Reiches etwas Schlechtes antun könnte.

Am späten Nachmittag des 24. August 1939 stachen wir in See. Ich weiß nicht mehr genau, ob es schon am nächsten Tag oder einen Tag später war, als wir vom Kommandanten Informationen zu diesem Einsatz erhielten. Der Befehl „Alle Mann achteraus" bedeutete immer etwas Außergewöhnliches. Wenn der Kommandant der Besatzung auf diesem direkten Wege etwas zu sagen hatte, musste es Gewicht haben. Eine Rede anlässlich eines Feiertages konnte es nicht sein.

Alles, was irgendwie nicht direkt oder indirekt mit der Schiffsführung zu tun hatte, musste auf dem Achterdeck antreten. Hier hatte jede Division ihren angestammten Platz. Wir standen Mann an Mann auf der Schanze. Der Kommandant stand unter den drei gewaltigen 28er Rohren des Achtern Turmes auf dem Oberdeck. Er verkündete: *„Kameraden, im Namen des Führers, unseres Oberbefehlshabers ...."*. Natürlich weiß ich den genauen Wortlaut nicht mehr, aber jede Rede fing so an. Auch der Satz *„Wir werden das vom Führer in uns gesetzte Vertrauen rechtfertigen, auch mit dem Leben"* fehlte natürlich nicht.

Uns wurde mitgeteilt, dass wir auf dem Wege zum Nordatlantik waren, bereit zum Kaperkrieg gegen England. Falls Großbritannien uns den Krieg erklären würde, wären wir schon am Einsatzort. Dabei hatte die „Deutschland" den Nordatlantik und die „Admiral Graf Spee" den Südatlantik als Operationsgebiet zugewiesen bekommen. Beide Schiffe wurden durch einen Tanker begleitet. Wir sollten die Zufuhr nach England empfindlich stören.

So ähnlich lief es ab, als wir in den Strudel des aufziehenden Krieges hineingerissen wurden. Ich weiß nicht mehr, ob wir schockiert waren oder ob wir fanatisch drei Hochs auf unseren Führer ausgebracht oder ob wir es ganz gelassen hingenommen hatten. Letzteres ist nicht sehr wahrscheinlich. Der Tragweite des Augenblicks waren wir uns keinesfalls bewusst. Mit „wir" meine ich zumindest meine unmittelbaren Kameraden, mit denen ich laufend Kontakt hatte.

So fuhren wir dann bei Nacht und Nebel ganz oben im Norden, in der Nähe von Island, unbemerkt in den Atlantik.

Am 15. September 1939 kam sie schließlich, die Kriegserklärung der Briten. Wir fuhren sofort auf Kapertour die einschlägigen Schiffsrouten in Richtung England ab, wobei wir bald einen gewissen Abstand halten mussten, denn unmittelbar nach unseren ersten Aktionen wurden wir von einigen englischen Großkampfschiffen gesucht.

„Rauchfahne oder Mastspitzen gesichtet!", diese Ausrufe unseres Ausgucks waren anfangs verhältnismäßig selten. Aber wenn sie erschallten, waren natürlich alle auf das Höchste gespannt, was nun folgen würde. Hatten wir einen Frachter gestellt, der nicht auf unser Stoppzeichen reagierte, erhielt er den unmissverständlichen Schuss vor den Bug. Unser Prisenkommando ging in die Boote und wurde auf den aufgebrachten Frachter übergesetzt. Voller Spannung erwarteten wir nun, was sich entscheiden würde. Die Schiffspapiere wurden in Bezug auf die Ladung überprüft. War die Ladung für England bestimmt, fiel sie unter den Begriff Konterbande, und das Schiff war dadurch verloren. Die Besatzung wurde auf unser Schiff gebracht und anschließend das gekaperte Schiff versenkt. Im anderen Falle konnte es weiter fahren. Dabei wurden alle Schiffe ohne Rücksicht auf ihre Nationalität angehalten. Ich glaube mich zu erinnern, dass es in der ganzen Zeit drei oder vier Schiffe waren, die wir versenken mussten.

Die „City of Flint" – ein Schiff, das auch hätte versenkt werden müssen – machte noch einmal Schlagzeilen in den westlichen Zeitungsblättern. Sie wurde von uns mit einem Prisenkommando ausgestattet, das heißt ein ehemaliger Handelsschiffsoffizier mit einigen Leuten von uns und mit allen bis dahin aufgebrachten Seeleuten von den versenkten Schiffen wurde mit übergesetzt.

Dieses Schiff sollte nach Deutschland durchbrechen. So viel mir bekannt ist, hat es Deutschland nicht erreicht, es musste in Norwegen landen und alle wurden interniert.

Unser Aktionsradius war sehr groß. Ich hatte natürlich keinerlei Einblick in unsere Seekarten, aber wir merkten das am Klima. Einmal war es sehr warm und wir hätten am liebsten an Oberdeck geschlafen, das andere Mal waren wieder Eisberge in unserer Nähe. Herrliche, majestätische Eislandschaften zogen an uns vorbei. Bei der Gelegenheit kamen wir im hohen Norden immer wieder mit unserem Tanker „Westerwald" zusammen. Bei ruhigem Wetter übernahmen wir dann mit Hilfe unserer Barkasse Proviant und vor allem wurde auch Treibstoff durch eine lange Schlauchleitung übernommen. Dazu fuhren wir hintereinander, und der dicke Ölschlauch, an Schwimmbojen befestigt, wurde bis zum Tanker hinter uns her geschleppt. Dieses Manöver glückte nicht immer, mehrfach riss diese Verbindung und große Mengen Treiböl ergossen sich in das Meer. Es dauerte dann einige Stunden, bis eine solche Panne behoben war.

Nicht immer war die Wetterlage günstig für unseren Einsatz. Oft erlebten wir recht stürmische Tage, unter anderem erlebten wir einen Blizzard, ein im Nordatlantik auftretender Sturm mit Eis und Schnee. Pausenlos rollten die Brecher über das Oberdeck. Deshalb konnten wir bei schwerer See oft kein Mittagessen ausfassen, denn dazu mussten wir über das Oberdeck.

Da gerade vom Essen die Rede ist, hier noch ein Wort zu unser Verpflegung. Nach meiner Auffassung erhielten wir ein sehr gutes und reichliches Essen. Bei dem Überfluss wurde oft schwer gesündigt und manches ging über Bord. Natürlich wurden auf einer so langen Seereise bald die frischen Lebensmittel knapp. Immer häufiger gab es dann Konserven.

An Bord des Schiffes gab es auch eine Dampfbäckerei. Unsere ausgesuchten Bäcker hatten anfangs alle Mühe, mit den Bedingungen auf dem Schiff zurechtzukommen. An den ersten Tagen waren die Brote eine Kleistermasse, so dass man kaum die Zähne wieder auseinander bekam. Das Brötchenbacken hingegen klappte ziemlich schnell und gut. Bald waren aber auch unsere Brote prima und immer sehr frisch. Davon wurden riesige Mengen verschlungen. In der ersten Zeit musste zugeteilt werden, später hatte sich auch das eingelaufen.

Bis jetzt war der Krieg ganz wunderbar, denn geschossen wurde nur von unserer Seite. Gegenwehr hatten wir nicht ein einziges Mal zu spüren bekommen.

Ich entsinne mich an die Vernichtung eines Frachters, der Grubenholz für England – also Banngut – geladen hatte. Große Mengen an Holzstämmen waren auch an Oberdeck gestapelt. Die Besatzung des Frachters wurde auf unser Schiff gebracht. Mit unseren 15 cm-Geschützen wurden etliche Löcher in die Wasserlinie des Dampfers geschossen. Das Schiff dachte jedoch gar nicht daran unterzugehen, es schwamm auf seiner Holzladung. Es bekam lediglich eine starke Schlagseite.

Nun erhielt unsere Torpedowaffe eine Chance. Wir erhielten den Befehl, einen Torpedo auf dieses Schiff los zu lassen. Dazu sollte ein Torpedo verwertet werden, der uns ständig Sorgen gemacht hatte, weil er den Luftdruck im Presslufttank schlecht hielt. Diese Undichtigkeit hatten wir mit Bordmitteln nicht restlos beseitigen können. Das war natürlich eine Sensation für die ganze Besatzung: Jeder wollte einen Torpedotreffer erleben. Wir fuhren einen regelrechten Angriff auf den still liegenden Holzfrachter. Es wurde direkt mit Zielrohr vom Rohrsatz aus geschossen. Unser Torpedooffizier bediente den Rohrsatz höchstpersönlich.

Der Torpedo wurde mit einem Satz in das Wasser ausgestoßen. Um das Spektakel besser beobachten zu können, hatten wir den Torpedo flach geschossen. In der langen Atlantikdünung brach der Torpedo deshalb immer wieder durch die Wasseroberfläche. Weil wir zu dicht an unser Opfer heran gefahren waren, hatte der Torpedo nicht genügend Zeit, sich einzusteuern. Gerade als er am Dampfer ankam, brach er wieder durch die Wasseroberfläche und zischte genau unter die Deckslast hinein. Es gab einen großen Knall. Unmengen Holz flogen durch die Luft und – unser Opfer schwamm wieder gerade, das Holz war abgeladen. Die Blamage für unsere Waffe war riesengroß, wir hatten die Bemühungen der Artillerie scheinbar wieder zunichte gemacht. Noch tagelang mussten wir den Spott der Kameraden ertragen.

Nun wurden noch einige Angriffe mit der schweren Artillerie, mit den 28er Türmen gefahren. Eine große Menge Holz schwamm herum, aber der Dampfer wollte nicht sinken, obwohl er schon wie ein Sieb zerlöchert sein musste. Wir haben ihn dann seinem Schicksal überlassen müssen.

Mit unserem Flugzeug hatten wir sehr oft Probleme. Beinahe hätten wir es verloren. Von Zeit zu Zeit wurde es gestartet, um den weiteren Horizont nach Opfern abzusuchen. Auf einem solchen Flug hatte es sich zu weit von uns entfernt. Es verlor die Orientierung und musste notwassern. Das Signal des Senders im Flugzeug war nur noch schwach und verstummte bald. Wir haben einen ganzen Tag gesucht. Als es anfing, dunkel zu werden, wurde die Lage sehr ernst. Endlich, beinahe im letzten Moment, wurde der Flieger in der endlosen Wasserwüste doch noch gesichtet und konnte wieder an Bord genommen werden. Es war höchste Zeit, denn unser Vogel war arg mitgenommen. Nur noch wenige Stunden hätte er sich in der schweren Atlantikdünung halten können.

Anfänglich hatten wir eine He 60, einen Doppeldecker, als Bordflugzeug. Jetzt auf unserer ersten Kriegsfahrt hatten wir eine Arado 196. Nach jedem Start im Atlantik hatten wir große Not, den Vogel wieder heil an Bord zu bringen, weil uns die lange Dünung stark zu schaffen machte. Das Flugzeug hatte Schwimmkufen, mit denen es zur Landung auf dem Wasser aufsetzen musste. Danach wurde es von unserem großen Flugzeugkran wieder aus dem Wasser auf das Katapult gehievt. Bei ruhigem Wetter war das kein Problem, auf dem Katapultlehrgang absolvierten die Piloten auf dem glatten Binnensee täglich an die fünfzig Starts und Landungen ohne Zwischenfälle. Im Atlantik hingegen war das Landen bzw. Wassern sehr schwierig. Manchmal setzten die Schwimmer nicht gleichzeitig auf. Dabei konnte es passieren, dass eine Tragfläche die Wasseroberfläche schnitt und beschädigt wurde. Bei anderer Gelegenheit knickte beim Landen ein Schwimmer ein. Bei Seegang war es schwierig, den Flieger nach dem Landen so genau zu positionieren, dass der Kranhaken eingehängt werden konnte. Wenn das endlich gelungen war, musste beim Hieven in bewegter See vermieden werden, dass die Flügelspitzen des hoch und nieder schaukelnden Vogels an der

Bordwand beschädigt wurden. Fast nach jedem Flug gab es Reparaturen, die von den Seefliegern durchgeführt werden mussten.

So vergingen Tage, Wochen und Monate. Mitte November bekamen wir endlich den Rückmarschbefehl. Von unserem Abzug aus dem Operationsgebiet (5. bis 15. November 1939) sollte der Gegner möglichst nichts bemerken. Deshalb wählte die Schiffsführung die Dänemarkstraße als ungewöhnliche Route für die Heimfahrt.

Zwischen Grönland und Island waren wir plötzlich über Nacht total vereist. Dicke Eispanzer hingen an den Geschützen. Wir waren sprichwörtlich zu Eis erstarrt. Kein Geschütz, kein Turm ließ sich bewegen. Dieser dicke Eispanzer sah gewaltig aus. Sehr wohl war uns nicht, denn wir hatten Angst, in dieser Situation Feindberührung zu bekommen. Aber dem Gegner wäre es ja nicht besser ergangen. Wir hätten uns mit der Mütze zuwinken oder uns gegenseitig lange Nasen machen können. Solche Kriegshandlungen wären einmal etwas anderes gewesen.

Auf Schleichwegen erreichten wir dann das Skagerrak, durchqueren das Kattegat, und durch den großen Belt erreichten wir die Ostsee. In der Kieler Bucht kam uns dann unser kommandierender Admiral entgegen. Wieder kam das Kommando „Alle Mann achteraus!" Mit großen Worten wurde uns für unseren heldenhaften Einsatz gedankt. Aus strategischen Gründen sollte unsere Rückkehr noch eine Weile streng geheim gehalten werden. Wir hatten auf die frechste Art und Weise die große Seemacht England herausgefordert.

Wie wir bald erfuhren, hatte das Panzerschiff „Admiral Graf Spee", das im Südatlantik operiert hatte, nicht so viel Glück gehabt wie wir. Man hatte es gestellt und in einem Gefecht war es stark beschädigt worden. In der La Plata-Mündung bei Montevideo in Uruguay hatte es Zuflucht gesucht, die nach internationalem Recht für einige Tage gewährt wurde. Die Zeit war jedoch zu kurz, um das Schiff wieder einsatzfähig zu bekommen. Deshalb beschloss der Kapitän der „Admiral Graf Spee" schweren Herzens, das Schiff selbst zu versenken, damit es nicht in Feindes Hand geriet. Die Mannschaft wurde interniert. Dies war wahrscheinlich ein Grund, dass wir zurückgezogen wurden. Auch bei uns standen die Erfolge in keinem Verhältnis zum Risiko des Einsatzes.

Weil unsere Rückkehr aus dem Atlantik so lange wie möglich geheim bleiben sollte, erfolgte gleich nach unserer Heimkehr eine sang- und klanglose Umbenennung unseres Schiffes. Alle Mützenbänder mussten abgegeben werden. Ab sofort trugen wir nur noch die neutralen Bänder Kriegsmarine. Aus unserem stolzen Schiff „Deutschland" wurde der Schwere Kreuzer „Lützow".

Ohne dass wir viel Land sahen, ging es sofort weiter ostwärts in den heute polnischen Hafen Gdynia (Gotenhafen), den wir am 17. November 1939 erreichten. Hier wurden wir erst einmal für ein paar Wochen festgehalten. Wir konnten an Land gehen, aber Gotenhafen bot so kurz nach der Besetzung fast gar nichts, was des Seemanns Herz erfreut hätte. Es gab ein geräumiges, modernes Café, das jedoch durch die Besetzung stark gelitten hatte. Vorzugsweise wurde Flaschenbier ausgeschenkt. Es war ein ungewöhnlicher Anblick, wenn an den kleinen Kaffeehaus-Tischchen Bierkästen standen, manchmal Berge davon. Der Ort selbst war eigentlich sehr modern und großzügig angelegt. Man hatte den Eindruck, dass hier etwas entstehen sollte, aber richtig vorangekommen war man nicht. Die Häuser standen sehr vereinzelt, sobald man die Hauptstraßen verließ. Man hatte an allen Ecken angefangen zu bauen, eine zusammenhängende Linie war schwer zu erkennen. Dieser triste Eindruck wurde noch durch die Tatsache verstärkt, dass viele Einwohner nicht mehr da waren. Mit anderen Worten: Es war nichts los.

Als wir dann nach Danzig überwechselten, waren wir sehr erfreut, denn hier herrschte Leben. Die Menschen waren hier sehr aufgeschlossen, es gab viele Lokale und Cafés und mit ihnen auch Amüsements. Es gab viele schöne alte Häuser, Straßen und Plätze und sehenswerte würdige Bauwerke. Ich denke dabei an das Krantor und an die nicht weit davon entfernten engen Hafengassen. In einer dieser kleinen Gassen fanden wir die berühmte Herstellerfirma des „Danziger Goldwassers" mit einer netten Probierstube. Auch die nähere Umgebung von Danzig bot Reizvolles und Sehenswertes. Nach Dienstschluss waren wir oft in Tanzgaststätten und Cafés unterwegs, soweit uns das unser

Sold erlaubte. Wir stellten uns der Aufgabe, alle traditionellen einheimischen Schnäpse zu probieren, zum Beispiel den Machandel mit Pflaume (ein scharfer klarer Wachholder-Schnaps mit einer Backpflaume). Wir waren erstaunt, wie billig hier in den Vorort-Lokalen und Tanzdielen der Schnaps war. Ich erinnere mich an eine große Theke in einem Tanzsaal. Dort stand roter und grüner Schnaps Flasche an Flasche. Der war spottbillig, ich glaube, lediglich 15 Pfennig haben wir bezahlen müssen. Geschmeckt hat der rote genauso wie der grüne. Eine Runde für die drei Musiker kostete 45 Pfennig und unsere Ausgelassenheit kannte keine Grenzen. Alles im allem war der Aufenthalt kurzweilig und angenehm, denn Danzig ist eine schöne Garnisonsstadt. Später bin ich noch einige Male dort gewesen und immer war ich von Danzig begeistert.

## Heimaturlaub

Über Weihnachten und Neujahr bekam ich Heimaturlaub. Viel ist mir von diesem Urlaub in meinem Gedächtnis nicht hängen geblieben, außer einer ganz dummen Geschichte.

Mit meiner Freundin, die später meine Frau wurde, und einem Freund von mir, zu dieser Zeit noch Zivilist, waren wir zu Silvester in den schönen Tanzsaal „Konstanze" in Dresden-Cotta zum Ball gegangen. (Heute ist die „Konstanze" das Theater der Jungen Generation.) Der Abend verlief recht nett. Als wir jedoch spät nach Mitternacht nach Hause gehen wollten und schon in der Garderobe waren, kam plötzlich der Ober, der uns bedient hatte, ganz aufgeregt zu mir. Er behauptete, dass ich seine Brieftasche gefunden und eingesteckt hätte. Die Brieftasche vermisste er schon seit 22 Uhr. Eine Barfrau aus der improvisierten Bar, an der wir einiges getrunken hatten, will gesehen haben, wie ich aus einer roten Brieftasche mit viel Geld bei ihr bezahlt hätte. Es ging um reichlich 100 Reichsmark, für die damalige Zeit viel Geld. Es gab einen großen Auflauf und auf unser Ersuchen hin wurde Polizei angefordert. Wir alle wurden untersucht, natürlich ohne Ergebnis. Nun entspann sich ein ganz mysteriöser Fall, weil die Zeugin auf ihrer Aussage bestand. Dabei war die Sache schon drei Stunden vorher geschehen. Wäre ich der Finder der Brieftasche gewesen, hätte ich den Fund schon lange in Sicherheit bringen können.

Ich wurde gebeten, mit auf die Wache zu kommen, während meine Freundin zu meinen Eltern und mein Freund nach Hause gehen konnten. Die Wache des Polizeireviers befand sich im Cottaer Rathaus und ich musste dort am Neujahrsmorgen etwa drei Stunden warten, bis endlich ein Polizeibeamter in Zivil erschien. Der Beamte führte mich in ein anderes Zimmer und ackerte mit mir die Angelegenheit mit allen Tricks und Finten des erfahrenen Vernehmers durch. Dann wurde ein Protokoll aufgesetzt. Als ich unterschreiben sollte, nahm er mir plötzlich den Federhalter aus der Hand und meinte, ich sollte doch endlich sagen, wo das Geld sei. Damit wäre alles vergessen. Im anderen Falle wolle er sofort das Kriegsgericht in Dresden verständigen und ich würde sofort eingesperrt werden. – Mit der Androhung der Zerstörung meiner Laufbahn trieb er mich in meiner jugendlichen Naivität zum Letzten: Um vermeintlich größeren Schaden abzuwenden, gab ich zu, was ich gar nicht getan hatte. Selbst das Geld wollte ich beschaffen, wobei ich an meine Eltern dachte, die es mir vielleicht hätten borgen können. Nachdem ich so weit war, lenkte der Beamte wieder ein und meinte, dass dies eine Verschleierung der Tatbestände ergäbe.

Gegen 7 Uhr morgens ging er mit mir wieder zu der Gaststätte, in der jetzt ein emsiges Treiben zur Reinigung des Etablissements herrschte. Meine Kontrahentin war noch anwesend. In der folgenden Gegenüberstellung blieb sie weiter bei ihrer Behauptung. Ich war an Leib und Seele ganz geknickt, als wir wieder zur Wache zurückgingen. Plötzlich – zu meiner Verwunderung – wurde der Beamte sehr wohlwollend zu mir, er bestellte meine Freundin telefonisch zu sich und hat mit ihr ohne mein Beisein nochmals alles durchgesprochen. Dann durfte ich das Protokoll unterschreiben und mit tröstenden Worten durften wir zusammen nach Hause fahren. Inzwischen war das neue Jahr 1940 schon mehr als neun Stunden alt. Prost Neujahr!

Nach meiner Rückkehr aus dem Urlaub hätte ich diesen Vorfall eigentlich melden müssen, aber ich verschob diesen schwierigen Gang immer wieder, weil ich mir nicht ganz sicher war, ob ich irgendwelche Konsequenzen zu befürchten hätte, gemäß dem Motto: „Gehe nicht zu deinem Fürst, wenn du nicht gerufen wirst!" Schließlich hatte ich die Angelegenheit fast völlig verdrängt.

Plötzlich – es war schon im Mai nach dem Unternehmen in Norwegen – wurde ich zum IWO (1. Wachoffizier, ein Fregattenkapitän, also Oberstleutnant) befohlen. Mir war es dabei nicht geheuer, aber an die alte Geschichte habe ich überhaupt nicht mehr gedacht. Als ich die Kammer des Gewaltigen betrat, musste ich stillstehen. Mir wurde mitgeteilt, dass das Verfahren wegen Funduntschlagung am Soundsovielten und so weiter vom Kriegsgericht des B.d.P (Befehlshaber der Panzerschiffe) wegen Mangels an Beweisen niedergeschlagen worden sei. Dieses Urteil sei mir kund zu tun. Er las es bis zur Unterschrift vor, ich musste unterschreiben, dann kam sofort der Befehl „Wegtreten!" und ich war wieder draußen – kein Wort, keine Frage. Nun war der Fall endgültig abgeschlossen. Der Stein, den man mir ganz unberechtigt aufgeladen hatte, fiel mir vom Herzen.

## Unternehmen Weserübung

Nicht wegen der Schönheit der Stadt waren wir nach Danzig gekommen, sondern um in der Danziger Werft Überholungsarbeiten und fällige Reparaturen an unserem Schiff durchführen zu lassen. Dazu mussten wir unser Schiff als Wohnung vorläufig verlassen. Stattdessen bekamen wir ein tolles Wohnschiff zur Verfügung gestellt. Eine solche erstklassige Unterbringung war sonst nicht üblich, sicherlich spielte dabei der Krieg eine Rolle. Die meisten Passagierschiffe lagen stillgelegt in den Häfen. Ein solches Schiff wurde jetzt für uns als Wohnschiff bereitgestellt, die prächtige „Pretoria", ein verhältnismäßig junges Schiff, mit schönen Unterkünften in Zwei- bis Vier-Mann-Kabinen mit Duschen und Bädern in allen Decks. Also auch diesbezüglich war Danzig ein Erlebnis.

Nach Abschluss der Werftarbeiten begannen die Probefahrten, und unser schönes Wohnen auf der „Pretoria" fand ein Ende. Unser Schiff verließ Danzig und machte nach verschiedenen

Fahrten in der Danziger Bucht wieder in Gotenhafen fest. Die Seeerprobung wurde durch das kalte Wetter behindert, denn Teile der Ostsee waren zugefroren.

Anfang März stießen wir wieder in See, in der Ostsee westwärts. Sehr bald gerieten wir in eine feste Eisdecke. Nur mühsam kamen wir vorwärts. Oft saßen wir ganz fest und mussten rückwärts Anlauf holen, um mit Schwung wieder unseren Bug in die dicke Eisdecke einzurammen. Dieses Spiel dauerte fast einen ganzen Tag und eine Nacht. Dabei bekamen wir natürlich kein Auge zu, denn unser Wohndeck lag ganz vorn am Bug. Es war jedes Mal ein fürchterliches Krachen und Gepolter, wenn wir in das Eis stießen. Am Tag war es ein schönes Naturschauspiel, wenn wir mit Schwung in die glatte Eisdecke hineinfuhren und lange Risse weit in die glatte Eisfläche hinausliefen und in der Breite des Schiffes eine Fahrrinne aufbrach.

Mit Mühe und Not erreichten wir dann Swinemünde, ein schönes Ostseebad auf Usedom, das heutige polnische Swinoujscie. Wir mussten einige Tage hier liegen bleiben, denn es hatte sich herausgestellt, dass wir bei der Gewaltfahrt unsere Schrauben beschädigt hatten. Nachdem die See aufgebrochen war, ging es dann weiter nach Kiel und hier sofort in ein Dock, um unsere Schrauben zu wechseln. Dabei vergingen auch einige Tage. Anschließend durchfuhren wir den Kaiser-Wilhelm-Kanal in Richtung Nordsee zu unserem Heimathafen Wilhelmshaven.

In Wilhelmshaven lagen wir nicht lange. Es könnte der 1. April gewesen sein, als es plötzlich hieß: Ausgang heute nur bis 18 Uhr, denn 20 Uhr ist „Seeklar". Mit einigen Kameraden war ich an Land gegangen. Es muss ein Sonntag gewesen sein, denn sonst hätten wir keinen Landgang bekommen. Als wir uns am späten Nachmittag wieder dem Hafen näherten, waren wir sehr erstaunt, denn alle Zufahrtsstraßen bis zum Kai, an dem wir lagen, waren vollgestopft mit Gebirgstruppen in voller Ausrüstung mit dem Edelweiß an der Mütze. Diese Überraschung war gelungen und tausende Vermutungen schwirrten durch das Schiff.

Damit die Gebirgsjäger Platz fanden, mussten wir Mariner sofort unsere Wohndecks räumen. Wir zogen mit unseren Hängematten in unsere Gefechtsstationen. Nachdem alle Truppen, es können ca. 1.000 Mann gewesen sein, untergebracht worden waren, kam das Kommando „Leinen los". Sofort ging es durch die Schleuse in See.

Nicht wenig verwundert waren wir, als wir am anderen Morgen wieder an der Schleuse des Nord-Ostsee-Kanals in Brunsbüttel Koog lagen. Es ging wieder zurück durch den Kanal nach Kiel. Dabei durften sich die Gebirgstruppen nur mit von uns geborgten Seemannssachen am Oberdeck sehen lassen.

In Kiel ankerten wir weit draußen auf Reede. Bald waren wir nicht mehr alleine. Mehrere Großschiff-Einheiten sammelten sich hier und verschwanden auch wieder. Auch bei uns gab es dann das „Anker auf!" und wir formierten uns in Kiellinie mit dem neuen schweren Kreuzer „Blücher", dann wir und hinter uns die „Emden". Die „Emden" war uns eigentlich nur als Ausbildungsschiff für Kadetten bekannt.

Die Reise ging nordwärts durch den Großen Belt in das Kattegat und das Skagerrak. Erst hier wurde uns hinsichtlich der Bestimmung unserer Fahrt reiner Wein eingeschenkt: es ginge um die Besetzung Norwegens. Die Norweger, so wurde uns gesagt, wollten mit dem Tommy (bei uns in der Marine die Bezeichnung für Engländer) gemeinsame Sache machen. Gerade das gelte es zu unterbinden. So waren verschiedene Schiffsverbände von uns nach allen größeren Häfen Norwegens unterwegs. Unsere Aufgabe war es, die Hauptstadt Oslo zu besetzen.

In der Nacht vom 8. zum 9. April 1940 standen wir vor der Einfahrt zum Oslofjord. Punkt null Uhr wurde Norwegen über die Gesandten das Ultimatum der Kapitulation überreicht, und zum selben Zeitpunkt drangen wir in die Hoheitsgewässer Norwegens ein. Sämtliche Leuchtfeuer verlöschten und das große Ungewisse begann.

Wir fuhren vorsichtig immer tiefer in den Fjord ein, wobei uns einige erfahrene Kapitäne aus der Handelsschifffahrt zur Seite standen. Die ersten Befestigungen, die wir passieren mussten, leuchteten uns mit ihren Scheinwerfern ab, ohne uns an der Weiterfahrt zu behindern. Der Fjord ist bis Oslo gute 160 km lang. Noch in ersten Hälfte kamen wir an die kritischste und engste Stelle bei Tröbak, von der wir wussten, dass sie als eine ausgebaute Naturfestung sehr gefährlich werden könnte.

Da wir hintereinander in der Reihenfolge „Blücher", „Lützow", „Emden" fuhren, ging der Feuerzauber auf die „Blücher" zuerst los. Ich erlebte alles unter Deck in meiner Gefechtsstation in der Rechenstelle. Wir waren über Kopftelefone mit unserer Leitstelle auf der Brücke verbunden, auf diesem Weg erhielten wir Informationen über das Geschehen an Oberdeck.

Die „Blücher" wurde mit heftigem Feuer eingedeckt, und auch wir bekamen drei Artillerietreffer ab. Wir kamen nur mit unserer mittleren Artillerie zum Schuss, weil die 28er Geschütztürme nicht so tief halten konnten, weil wir zu nahe an der Felsenfestung fahren mussten. – Plötzlich kam das Kommando „Zurück!" Die Emden und wir fuhren wieder rückwärts aus der Fjordenge heraus, umfuhren die Festung und feuerten nun mit unserer schweren Artillerie auf die Festung, während wir selber im toten Winkel des Feindes lagen.

Unter uns verbreitete sich die Mutmaßung, wir seien gewissermaßen aus Feigheit zurückgewichen, während die Blücher durchgefahren ist. Sehr bald aber sickerten die ersten Meldungen durch, dass die „Blücher" gesunken sei. Das wurde von uns angezweifelt, da wir uns nicht vorstellen konnten, dass ein modernes Schiff so schnell sinken könnte. Sehr bald aber brachten uns Kleinbooteinheiten Überlebende der „Blücher" an Bord.

Wir erfuhren mit Grauen, was sich für eine Tragödie auf der „Blücher" zugetragen hatte. Die „Blücher" war voll in das Schussfeld der starren alten Kruppgeschütze der Felsenfestung hineingefahren und hatte volle Breitseiten abbekommen und dazu noch zwei Torpedotreffer. In wenigen Minuten war das moderne Schiff ein Wrack, dazu noch steuerlos. Nur durch seinen Fahrtschwung, stark brennend und von mehreren Explosionen zerrissen, trieb es durch die Enge, und kurz darauf kenterte es und sank. Die Besatzung und die aufgeladenen Gebirgstruppen mussten, soweit sie dies noch vermochten, in das vier Grad kalte Wasser springen und versuchen, das Ufer zu erreichen. Dabei soll sich nach späteren Aussagen Fürchterliches abgespielt haben. Gute Schwimmer ohne Schwimmweste haben das Ufer erreichen können, während andere durch die Schwimmweste behindert wurden und im eiskalten Wasser erstarrten und erbärmlich zu Grunde gingen.

Im ersten Morgengrauen setzten wir nun rechts und links mit unseren Beibooten und mit kleineren Flotteneinheiten die Gebirgstruppen an Land. Diese waren heilfroh, dass sie wieder festen Boden unter die Füße bekommen sollten. Sie waren in unseren Wohndecks sehr hilflos dem Kriegsgeschehen ausgeliefert. Durch einen der drei Artillerietreffer, der genau in ein Wohndeck einschlug, hatten sie 15 Tote und viele Verletzte zu beklagen. Die anderen Treffer waren ohne Verluste abgegangen, nur am vorderen Turm war das mittlere Rohr ausgefallen. Es konnte nicht mehr bewegt werden, denn eine Granate hatte den Schwenkausschnitt dieses Rohres zugenietet.

Im Laufe des Vormittags befeuerten wir noch mehrfach das Fort mit unserer Schiffsartillerie. Auch Sturzkampfbomber der Luftwaffe (Stukas) griffen in das Geschehen ein. Gegen Mittag erreichte uns dann die Nachricht, dass die Besatzung des Forts kapituliert hatte. Wir fuhren nun unbehelligt durch die Engstelle.

Später erfuhr ich von einem Kameraden, den ich bei einem Unteroffizierslehrgang traf, nähere Einzelheiten über das damalige Desaster. Er war kurz nach der Kapitulation Norwegens als Besatzer auf diese Festung kommandiert worden. In diesem Fort dienten Offiziersanwärter der Norweger, die sich tapfer zur Wehr gesetzt hatten. Die meisten Geschütze waren fest eingebaut und von sehr altem Herstellungsdatum, zum Teil noch von der Firma Krupp aus Essen, hergestellt in der Zeit vor dem Ersten Weltkrieg. Außerdem hatten die Norweger zwei Torpedolaufbahnen sehr primitiver Art durch den Felsen gehauen. Auch die Geschütze waren in die Felsen eingehauen. Sie hatten durch unser Bombardement kaum Schaden genommen, während die Unterkünfte und verschiedene Gebäude, die oben auf den Felsen standen, total vernichtet worden waren. Munition und vier Torpedos waren bei der Einnahme noch vorhanden, es hätte auch für unsere beiden Schiffe noch gereicht. Gezielt wurde kaum, denn passierende Schiffe mussten auf Grund der Enge des Wasserweges so haargenau durch das Schussfeld der Geschütze fahren, dass die Treffer unausweichlich einschlugen. Die Aufgabe des Forts wurde letzten Endes durch den Angriff unserer abgesetzten Gebirgstruppen von der Landseite her erzwungen.

Wir fuhren dann am helllichten Tage an der Festung vorbei und sahen kaum etwas von den Geschützen. Fassungslos gedachten wir in einer Gedenkminute der gefallenen Kameraden von der gesunkenen „Blücher", die – einige hundert Meter tief unter uns – im friedlichen Wasser ihr Grab gefunden hatten.

Gegen 16 Uhr machten wir am Kai von Oslo fest. Niemand durfte an Land. Soweit wir in die Straßen und Häuser von Bord einsehen konnten, war alles ruhig. An vielen Fenstern hingen weiße Fahnen. Unsere Verwundeten wurden mit Sanitätsautos weggebracht, die Toten wurden auf dem Hinterschiff auf der Schanze aufgebahrt und mit einer Kriegsflagge abgedeckt.

Wir lagen nur ungefähr eine Stunde hier im Hafen, dann hieß es schon wieder „Seeklar" und unser Rückmarsch begann. Erst hatten wir Torpedobootbegleitung bis weit in das Skagerrak hinein, dann wurden diese Boote entlassen und zurückgeschickt. Wir fuhren allein, ohne Begleitschutz in das Kattegat.

Gegen Mitternacht gab es plötzlich eine mächtige Detonation. Unser Schiff machte einen gehörigen Satz, so dass wir durcheinander gewirbelt wurden. In der Rechenstelle kamen wir mit einigen Schürfwunden davon. Obgleich kurzzeitig das Licht ausfiel, sah ich sofort, dass unser Schraubenumdrehungsanzeiger höchste Fahrtstufen anzeigte, eigentlich sogar unwahrscheinlich hohe. Die Ereignisse überstürzten sich. Unser Obermechaniker stürzte herein, blutüberströmt im Gesicht und total verstört. Von der Brücke kamen Berichte wie bei einem Manöver: „Verbindung nach Hinterschiff ausgefallen!", „Schiff macht keine Fahrt mehr!"

Im Schiff wurde es verhältnismäßig ruhig. Außer den Lichtaggregaten liefen unsere Diesel nicht mehr. Bei uns hatte es viele Sicherungen herausgehauen. Wir waren mächtig am Werken, um wieder eine Verbindung nach hinten herzustellen. Plötzlich schwappte über unsere 20 cm hohe Türschwelle Wasser in unsere Rechenstelle. Das war das Signal zur Flucht an das Oberdeck. Durch hohes Wasser wateten wir zu unserem Aufgang nach oben.

An Oberdeck herrschte zunächst hilflose Konfusion. Einige zielgerichtete Befehle konnten das Chaos allmählich beseitigen. Ich entsinne mich, dass wir viele Granaten über Bord warfen. Diese wurden aus den hinteren Munitionsräumen nach oben transportiert, um das Hinterschiff leichter zu machen, denn wir sanken hinten immer tiefer ab.

Mehrfach gab es U-Boot-Alarm. In finsterer Nacht wurden da und dort U-Boote gesehen, und wir schossen mit der 8,8 cm Flak heftig um uns.

Nach und nach bekamen wir Klarheit über unsere Lage. Wir hatten einen Minen- oder Torpedotreffer in das Hinterschiff erhalten, dadurch waren beide Schrauben ausgefallen und unsere Schanze bis zur Abteilung 3 soff ab. Ab Abteilung 4 waren unsere Schotten noch dicht und in unserer Rechenstelle, die in der Abteilung 4 war, stieg das Wasser nicht höher. Unsere Schanze mit den Torpedorohrsätzen sackte immer mehr weg. Die Toten, die dort aufgebahrt waren, konnten geborgen werden. Unser Bug stieg höher aus dem Wasser und unsere Schräglage nach hinten war erheblich, während die seitliche Schräglage nur leicht war und sofort ausgetrimmt werden konnte.

Leider mussten wir einige Verluste feststellen, davon auch ein Kamerad von unserer Waffe, Johannes Grimm aus Leipzig. Dieser Kamerad war gleichzeitig mit mir an Bord gekommen. Er hatte in seiner Gefechtsstation, der Nebelanlage, ganz hinten am Heck keine Chance. Unser Obermechaniker war zum Zeitpunkt der Explosion ebenfalls im Hinterschiff. Er schlief in seiner Kammer unter der Schanze und war durch den Stoß mit dem Kopf an das obere Bett angeschlagen. Zu seinem Glück war er nicht bewusstlos geworden. In vollkommener Finsternis hat er sich durch die deformierten Gänge bis in unsere Rechenstelle durchgekämpft. Seine Verwundung sah zunächst gefährlicher aus als sie war. Er bekam einige mächtige Pflaster aufgeklebt und war bald wieder wohlauf.

Wir waren alle fürchterlich aufgeregt und hatten panische Angst, denn wir erwarteten jeden Moment einen weiteren Treffer. Wenn der Gegner ein U-Boot war, dann ist es mir bis heute nicht klar, warum er uns, nachdem wir manövrierunfähig waren, nicht noch einen, den tödlichen Treffer beigebracht hat.

Nach ungefähr zwei Stunden hatten wir das Schiff wieder fest in der Hand. Die Neigungen kamen zum Stillstand, dies war alles, was wir im Moment für uns tun konnten.

Im ersten Morgengrauen kamen im Tiefflug die ersten Sicherungsflugzeuge, die unseren Alptraum linderten. Kurze Zeit später erreichten uns die ersten Torpedoboote und dann noch Schiffe aller Gattungen aus Dänemark, die dort requiriert worden waren.

Alle Besatzungsmitglieder, die nicht unbedingt zum Abschleppen und zur Sicherung des Schiffes gebraucht wurden, mussten sich dann über Leinen, die an unserem Schiffskörper herabgelassen wurden, vom Schiff hangeln. Diese Aktion wurde blitzartig durchgeführt: zuerst wurde die Hängematte in den rettenden Kahn hinuntergeworfen und dann sind wir am Seil, so dreckig und speckig wie wir waren, hinterher gehangelt.

Mit einem dänischen Schiff wurden wir nach Frederikshavn gebracht. Ich war – Gott sei Dank! – dabei. Ich weiß nicht mehr, wie lange wir bis zum Hafen gefahren sind. Wir fühlten uns geborgen und haben uns wie die Heringe in der Tonne Mann an Mann auf unseren Matten überall auf dem Schiffsboden lang gemacht und sind fest eingeschlafen, denn wir hatten schon drei Nächte kein Auge zugemacht.

In dunkler Nacht wurden wir geweckt und mit Lastautos zum Bahnhofsgelände gebracht. Dort stand ein Sonderzug für uns bereit, mit dem wir in Richtung Deutschland transportiert wurden. Ich erinnere mich, dass wir unterwegs verpflegt wurden, einmal schon in Dänemark und dann in großzügigster Form in Flensburg. Dazu waren die Bahnhöfe vollkommen abgesperrt worden, wir durften mit niemandem zusammenkommen. Diese Aktion sollte so lange wie möglich geheim gehalten werden.

Wieder war es Nacht, als wir in Kiel ankamen. Auch hier war der Bahnhof abgesperrt, die LKW standen in Reih und Glied auf dem Bahnsteig. Wir wurden nach Holtenau an den Kaiser-Wilhelm-

Kanal gefahren und dort auf einem abgestellten Passagierdampfer untergebracht.

Hier bekamen wir erst einmal das Nötigste: Rasier- und Waschzeug, Unterwäsche und neue weiße Päckchen. Damit konnten wir uns nach Herzenslust renovieren. Wir fanden auch Spiele – vom Schach, „Mensch ärgere dich nicht" bis zum Skatblatt alles – vor und mussten uns nun in der Abgeschiedenheit die Zeit mit süßem Nichtstun vertreiben.

Plötzlich hieß es: Heute ist unser Kahn mit Hochseeschleppern eingebracht worden. Die Folge war, dass wir sehr bald wieder zurück an Bord gebracht wurden. Denn nun war nichts mehr geheim zu halten. Unser ramponierter Kreuzer war in der Kriegsmarinewerft festgemacht worden. Eigentlich waren wir froh, weil wir wieder an unsere persönlichen Sachen heran konnten und auch wieder an Land gehen konnten. Wir hatten doch allen Grund, unser erhaltenes Leben zu feiern! Eine der ersten amtlichen Handlungen war ein Festakt, an dem für unseren heldenhaften Einsatz viele EKs (Eiserne Kreuze) verteilt wurden. Auch ich wurde damit bedacht. Damals war ich sehr stolz darauf.

Unser Schiff wurde in ein Trockendock bugsiert. Dort war es kompliziert, es aufzusetzen. Beim Abpumpen des Wassers aus dem Dock setzte das herabhängende Heck zuerst auf, und unser Schiff drohte, sich auf die Seite zu legen. Nach einigen Tagen gelang es, mit Hilfe eines Schwimmkranes, der die Schanze anheben musste, das Schiff auf dem Kiel aufzusetzen. Erst nachdem wir restlos trocken lagen, konnte der Schaden richtig eingesehen werden: Wir hatten ein Riesenloch in Höhe der Schrauben. Eine Schraube hing mit dem Wellenstumpf im Außenlager, während die andere Schraube samt Welle bis zum Wellentunnel (Durchführung mit Stopfbuchse zum Schiffsinneren) ganz fehlte.

Nun kam die unangenehmste Arbeit. Wir mussten unsere Kameraden bergen, die im Hinterschiff bei diesem Angriff ums Leben gekommen waren. Sie wurden in Hängematten eingewickelt und dann abtransportiert. Ich habe nur meinen Kumpel gesehen. Er hatte bestimmt einen schnellen Tod gehabt. Der Kopf war bei der Detonation angeschlagen und deformiert, sicherlich war er sofort tot.

Natürlich war es Ehrensache, in der Ehrenkompanie bei der Beisetzung dabei zu sein. Dafür hatten wir einen ganzen Tag geübt. Die drei Salven über das Grab sollten militärisch exakt klappen. Uns war einigermaßen beklommen zumute und wir waren froh, als der rührselige Akt zu Ende war. Noch hatte uns das Leben, und unsere Jugend trug das Ihrige dazu bei, die Gedanken an den Heldentod schnell wieder zu vergessen.

Unser schönes Schiff ging einer halben Außerdienststellung entgegen. Das ganze Hinterschiff musste neu aufgebaut werden. Dazu wurden von uns erst einmal alle Räumlichkeiten leer gemacht. Das war keine feine Arbeit. Im Hinterteil, das so lange unter Wasser gelegen hatte, sah es fürchterlich aus. Durch den Treffer war nichts mehr gerade, alles verbogen und deformiert. Im Hinterschiff waren die Lagerräume für die Verpflegung und Kantinenware untergebracht. Mehl und Erbsen hatten sich mit Tonseife und Treiböl gemischt. Überall befanden sich schmierige Substanzen.

Da unser Obermechaniker Getränkevorstand der Feldwebelmesse war, musste ich mithelfen, die sogenannte Feldwebel-Kantinenlast auszuräumen. Dabei gab es zum Teil doch recht nette Sachen zu bergen. So haben wir dort im Öl- und Erbsenmehlschlamm ganze Bierfässer sowie erhebliche Mengen französischen Wein, Spirituosen und Sekt sicherstellen können. Dabei kam es natürlich auf eine Flasche mehr oder weniger überhaupt nicht an. So manche Flasche Sekt musste ihre Kohlensäure aushauchen. Wir waren dabei nicht sehr zimperlich, ließen die Korken knallen und dann ging die Flasche von Mund zu Mund, gerade so, als ob es Limonade wäre. Die Nachwirkungen waren oft katastrophal. Nach wenigen Tagen hatten wir auch diese Hürde genommen und gingen langsam wieder auf einen nüchternen Lebenswandel über.

Es begann eine sehr schöne hochsommerliche Werftliegezeit mit all ihren Vorteilen, vor allem dem zeitigen Feierabend und dem geregelten Landgang mit Fahrten in die umliegenden Bäder und Sehenswürdigkeiten, zum Beispiel nach Laboe zum Kriegsmarine-Denkmal. Kiel war zwar wie Wilhelmshaven eine ausgesprochene Kriegsmarinestadt, aber hier war der Aufenthalt wesentlich angenehmer.

Am 1. Juli 1940 wurde ich Obergefreiter oder genauer: Mech.Ob.Gefr(T). Viel Ehre! Man sagte uns, wir seien das Rückgrat der Armee! Das Beste aber war: das Gehalt stieg damit auch etwas. Hinzu kam noch meine sogenannte Einreichung zum Maaten, was bedeutete, dass ich für eine Unteroffiziersausbildung vorgeschlagen wurde. Wenn das keine Gründe waren, mal über die Stränge zu hauen!

Nach schönen Tagen in Kiel kam dann am 17. August 1940 meine Abkommandierung. Zunächst wurde ich nach Wilhelmshaven in die sogenannte Zerstörer-Stammkompanie geschickt. Das war ein zusammengewürfelter Haufen, in dem alle Schiffslosen bzw. Lehrgangsanwärter vor ihrer weiteren Verwendung geparkt wurden.

Schon am 16. September wechselte ich die Einheit erneut und zog auf den stillgelegten Passagierdampfer „Monte Pascoal" in die 2. Marine Lehrabteilung (M.L.A) Wilhelmshaven, Blücherstamm. Die Unterbringung war fürchterlich, der Dampfer war total vergammelt, es wimmelte von Kakerlaken. Wir wohnten in Laderäumen und schliefen dort auf dreistöckigen Holzpritschen ohne Licht und Fenster. Hier sollten wir eigentlich unsere Vorausbildung als Gruppenführer erhalten. Scheinbar waren aber die geeigneten Kräfte zur Ausbildung nicht vorhanden. So gammelten wir herum und wurden einmal hier und da eingesetzt, auch zu Erdbewegungsarbeiten und zum Verladen von Munition im großen Munitionsdepot bei Wilhelmshaven.

# Auf Unterseebooten

## U-Boot-Lehrgang

Endlich war es soweit, am 30. September 1940 kam ich in Flensburg auf der Torpedoschule an. Ich war zum Lehrgang für Überwasserschiffe geschickt worden. Aber schon nach 14 Tagen kamen einige Herren in die Schule. Das war, wie wir es nannten, der „Personalklau" von Dönitz (Oberbefehlshaber der U-Boote). Schnell wurden wir alle untersucht. Wer das wollte und als tauglich befunden war, wurde sofort zum U-Boot-Lehrgang abgestellt.

Eigentlich hatte ich dazu wenig Schneid. Es bedurfte noch einer geraumen Zeit, ehe sich langsam ein Gefühl entwickelte, als U-Boot-Matrose zu einer besonderen Elite zu gehören. Erst später erfuhr ich die Faszination des effektiven Zusammenwirkens einer U-Boot-Mannschaft auf engstem Raume beim Einsatz auf See und spürte das besondere Zusammengehörigkeitsgefühl, die Verlässlichkeit und das Vertrauen eines jeden auf die anderen.

Seinerzeit wurde uns der Umstieg ins U-Boot ganz profan durch die Aussicht auf eine Verkürzung des Lehrganges schmackhaft gemacht. Alle, die wie ich einwilligten, wurden nur noch speziell für die Anlagen in U-Booten ausgebildet. Auf U-Booten sind die elektrischen Anlagen wesentlich einfacher. Obendrein wurde uns die Gruppenführer-Ausbildung beinahe ganz geschenkt. Aber wir mussten noch zur U-Boot-Schule, denn wenigstens mit den wesentlichen Vorgängen auf U-Booten mussten wir vertraut gemacht werden.

Wie schön Flensburg als Garnisonsstadt ist, hatte ich schon bei der Rekrutenausbildung erlebt. Natürlich war dieser Lehrgang, zumal wir nun schon Obergefreite waren, noch angenehmer, wenn auch straffer und exakter als der damalige Rekrutenlehrgang. Das Zusammenleben im Dienst und in der Freizeit hatte unter den Unteroffiziersschülern mehr Niveau. Mitte Februar 1941 hatten wir diese Ausbildungsetappe geschafft.

Am 16. Februar 1941 waren wir wieder über Berlin und Königsberg unterwegs nach Pillau zur U-Boot-Schule. (Königsberg heißt heute Kaliningrad, und Pillau heißt heute Baltisk.) Die Schule war auf dem zu der Zeit in Pillau liegenden Kreuzfahrschiff „Robert Ley" untergebracht. Das ganze Schiff wurde als Wohn- und Ausbildungsschiff benutzt. Unsere Kabinen waren große Klasse, nicht sehr pompös, aber sehr zweckmäßig und modern. Auf diesem Schiff gab es keine Klassen, alle Kabinen (zwei bis sechs Betten) waren einheitlich ausgestattet. Die „Robert Ley" gehörte mit ihrem Schwesterschiff der „Wilhelm Gustloff" zur Flotte der NSDAP-Organisation „Kraft durch Freude" (KdF). Ihren eigentlichen Verwendungszweck als Kreuzfahrtschiffe für Arbeiter haben die Schiffe wegen des Kriegsausbruches so gut wie nicht mehr erfüllen können. Im März 1945 wurde die „Robert Ley" im Hamburger Hafen liegend durch mehrere britische Fliegerbomben getroffen. Das ausgebrannte Schiffswrack wurde verschrottet.

Ich gehörte in Pillau zur 1. U-Lehr-Division, 7. Kompanie. Uns wurden hier alle Einzelheiten der U-Boote, ihre Tauchmöglichkeiten, Apparate und Anlagen, die das Tauchen ermöglichten und viele allgemeine Details gelehrt. Im herrlichen Schwimmbad der „Robert Ley" wurde auch der Umgang mit unserem Tauchretter geübt und geprobt. Dies war nicht ganz ungefährlich. Jeder musste seinen Tauchretter selbst zusammenbauen und dann damit klarkommen. Die Methodik „Jeder ist für sich selbst verantwortlich" galt für alle Frontboote.

Der Tauchretter ähnelte einer Schwimmweste und war als solche auch verwendbar. Er besaß eine Sauerstoffpatrone, die von außen auf- und zugedreht werden konnte. Über einen Schlauch mit Mundstück und Nasenklemme und über eine Kalipatrone war man mit dem Inneren der Schwimmweste verbunden. Man musste über den Schlauch und die Kalipatrone ausatmen. Dabei wurde die Kohlensäure der Atemluft gebunden, und aus der Schwimmweste, die durch die Sauerstoffpatrone mehr oder weniger gefüllt werden konnte, wurde Sauerstoff eingeatmet. Man musste darauf achten, dass man auf jeden Fall tief durch die Kalipatrone ausatmete. Sonst hatte man Schwierigkeiten und glaubte, ersticken zu müssen. Am Anfang war es fürchterlich, dann ging es immer besser und zuletzt direkt großartig. Mit diesem Retter konnte man 30 Minuten und im Ernstfall sogar noch länger unter Wasser bleiben. Auch wenn während einer langen Tauchphase der Anteil des Kohlendioxyds in der Atemluft des U-Bootes gefährlich hoch wurde, konnte der Tauchretter im wahrsten Sinne des Wortes lebensrettend wirken.

Pillau hatte außer einigen Kneipen kaum etwas Besonderes zu bieten. Noch dazu war der Chef der Schule ein äußerst verrückter Offizier, der einem den Aufenthalt in Pillau durch seine blöden Anordnungen verleiden konnte. Unter anderem mussten wir ganz kurze Mützenbänder tragen. Jedenfalls waren wir recht froh, als das Ende und damit der krönende Abschluss des Lehrganges heranrückte. Nun hatten wir alle Schulen für den „Unteroffizier" absolviert, wenn auch in verkürzter Form, bedingt durch den Krieg.

Am 25. März 1941 wurde ich zum Maaten befördert. Nun war ich Torpedo-Mechaniker-Maat, auf Anschriften kurz Mech.Mt.(T). Dann ging alles sehr schnell, wir hatten kaum Zeit zum Feiern. Kaum dass wir in würdiger Form verabschiedet waren, saßen wir in einem Sonderzug in Richtung Plön (Holstein).

Unterwegs von Pillau nach Plön mit Sonderwaggon

Nach einer 52-stündigen Fahrt erreichten wir am 30. März 1941 Plön. Unseren Waggon hatte man immer an irgendeinen passenden Zug angekoppelt, und wie durch ein Wunder trafen wir doch in Plön ein. Die Stadt liegt in einer landschaftlich sehr reizvollen Gegend, der Holsteinischen Schweiz. Hier war eine große Ausbildungsstätte für Rekruten und Unteroffiziere errichtet worden, lauter kleine nette Häuser für jeweils etwa eine Kompanie. Ein Teil war für die Ausbildung von U-Boot-Personal abgezweigt worden.

Wir wurden hier alle gemeinsam in einem Häuschen untergebracht und auf mehrere Stuben verteilt. Schon nach 14 Tagen gingen die ersten Kommandierungen auf U-Boote für uns ein und unser netter Haufen begann, sich langsam aufzulösen. Ein richtiger Dienstbetrieb kam gar nicht erst zustande. Täglich erfuhren wir erst früh, was der Tag bringen sollte. Unter Anleitung einiger Oberfeldwebel, die ebenfalls auf ihre Kommandierung warteten, machten wir die verschiedensten Dinge, meist Gruppenführer-Ausbildung. Die freie Zeit wurde natürlich auch zum Landgang benutzt. In Plön – ein sehr nettes Städtchen mit zu viel Militär – war nicht allzu viel los.

Eine Erinnerung ist mir im Gedächtnis haften geblieben: Ein Oberfeldwebel, ein Obersteuermann, lud uns eines Tages zu einer zünftigen Segelpartie mit einem Kutter auf den herrlichen großen Plöner See ein. Unser Gelände grenzte direkt an diesen See. Nach kurzer Einweisung über die Handhabung der Segel ging es scharf an den Wind. Der Obersteuermann schien ein Fuchs auf diesem Gebiet zu sein, denn er hat uns bei der Partie das Fürchten gelehrt. Eine steife Brise blies so stark, dass unser schwerfälliger Kutter schräg lag und mit einer Bordseite immer scharf an der Wasserlinie entlang zog. Manchmal übernahmen wir dabei sehr viel Wasser. Wir hatten alle Hände voll damit zu tun, Wasser zu schöpfen und die Segel richtig zu bedienen. Unser Obersteuermann geriet bei seinen Kommandos immer mehr in Ekstase. Wir hingegen hatten jeden Augenblick das Gefühl, absaufen zu müssen. Zu unserer Ehrenrettung möchte ich anmerken, dass es am Anfang April noch sehr kühl war. Ein Vollbad wäre uns nicht besonders bekommen. Jedenfalls waren wir heilfroh, als wir wohlbehalten wieder am Anlegesteg festmachten und unsere Unterkunft aufsuchen konnten, denn an uns war kein trockener Faden mehr.

Die Tage in Plön vergingen sehr schnell. Endlich war auch meine Kommandierung da. Am 20. April 1941 hatte ich mich auf der Deutschen Werft in Hamburg Finkenwerder zur Baubelehrung einzufinden.

## Baubelehrung in Hamburg-Finkenwerder

In Hamburg ein Kommando zu erhalten, galt als großes Glück. Erstens wegen der Stadt selber und zweitens waren hier sehr geschätzte Werften, die sehr gute Schiffe und Boote hergestellt haben. Allen voran rangierte die Werft von Blohm & Voß, weil die dort gebauten Schiffe hinsichtlich solch entscheidender Dinge wie Bauzeit und Qualität die Schiffe anderer Werften weit übertrafen. Unter anderem hatte diese Werft so erfolgreiche Schiffe wie den Schweren Kreuzer „Hipper" und das Schlachtschiff „Bismarck" gebaut.

Als ich 1941 nach Hamburg kam, lief schon auf allen Werften, nicht nur in Hamburg, das große U-Boot-Bauprogramm. Man hatte wohl endlich eingesehen, dass Deutschland mit Überwasserschiffen der großen Seemacht England nicht ernstlich gefährlich werden konnte. Wenn überhaupt zur See ein entscheidender Schlag geführt werden konnte, dann war das nur mit U-Booten möglich. Leider kam diese Erkenntnis nach meiner Ansicht schon zu spät.

Im Jahre 1941 lief dann jedenfalls auf fast allen deutschen Werften das große Bauprogramm der U-Boote. Jede Werft hatte, je nach Kapazität, kleine oder große Serien fortlaufender Nummern im Bau. Finkenwerder baute zu der Zeit die Serie von U 501 bis U 550 und Blohm & Voß von U 551 bis U 650. Die Hamburger Werft Blohm & Voß hatte schon einen grandiosen Rhythmus im U-Bootsbau erreicht, sie stellte jede Woche ein Boot in Dienst.

Ich war nach Hamburg-Finkenwerder zur Deutschen Werft zur Baubelehrung kommandiert. Das bedeutete, dass ich für ein Schiff vorgesehen war, das noch nicht in Dienst gestellt war, sich also noch im Bau befand. Es handelte sich um U 512, ein 750-t-Boot.

Hauptsächlich wurden zu jener Zeit 500-t-Boote gebaut und später der größere Typ, das 750-t-Boot. Beide Boote unterschieden sich durch ihren Aktionsradius, der beim größeren Boot wesentlich größer war. Außerdem hatte das 750-t-Boot zwei Heckrohre gegenüber einem bei den 500-t-Booten. Abgesehen von der Größe und den Räumlichkeiten waren beide Bootstypen annähernd gleich.

Auf die Baubelehrung wurde in erster Linie das technische Personal des Bootes geschickt. Als erster traf meistens der Leitende Ingenieur ein. Der LI war meist ein Leutnant (Ing.). Dann kamen die zwei Obermaschinisten, der Torpedomechaniker-Maat, die sechs Maschinen-Maate. Noch etwas später kamen die technisch orientierten Mannschaften (zwei Mechaniker und zwölf Diesel-Maschinisten, die Heizer genannt wurden) dazu. Kurz vor der Indienststellung wurden noch die Funker (zwei Maate, zwei Mannschaften), der Obersteuermann und dann das seemännische Personal mit den zwei Wachoffizieren hinzugenommen. Wenige Tage vor der Indienststellung erschien als letzter der Kommandant.

Zu einer kompletten Besatzung gehörten also vier Offiziere (Kommandant, I. und II. Wachoffizier, der LI), drei Oberfeldwebel (zwei Maschinisten und der Obersteuermann), zwölf Maate und ca. 30 Mannschaften. Die Mannschaften hießen bei uns Gasten, auf anderen Booten wurden sie vielfach Lords genannt.

Bis zur Indienststellung hatte sich jeder Teilnehmer an der Baubelehrung mit den technischen Details seines Abschnittes vertraut zu machen. Dazu waren natürlich auch die entsprechenden Unterlagen zugänglich. Vor allem konnte man sich auch Informationen von den entsprechenden Werftarbeitern und Meistern einholen. Jeder zur Baubelehrung Kommandierte wurde mit dafür verantwortlich gemacht, dass bis zur Indienststellung alle Aggregate und Einstellvorrichtungen seines Aufgabenbereiches funktionierten und auch zugänglich eingebaut wurden. Alles war neu und man hatte gut aufzupassen, dass alle Armaturen leichtgängig und funktionssicher bedienbar waren.

Die Arbeit bei der Baubelehrung erzeugte eine Bindung zum Schiff. Wir erkannten bald den Ernst dieser Aufgabe, zumal doch einiges von der einwandfreien Funktion der Baueinheiten des Schiffes abhing, unter Umständen sogar das Leben der ganzen Besatzung auf dem Boot. Hier bei der Baubelehrung konnte man auch solche Bauteile sehen, die nach dem Einbau dem Blick restlos entzogen waren. Manche Wirkungsweisen von elektrischen und mechanischen Anlagen wurden einem erst hier restlos verständlich.

Noch Jahre später – in der Zeit meiner Kriegsgefangenschaft – habe ich aus dem Gedächtnis den Bauplan eines U-Bootes vom Typ VII C aufmalen können. Für mich war die Anfertigung dieser Zeichnungen und der Funktionsbeschreibung der Teile des U-Bootes eine Art sinnvoller Vertreibung der Langeweile. Mangels Besserem habe ich auf Klopapier gemalt und die Einzelblätter zusammengeklebt. Die Maßstäblichkeit hält möglicherweise einer exakten Nachprüfung nicht stand. Ich hatte keinerlei Unterlagen dabei, weshalb ich die Maße nach Gefühl bestimmen musste. Mir ging es um die Funktionalität. Ich füge diese Blätter bereits hier – auf den nächsten Seiten – ein, damit man sich beim Lesen meiner Aufzeichnungen ein besseres Bild von der räumlichen Situation und den Funktionen im U-Boot machen kann.

\* \* \*

Natürlich forderte Hamburg mit seinem berühmten Nacht- und Liebesleben von uns härteste Kondition. Oft blieb keine Zeit zum Schlafen und morgens beim Wecken wurden heilige Eide geschworen, heute nicht an Land zu gehen, sondern zu schlafen. Aber schon beim Mittagessen rasierten wir uns eilig, damit wir am Feierabend recht schnell zum Hauptanziehungspunkt, der Reeperbahn kamen. Dabei hatten wir von Finkenwerder aus einen beträchtlichen Anmarschweg.

Der Liniendampfer brauchte von Finkenwerder bis nach Hamburg St. Pauli eine Stunde. Leider fuhr der Dampfer nur aller Stunden. Das tragischste war: das letzte Schiff fuhr schon um 12 Uhr nachts von den Landungsbrücken los. Um diese Zeit ging es doch aber in St. Pauli erst richtig los! So passierte es dann, dass wir oft erst mit dem ersten Dampfer, der um 5 Uhr morgens in Hamburg abfuhr, zurückkehrten. Damit trafen wir erst kurz vor dem Wecken in unseren Wohnbaracken ein, natürlich meist ohne Nachtzeichen, also ohne Genehmigung. Da wir als Unteroffiziere uns selbst zu überwachen hatten, ging immer alles gut, zumal der Leiter der Baubelehrung, ein älterer Kaleu (Kapitänleutnant/Reserveoffizier) in Hamburg bei seiner Familie wohnte.

Eines Morgens kamen wir fünf Maate wieder einmal früh erst gegen 6 Uhr von der Landungsbrücke in Finkenwerder in Richtung unserer Wohnbaracke nach Hause. Dabei liefen wir zur Abkürzung des Weges ein ganzes Stück durch unbebautes wüstes Gelände. So beachteten wir den frühen Sportler im Trainingsanzug kaum, bis dieser plötzlich vor uns auftauchte und sich als unser Kaleu entpuppte. Er hatte aus irgendeinem Grunde mal eben auf der Baubelehrung übernachtet.

Es gab einen Mordskrach: Wir hätten sein Vertrauen missbraucht! Das waren noch die mildesten Worte. Am selben Tage hatten wir zum Rapport anzutreten. Er verdonnerte uns zu je drei Tagen gelindem Arrest. Den mussten wir ziemlich weit außerhalb von Hamburg in Bergedorf bei der Artillerie absitzen. Das war dort ein ganz gemütlicher Arrest: nachts haben wir stundenlang mit dem Wachhabenden gequatscht und gesponnen, dass sich die Balken bogen, und am Tage geschlafen. Trotzdem waren wir in Zukunft vorsichtiger bei unseren nächtlichen Abenteuern, vor allem auf unserem Heimweg.

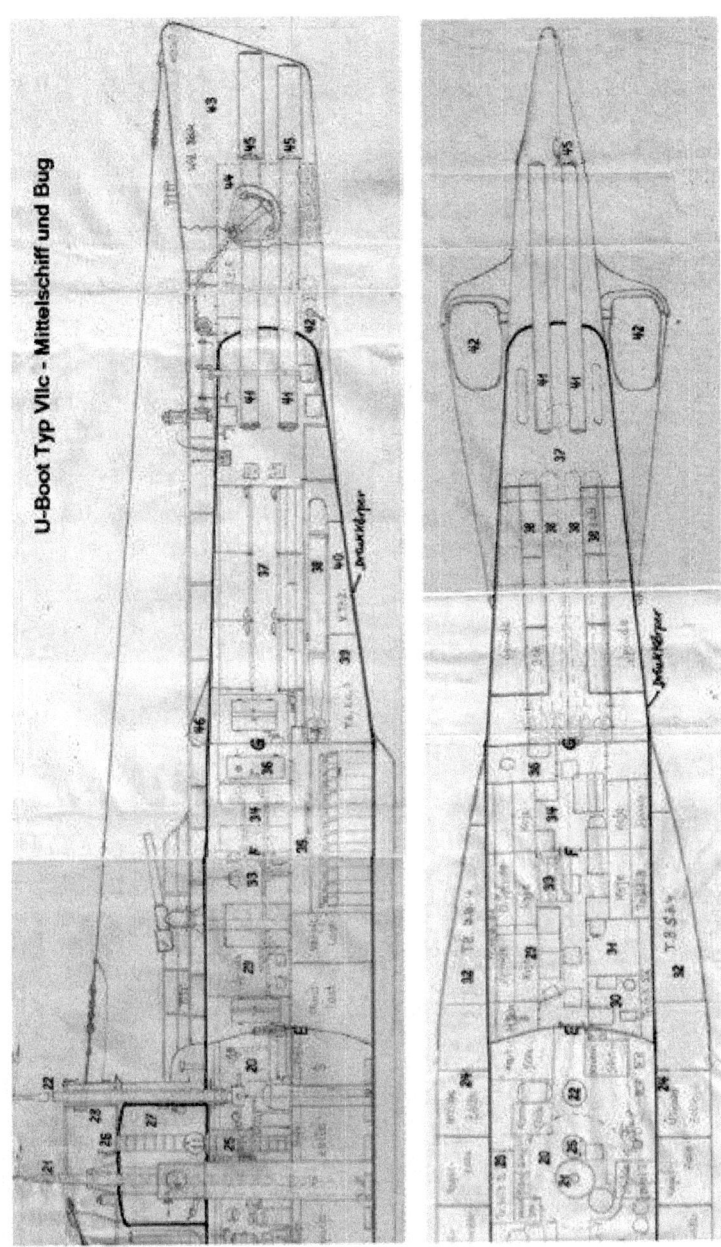

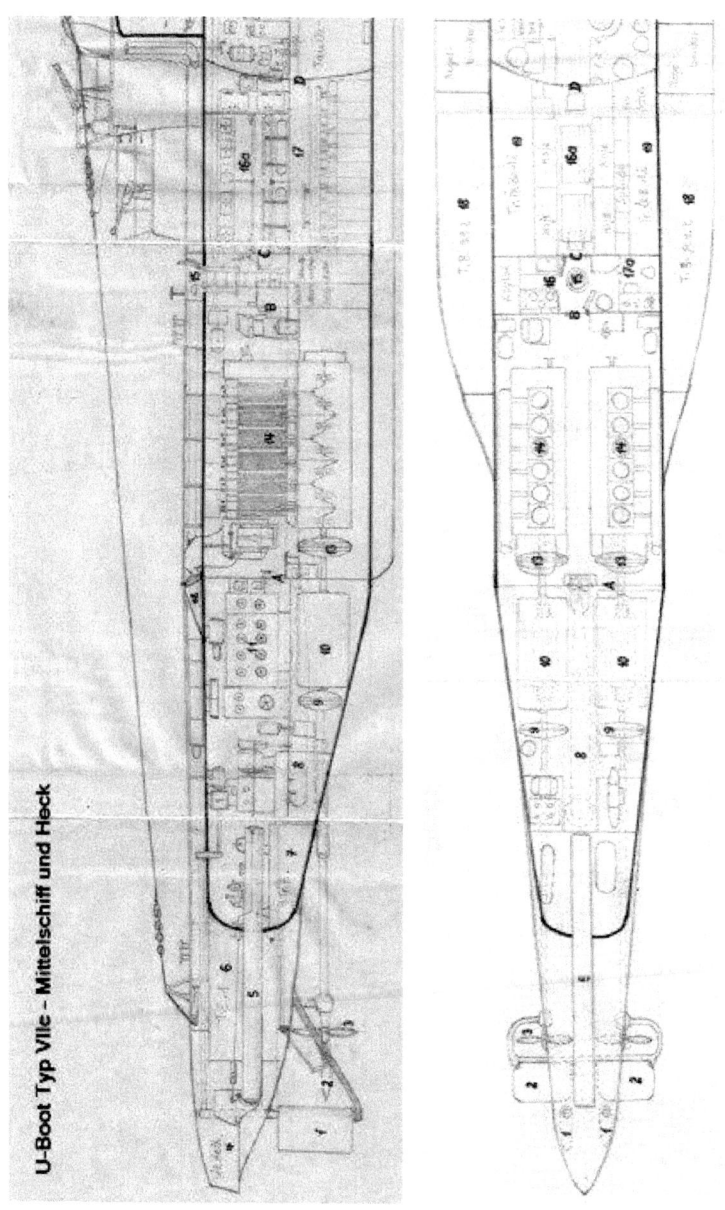

## Kurze technische Beschreibung eines U-Boots vom Typ VII C

Das Boot hatte drei druckfeste und fünf wasserdichte Abteilungen. Die druckfesten Trennwände (D und E) waren gewölbt und die Durchsteige-Luken kreisrund, sie konnten mit einem Schraubring fest geschlossen werden. Die wasserdichten Trennwände (B und G) waren aus Stahl. Sie hatten türförmige Schotten aus Stahl mit Gummidichtungen und mehreren Riegeln. Alle anderen räumlichen Trennungen waren sogenannte Lärmschotten (A, C und F), meist mit Holztüren versehen. Eine Ausnahme bildete die Tür (A) zwischen E-Maschine und Dieselraum, die aus Stahlblech bestand.

Die Räume von hinten nach vorn:

    Hecktorpedo- und Elektromaschinenraum (bis A)

    Dieselmaschinenraum (A bis B)

    Kombüse (B bis C)

    Unteroffiziersraum (C bis D)

    Zentrale (D bis E)

    Wohnräume der Offiziere und Oberfeldwebel (E bis G)

    Mannschaftswohn- und Bugtorpedoraum (ab G)

| | |
|---|---|
| 1 | Doppelseitenruder |
| 2 | Hinteres Tiefenruder |
| 3 | Antriebsschrauben |
| 4 | Wasserdichtes Heck, wird wie die wasserdichte Back (siehe 43) zur Überwasserstabilisierung benötigt. |
| 5 | Hecktorpedorohr |
| 6 | Tauchzelle 1: Der Unterschied zwischen Tauchzellen und Tauchbunkern bestand darin, dass Zellen nur mit Wasser, Nutz- oder Seewasser befüllt wurden, während Bunker zuerst als Treiböltanks und nach ihrer Entleerung als Zellen benutzt wurden. |

| | |
|---|---|
| 7 | Hintere Trimmzelle: Die vordere und hintere Trimmzelle wurde zum Ausgleich bei Vorder- oder Achterlastigkeit gebraucht. Mit Hilfe von Pumpen konnte über eine Rohrleitung durch Druckluft Wasser von hinten nach vorn oder umgekehrt gepresst werden. |
| 8 | Torpedo in der hinteren Reservelagerung zwischen bei den E-Maschinen |
| 9 | Kupplung zum Auskuppeln der Schwanzwelle (wurde benutzt, wenn wir im Hafen an der Pier mit eigener Maschine die Batterien laden mussten |
| 10 | Die Elektro-Maschinen konnten als Motor oder auch als Dynamo geschaltet werden, außerdem besaßen sie eine Elektroschweißwicklung. |
| 11 | Schalttafeln. Von hier konnten alle Fahrtstufen und alle Ladestufen geschalten werden. |
| 12 | Hintere Torpedoübernahmeluke |
| 13 | Kupplungen zwischen Diesel- und E-Maschine, sie wurden beim Tauchen benutzt. Beim Tauchen konnte nur mit der E-Maschine gefahren werden. |
| 14 | Zwei 6-Zylinder-Dieselmotoren mit je ungefähr 5000 PS Leistung (40 cm Kolbendurchmesser, 46 cm Hub) |
| 15 | Die Hintere Ausstiegluke wurde nur im Hafen benutzt. |
| 16 | Kombüse mit Elektroherd und Elektrokochtopf. |
| 16a | Unteroffizierswohnraum mit acht Kojen |
| 17 | Hinterer Batterieraum. Jeder Batterieraum hatte 52 Zellen, womit sich eine Bordspannung von 110 Volt ergab. Eine Zelle hatte ungefähr folgende Ausmaße: Höhe 1 m, Querschnitt 50 x 30 cm. |
| 17a | Hinterer Abort. Vermittels einer Handpumpe konnte auch bei Tauchfahrt bis in Sehrohrtiefe ausgepumpt werden. |
| 18 | Treibölbunker 2 |

| | |
|---|---|
| 19 | Treibölbunker 1 (Die Treibölbunker sind außerhalb des Druckkörpers als Wulst angeschweißt.) |
| 20 | Zentrale. Die Zentrale ist das Herz des U-Bootes, von hier wurden alle Tauchmanöver vom LI (Leitender Ingenieur) gesteuert. |
| 21 | Angriffssehrohr mit einem Blickwinkel von -10 bis +30 Grad. Das Angriffssehrohr wurde vom Turm aus benutzt. Die maximal mögliche Tauchtiefe für die Benutzung des Angriffsserohres betrug 14 m vom Kiel aus gerechnet. |
| 22 | Luftzielsehrohr mit einem Blickwinkel von -10 bis +90 Grad. Man konnte also bis senkrecht in den Himmel sehen. Das Luftzielsehrohr wurde von der Zentrale aus benutzt. Es konnte nicht so weit ausgefahren werden wie das Angriffssehrohr. Auch war sein Kopf bedeutend stärker und konnte deshalb vom Feind schneller ausgemacht werden. |
| 23 | Trinkwasserzelle |
| 24 | Untertriebszelle. Die Untertriebszelle diente zusammen mit Regelbunker und Regelzelle für den ballistischen Ausgleich des Bootes, zum Beispiel nach Proviant- und Torpedoverbrauch. |
| 25 | Hauptausstieg aus der Zentrale durch den Turm zur Brücke. Auf See wurde nur dieser Ausstieg benutzt. |
| 26 | Turmluk |
| 27 | Turm (Von hier wurden die Unterwasserangriffe geleitet.) |
| 28 | Brücke |
| 29 | Kommandantenwohnecke mit Koje, Schrank und Klapptisch. Dieser Raum war nur durch einen Vorhang vom Gang getrennt. |
| 30 | Funkraum |
| 31 | Horchraum |

| | |
|---|---|
| 32 | Treibölbunker 4 an der Steuer- und Backbordseite |
| 33 | Offizierswohnraum mit zwei Kojen und Schränken |
| 34 | Oberfeldwebelwohnraum mit 2 Kojen und Schränken |
| 35 | Vorderer Batterieraum |
| 36 | Vorderer Abort |
| 37 | Mannschaftswohn- und Bugtorpedoraum mit 12 Kojen und 4 Torpedoausstoßrohren |
| 38 | Torpedoreservelagerungen für vier Torpedos, zusätzlich wurden noch zwei Torpedos zwischen den unteren Kojen gelagert |
| 39 | Tauchzellen 2 und 3 |
| 40 | Vordere Trimmzelle |
| 41 | Vier Torpedoausstoßrohre |
| 42 | Vordere Tiefenruder |
| 43 | Wasserdichte Back (siehe 4) |
| 44 | Tauchzelle 5 |
| 45 | Mündungsklappen der Torpedorohre |
| 46 | Vordere Torpedoübernahmeluke |

## Von U 512 auf U 655

An die Enge des Bootes hatten wir jungen Kerle uns schnell gewöhnt. Trotzdem passierte es mir im Mai 1941, dass ich mir beim Hindurchturnen durch die Schotten das Schienbein stark aufschlug. Zunächst beachtete ich die Wunde nicht weiter. Doch dann fing die Blessur an, stark zu schmerzen und zu eitern. Der Arzt überwies mich in ein Lazarett nach Hamburg, da die Gefahr einer Entzündung des Knochengewebes bestand.

Das Bein sollte hoch und ruhig lagern und man sprach von vier bis fünf Wochen Lazarettaufenthalt. Deshalb wurde für mich sofort Ersatz angefordert, denn in allernächster Zeit sollte die Indienststellung meines Bootes stattfinden. Im Moment war ich schockiert darüber, dass ich mein Boot verlieren sollte. Auch meine Kameraden waren bestürzt, denn inzwischen hatten wir uns zusammengefunden und zusammen eingelebt. Meine Wunde heilte aber doch schneller als erwartet. Nach ungefähr drei Wochen konnte ich wieder nach Finkenwerder zurückkehren. Aber mein Ersatzmann war schon da.

Wenige Tage später erhielt ich eine neue Kommandierung. Ich blieb in Hamburg, musste allerdings die Werft wechseln und kam direkt nach Hamburg zur Howaldt-Werft. Schweren Herzens nahm ich Abschied von meinen Kameraden, und am 10. Juni 1941 traf ich an meinem neuen Einsatzort ein.

Wie sich herausstellte, war das für mich eine glückliche Fügung! U 512 fuhr unter Kapitänleutnant Wolfgang Schultze einige Feindfahrten und wurde am 2. Oktober 1942 nördlich von Cayenne in Südamerika vernichtet. Von meinen ehemaligen Kameraden habe ich nie wieder etwas erfahren.

\* \* \*

Mein neues Boot – es war U 655, ein 500-t-Boot – lag noch auf der Helling, als ich dort eintraf. Vor mir war nur der Leitende Ingenieur da, ich war der zweite Mann für dieses Boot. Wenige Tage später trafen dann die Maschinisten und einige Maschinen-Maate ein. Die Zeit war schnelllebig, wir waren jung und anpassungsfähig. Schnell gewöhnte ich mich an die neuen Kameraden, mit denen ich bald wieder so vertraut wie mit der vorherigen Mannschaft war.

Wir waren hier auf einem Passagierschiff untergebracht, das sich in einem ziemlich heruntergekommenen Zustand befand. So mussten wir nachts Schlachten mit ekligen Wanzen schlagen, was uns die wenigen Stunden zum Schlafen noch verkürzte. Trotzdem verlebte ich schöne Tage in Hamburg, zumal nun der Hochsommer vor der Tür stand. Die herrliche Gartenausstellung „Planten und Blomen" mit einem wunderschönen Tanzcafé zog mich so manchen Nachmittag und Abend an. Auch andere Amüsements hatten ihre Reize und belegten meine Freizeitabende.

Eines Sonntags, wir wollten früh zum Baden fahren, wurde plötzlich der Landgang gesperrt. Der Angriff auf die Sowjetunion (Unternehmen Barbarossa) hatte begonnen, es war der 22. Juni 1941. Der Tragweite dieses Augenblicks waren wir uns keinesfalls bewusst. Im Gegenteil, wir waren sehr ungehalten, dass nun kein Tanz mehr sein sollte.

Trotzdem verging die Zeit. Meine damalige Braut, meine spätere Frau, besuchte mich. Sie blieb vierzehn Tage bei mir in Hamburg. Wir hatten uns extra eine Pension in der Nähe der Reeperbahn angemietet. Jeden Abend haben wir eine andere Gaststätte oder ein anderes Varieté besucht. Es war eine berauschende und anstrengende Zeit für mich, denn auch am Tage musste ich auf der Baubelehrung meinen Mann stehen.

Zur selben Zeit bekam ich auch mein sogenanntes Kapitulationshandgeld in Höhe von 300 Reichsmark ausgezahlt. Diese Geldsumme erhielt man, wenn man Unteroffizier geworden war und die Verpflichtung auf eine zwölfjährige Dienstzeit wirksam wurde, gewissermaßen als einmalige Abfindung. Natürlich hatte man als Unteroffizier nun auch höhere Einkünfte (etwa 120 Reichsmark pro Monat). Jedoch erzeugte Hamburg einen ungeheuren finanziellen Verschleiß. Oft standen unsere Feierabend-Unternehmungen unter den Zeichen eines akuten Geldmangels. Die dreihundert Mark waren viel Geld, doch obwohl es nicht viel zu kaufen gab, waren sie in Hamburg ohne besondere Mühe verbraucht worden.

Ende September fand unsere Baubelehrung langsam ihr Ende. Die Wachoffiziere und auch unser Kommandant, Kapitänleutnant Dumrese, erschienen.

Neue Aufgaben stürmten auf mich ein. Auf Anordnung unseres Kommandanten musste ich mit dem zweiten Wachoffizier die Bordkantine in Gang setzen. Dazu bekamen wir über unsere Flottille eine Freigabe für den bargeldlosen Einkauf im Freihafengebiet. Nun konnten wir wie jedes Schiff zollfreie Waren einkaufen. Wir kauften spottbillig bei der bekanntesten Großhandelsfirma Sänger ein: Zigaretten, Bier, Schnaps, Likör, Sekt und noch viele andere schöne Dinge. Gute Spirituosen kosteten pro Flasche anderthalb bis zwei Mark, Markensekt „Kupferberg Kupfer" 2,10 RM, Zigaretten kosteten zwischen 37 und 80 Pfennige für jeweils 25 Stück.

Eigentlich durfte ich die Waren erst nach der Indienststellung des Bootes und nach dem Auslaufen verkaufen. Aber auf höchste Anordnung hin bekam ich ein kleines Zimmer in der Werftverwaltung. Hier eröffnete ich sofort meinen Kantinenladen. Ich weiß noch, dass wir bald nachordern mussten. Die ganze Besatzung kaufte bei mir auf Pump. Ich hatte ein großes Buch, dort wurde fleißig angeschrieben. Am Morgen war ich, nachdem ich wieder nüchtern war, mitunter recht entsetzt, weil ich meine Notierungen kaum entziffern konnte. Unsere guten Kumpels von der Werft profitierten natürlich auch von meinem Angebot und bald besaß ich eine richtige Geldkassette, denn die Werftleute mussten natürlich in bar bezahlen. Dabei gab es kleine Aufpreise und mein Geschäft florierte prächtig. Wenn es Löhnung gab, saß ich gleich dabei und habe die Schulden einkassiert.

Unser Kommandant war gerade erst einige Tage da, als er alle Offiziere, Oberfeldwebel und Unteroffiziere zu einem Reeperbahnbummel einlud. Dafür sollten wir uns ein sogenanntes Räuberzivil besorgen. Von den Stewards unseres Wohnschiffes liehen wir uns Hemd und Jacke, dazu unsere Marinehose, und schon konnte es losgehen. Ich erinnere mich noch an einige Details dieser Unternehmung, es war eine fürchterliche Kneipentour. An einer Schießbude wollte der Kommandant unbedingt ein Maskottchen für unser Boot schießen. In unserem Zustand war das nicht mehr so einfach. Es sollte am liebsten ein großer Bär sein. Unser Kommandant schoss unaufhörlich, aber der Budenbesitzer fand nicht einen Treffer auf den aufgestellten Scheiben. Plötzlich kam aus dem Bauch des großen Bären, der als Schaustück aufgestellt war, die Putzwolle herausgequollen. Es gab ein Riesentheater mit dem Budenbesitzer. Letzten Endes wurden sie sich einig und der Bär ging mit. Unsere Unternehmung aber endete auf der berühmten Davidwache, wo die Polizei der Reeperbahn ihr Revier hat. Wir wurden erst einmal festgesetzt, ohne dass wir den Grund dafür verstanden. Wahrscheinlich war unser Benehmen etwas aufgefallen. Es bedurfte einiger klärender Worte, bis uns der Beamte endlich glaubte, dass wir eine U-Boot-Besatzung waren. Daraufhin wurden wir wieder in die Freiheit entlassen.

In den nächsten Tagen kam dann das große Zeremoniell der Indienststellung. U 655 wurde von der Werft an die Kriegsmarine übergeben und die Reichskriegsflagge gehisst. Damit begann nun eine neue Zeit für uns, die Erprobung.

Fast täglich fuhren wir mit Experten der Werft an Bord die Elbe abwärts. Dabei wurden unsere Maschinenanlagen auf Herz und Nieren geprüft. Am Abend legten wir jedes Mal wieder in Hamburg an unserem Liegeplatz in der Werft an. Wenn etwas zu richten war, lagen wir mehrere Tage in der Werft.

Unsere neuen Tauchretter wurden von jedem selbst zusammengesetzt und in einem Freibad erprobt. Wir machten dabei allerhand Blödsinn mit den Besuchern des Bades, besonders mit den weiblichen. Ich hatte nicht den Eindruck, dass das den Mädels unangenehm gewesen wäre.

Mit meiner Torpedowaffe brauchte ich mich in der Zeit kaum zu beschäftigen, dafür aber mit meiner Kantine. Mit ihr war ich natürlich auf das Boot umgezogen. Leider konnte ich die Bierkästen an Bord nicht einschließen, sie waren im Bugraum unter den Flurplatten in den Torpedoreservelagerungen untergebracht. Das Bier war in Kisten zu 50 Flaschen verpackt, wobei die Flaschen in einer schützenden Strohhülle steckten. Jeden Morgen, wenn ich an Bord kam, sah das Schiff deshalb im wahrsten Sinne des Wortes aus wie ein Pferdestall. Ich hatte alle Hände voll zu tun, wieder alles aufzuräumen. Bei den abendlichen Zechgelagen bediente sich mit fortschreitender Nacht jeder selbst. Bei ausgelassener Stimmung wurde die Unordnung immer größer. Alle Kisten waren angerissen. Wie viele Flaschen wer bezahlen sollte, war meinem Spürsinn oder meiner blassen Erinnerung überlassen.

Die Kantine machte mir während der ganzen Erprobung mächtig zu schaffen, vor allem wegen des Bieres. Da gab es laufend Sorgen wegen des Nachschubs, und mit der Beseitigung des Leergutes hatte ich oft noch größere Scherereien. Der Umsatz war immer gesichert. Oft musste ich zwar über den Daumen peilen, wer was zu bezahlen hatte. Aber die meisten hatten ja auch keine Übersicht mehr über ihre Schulden. Erstaunlicherweise gab es wegen der Bezahlung keine Streiterei. Wenigstens mit der Abrechnung hatte ich keinen Ärger.

Eines Tages fand die schöne Zeit in Hamburg ihr Ende. Es ging die Elbe abwärts bis nach Brunsbüttelkoog, dann durch den Kaiser-Wilhelm-Kanal (Nord-Ostsee-Kanal) nach Holtenau und schließlich nach Kiel. Hier unternahmen wir die ersten zaghaften Tauchversuche im Hafenbecken. Dazu wurde das Boot sehr exakt ausgetrimmt. Unser Boot musste zweimal in ein Trockendock, um im Kiel des Bootes ausgleichenden Ballast einzubauen. Unter Anleitung eines erfahrenen Ingenieuroffiziers lernten wir dann das Tauchen in der Ostsee, erst langsam und dann wurde es immer schneller bis zum Alarmtauchen. In wenigen Sekunden mussten wir wegtauchen können. Es vergingen einige Wochen, ehe wir auch diese Station unserer Ausbildung geschafft hatten.

Dazwischen war eine Probe für die Torpedoübernahme angesetzt. Alle Geräte, die dabei eine Rolle spielen, mussten getestet werden, um mögliche Mängel feststellen zu können. Anschließend fuhren wir nochmals nach Hamburg zur Bauwerft, um die in allen Schiffsabschnitten erkannten Beanstandungen beseitigen zu lassen.

Dieser Aufenthalt dauerte nur wenige Tage und danach begann die erste große Fahrt, wieder durch den Kanal in die Ostsee, aber dann bis nach Gotenhafen und Danzig.

Hier begann die Ausbildungsphase als geschlossene Besatzung. Täglich fuhren wir hinaus in die Danziger Bucht, um Angriffe, Alarme und viele andere Übungen einige Wochen so lange zu üben, bis alle Handgriffe saßen. Mit Sicherheit mussten die Kommandos unserer Offiziere von allen Besatzungsmitgliedern auf jeder Station verstanden und richtig ausgeführt werden können. Abends kamen wir zurück an unseren Liegeplatz und wohnten auf dem schönen großen Passagierdampfer „Deutschland". Hier waren wir mit allem Komfort, Bädern und anderen Annehmlichkeiten untergebracht. Dieser Dampfer war zugleich auch der Sitz des Stabes unserer 6. U-Boot-Flottille.

Bei unseren Fahrten in der Danziger Bucht begegneten wir mitunter Fischern mit ihren Booten. Nicht selten wickelten wir mit ihnen Tauschgeschäfte auf See ab: ein oder zwei Eimer Danziger Butt (eine Schollenart) oder einige Aale gegen Schnaps und Tabak. Unsere Seeleute mussten die lebenden Fische putzen, und dann gab es mittags frischen Fisch. Welch eine Delikatesse! Zu dieser Zeit verpflegten wir uns auf dem Boot schon selbst. Abends, wenn wir einliefen, standen die Lieferanten schon an der Pier und brachten uns die am Vorabend bestellten Lebensmittel frisch an Bord (Brot, Brötchen, Kuchen, Fleisch und Wurst, Obst und Gemüse).

Inzwischen war das Jahr 1941 fortgeschritten und der Winter hielt seinen Einzug in die Ostsee. Tageweise waren wir im Hafen fest eingefroren. Die Bedingungen wurden immer härter. Oft kamen wir stark vereist von unseren Fahrten heim. Bedingt durch dieses Wetter gab es auch Ausfälle durch Krankheit. Rum hieß das Allheilmittel gegen jede Art von Erkältung. Es gab laufend Tee mit Rum, dann Rum mit Tee, und schließlich mussten wir jeden Morgen beim Antreten zu unseren Ausfahrten eine Tasse schieren Rum trinken. Wir waren gewissermaßen immer im Tran. Mir fehlt die Übersicht, ob diese Prophylaxe wirklich von Erfolg gekrönt war.

Um diese Zeit platzte die sensationelle Nachricht herein, dass am 7. Dezember 1941 ein großer Angriff der Japaner auf den amerikanischen Flottenstützpunkt im Stillen Ozean in der Nähe von Honolulu stattgefunden hatte. Dabei wurde bedeutendes Kriegsschiffmaterial in Pearl Harbor vernichtet.

Unsere damaligen Verbündeten, die Japaner, hatten einen mächtigen Schlag geführt, während demgegenüber unsere Armeen in Russland vor Moskau nicht weiterkamen. Der grandiose Vormarsch war das erste Mal zum Stehen gekommen und unsere Soldaten standen vor dem ersten so gefürchteten russischen Winter ohne angemessene Ausrüstung. In der Heimat wurde fleißig Winterzeug, Skiausrüstungen, Pullover und andere warme Sachen gesammelt. Vor lauter Patriotismus sahen wir nichts Bedrohliches in diesen Anzeichen von Schwäche. Dagegen wurden großartige Erfolge von U-Booten gemeldet. Wir hatten beinahe Angst, zu spät zu kommen, obgleich auch schon eigene Verluste bekannt wurden. Manchmal beschlich uns eine gewisse Beklemmung, wenn wir davon hörten.

Wir warteten nun auf günstigere Witterung, denn wir fühlten uns schon so halb frontreif. Noch einige große Schießübungen waren zu absolvieren, dann sollte es kurz in eine Werft gehen, um die erkannten und neu entstandenen Mängel zu beseitigen. Eigentlich stand unserem Heldenmut jetzt kaum noch etwas im Wege.

Bald benötigten unsere Kantinenvorräte dringend wieder eine Ergänzung. Eines Tages ließ mich der Kommandant rufen. Ich bekam den Auftrag, in Danzig „schwarz" Spirituosen einzukaufen. Er hatte gehört, dass dies in Danzig noch möglich sein sollte. Ohne Kontingentschein von der Flottille ging normalerweise nichts mehr. Ich wurde mit einem meiner Mechaniker mit der Maßgabe an Land gesetzt, ich solle mich nicht wieder sehen lassen, bevor ich etwas bekommen hätte. Einige Tipps gab uns der Kommandant noch mit auf den Weg, er kannte sich in Danzig sehr gut aus, denn er war hier in Danzig-Neufahrwasser verheiratet.

Am frühen Morgen ließen wir unser Boot allein hinausfahren. Wir blieben an Land und marschierten mit dem kompletten Barvermögen unserer Kantine nach Danzig hinein. Vergeblich suchten wir die einschlägig bekannten Großhändler ab. Alles leider erfolglos, denn inzwischen war alles streng rationiert. Auch bei der Firma Lachs (ein Begriff für „Danziger Goldwasser"), die sich in einer engen Gasse der Altstadt in der Nähe des bekannten Krantores befand, hatten wir leider kein Glück.

So standen wir schließlich ziemlich niedergeschlagen am alten Hafen vor dem Schaufenster von einem richtigen Trödelladen für Schiffsbedarf, Taurollen, Ankern, Positionslaternen und anderem Kram. Plötzlich trat ein Hüne von einem Menschen vor die Tür. Der alte Seebär musterte uns abschätzend und fragte uns ganz unerwartet: Wollt ihr Schnaps kaufen? Genau das war ja unser Auftrag. Wir kamen mit in seinen Laden hinein und staunten nicht schlecht über das große Angebot an allem möglichen Schiffsbedarf, was sich unseren Augen bot. In einer Ecke gab es so etwas Ähnliches wie ein Büro. In diesem Verschlag verhandelten wir dann.

Mir war nicht ganz wohl, aber sein Angebot war unglaublich günstig und dazu noch zollfrei. Am notwendigen Transportmittel wäre zu guter Letzt beinahe noch alles gescheitert, aber dann fand sich auch dafür ein Weg. Wir gingen auseinander und keiner hatte etwas Schriftliches in der Hand. Alles war ziemlich mysteriös. Die Abmachung lautete: In den nächsten Tagen sollte die bestellte Ware nach 18 Uhr an unsere Anlegepier anrollen. Nach kurzer Kontrolle sollte das Geld und die Ware seinen Besitzer wechseln. Ich hatte so viel bestellt, dass das Barvermögen gerade für die Bezahlung ausreichte. Nach meiner Erinnerung umfasste die Bestellung weit über 20 Kisten Schnaps und Likör. Nicht alles waren sehr gute Sachen, aber dafür kontingentfrei.

Mein Kommandant war verständlicherweise sehr skeptisch. Auch mir war es bei der Sache etwas mulmig zumute. Aber schon am nächsten Abend wurde ich meine Sorgen los. Wir hatten noch gar nicht richtig an unserer Pier festgemacht, da rollte ein Pferdefuhrwerk mit ominösen Kisten auf uns zu. Ich erkannte sofort meinen Geschäftspartner und ohne viele Worte wurde Ware und Geld getauscht. Mit einem kräftigen Schluck wurde der Handel besiegelt und der Fall war gelaufen. Am Abend wurde noch alles geprüft und verstaut. Es ging alles in Ordnung, die Flottille und auch unsere Nachbarn hatten offenbar nicht viel gemerkt. Als Kantinen-Maat konnte ich es mir sogar leisten, eine Kiste auf Heimatkurs zu setzen, denn zu Hause sah es schon traurig aus mit solchen Sachen.

Ich kann mich nicht erinnern, ob ich den Jahreswechsel 1941/42 zu Hause oder in Danzig verbracht habe. Jedenfalls zog sich unsere weitere Ausbildung in die Länge, bedingt durch den Winter.

Auch die Ostsee hat ihre Mucken und so konnten wir erst im Februar 1942 zum großen Torpedoschießen nach Pillau auslaufen. Dort erwartete mich die härteste Zeit, denn täglich wurden ein- bis zweimal Torpedoübernahmen geübt. Dann folgten Tag- und Nachtfahrten unmittelbar hintereinander. Unter diesen Bedingungen mussten die Besatzungen zeigen, was sie gelernt hatten und ob sie nun frontreif waren. Ich hatte nicht den Eindruck, dass wir ein schlechtes Team gewesen wären.

In diesen entscheidenden Tagen hatte ich einen Unfall, der weittragende Bedeutung für mich erlangte. Ich war beim Schießen und Nachladen mit dem Rohrkolben in die Reservelagerung gestürzt. Mir war hundeelend und am Abend musste ich dem Arzt vorgestellt werden. Ich wurde sofort in ein Lazarett bis nach Königsberg gebracht. Bald hatte ich keine persönlichen Beschwerden mehr, aber die Untersuchungen und Behandlungen erforderten noch Zeit. So verbrachte ich drei Wochen im Krankenhaus.

Nach meiner Entlassung sollte ich sofort nach Kiel in Marsch gesetzt werden, wo mein Boot noch in der Werft liegen sollte. Doch ehe ich meine Papiere hatte, wurde alles abgeblasen, denn das Boot sollte schon ausgelaufen sein. Es musste also ein Ersatzmann für mich eingestiegen sein. Auf die Rückkehr meines Bootes habe ich lange gewartet, leider vergebens.

Voller Enttäuschung wurde ich in die Personalreserve der 6. U-Flottille eingereiht und wohnte nun wieder – ein schwacher Trost! – auf dem schon beschriebenen schönen Passagierschiff „Deutschland". Meinen Dienst versah ich in einer großen Torpedo-Lagerhalle, in der jedoch selten Torpedos lagerten, denn Danzig war kein Ausrüstungshafen mehr. Unsere Aufgabe bestand in der Hauptsache darin, die Reservemannschaften und auch uns weiter zu schulen und immer auf dem Laufenden zu halten, damit wir bei Bedarf sofort einspringen konnten.

Danzig war keine schlechte Garnisonstadt. So betrachtet war mein Schicksal eigentlich gar nicht so bedauernswert. Trotzdem glaubte ich damals noch, ich würde etwas verpassen, weil ich noch nicht an der direkten Front gewesen war.

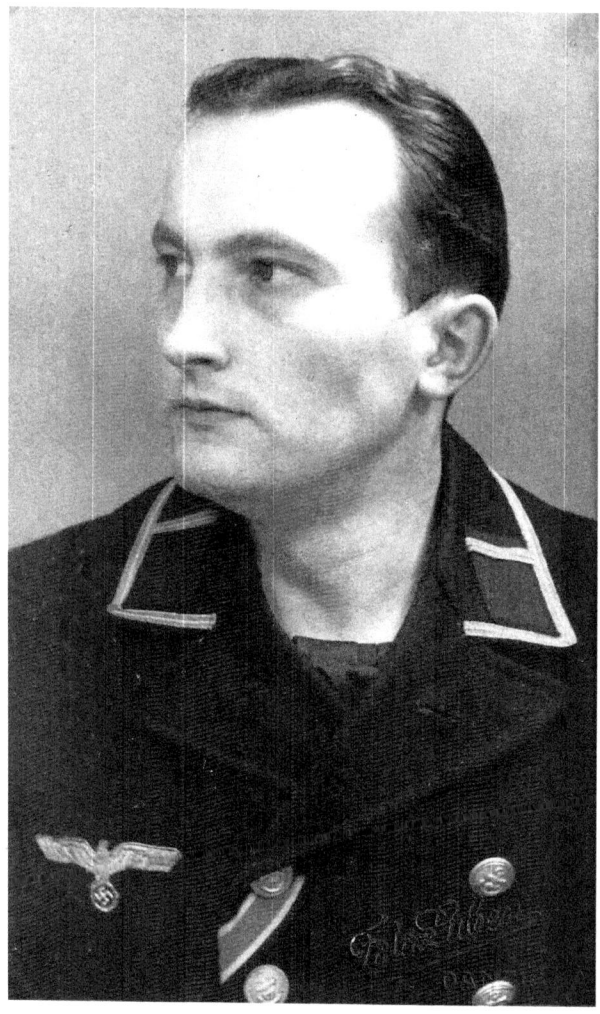

Torpedo-Mechaniker-Maat Fritz Gundel
im Frühjahr 1942 in Danzig

## Betreuung der Frontboote in Saint Nazaire, Frankreich

In die Flottillenbesatzung sickerte die Nachricht ein, wir sollten nach Frankreich versetzt werden. Die Gerüchte verdichteten sich und nahmen bald konkrete Formen an.

Ein Sonderzug mit vielen Güter- und einigen Personenwagen wurde zusammengestellt. Es gab viel zu verladen: das gesamte Gepäck der auf Feindfahrt befindlichen Boote, deren Ausrüstungshafen nach Westen verlegt worden war, und vieles andere mehr. Danzig mit dem schönen Wohnschiff war sehr schön, aber Frankreich war zu damaligen Zeiten der Idealstandort der Wehrmacht. Wir konnten es kaum erwarten, bis es endlich losging.

Bald schon rollte unser Sonderzug westwärts. Wir hatten unendlich viele Wartestunden auf Bahnhöfen und auf freier Strecke zu erdulden, volle acht Tage und Nächte lang. Im Zug lebten wir fast nur von Kaltverpflegung, höchstens gab es mal ein Süppchen. Zum Waschen war selten Gelegenheit, geschlafen wurde sehr unbequem und unregelmäßig. Als wir endlich ankamen, waren wir an Leib und Seele geschafft.

Zu mitternächtlicher Zeit wurden wir auf dem Zielbahnhof in Saint Nazaire entladen. Mit LKWs wurden wir Matrosen sofort, noch in der finsteren Nacht abtransportiert. Nach ungefähr 18 km Fahrtstrecke hielten wir in einer herrlichen Villenauffahrt an. Wir bezogen eine sehr große Villa mit zwei Etagen und vielen Zimmern. Die Zimmer waren alle noch möbliert, die Möbel waren leer. Immer zwei Mann konnten ein Zimmer bewohnen und dabei schliefen wir in einem großen französischen Doppelbett. Noch war es Nacht und von fern hörten wir das Rauschen des Meeres. Wir waren auf das angenehmste überrascht, als wir am Morgen erwachten und sahen, dass wir beinahe fürstlich untergebracht waren. La Baule ist ein großes bekanntes Seebad an der Mündung der Loire, ungefähr 18 km von Saint Nazaire entfernt. Hier waren einige Villen und die meisten Hotels beschlagnahmt worden.

Leider mussten wir unsere schönen Unterkünfte bald wieder räumen, sie wurden nun für Frontboote frei gehalten, wenn sie im

Hafen lagen. Wir zogen in ein Hochhaushotel, das neu gebaut und wahrscheinlich wegen des Krieges nicht mehr fertig geworden war. Es war nun schnell und notdürftig als Kaserne hergerichtet worden. Diese Unterkünfte waren auch nicht schlecht, aber bei weitem nicht so fein wie in den Villen.

Täglich fuhren wir mit Wehrmachtsbussen nach Saint Nazaire in den Hafen, gewissermaßen auf Arbeit. Torpedomechaniker waren für die Betreuung der Frontboote eingeteilt. Wir übernahmen beim Einlaufen der Frontboote die Überwachung der Reparaturen und sorgten vor dem Auslaufen durch Kontrollen und Messungen, dass diese Boote wieder in bester Ordnung an die Front gehen konnten.

In Saint Nazaire war man 1942 dabei, einen mächtigen U-Bootbunker zu bauen. Als ich ankam, war dieser Bunker bereits zu zwei Dritteln fertig. Im Bunker waren alle Werkstätten untergebracht und es gab einen Gleisanschluss für die Eisenbahn. Der Bunker bestand aus vielen Boxen, in denen jeweils zwei U-Boote nebeneinander liegen konnten, außerdem gab es noch drei Trockendocks für jeweils ein U-Boot. In diesem gewaltigen Bunker hatte ich oft zu tun, aber auch außerhalb des Bunkers gab es Liegeplätze für Boote. Mein Operationsfeld war an manchen Tagen sehr weitläufig. Das Hafengebiet in Saint Nazaire war eines der größten von Frankreich. Es war gegen die Atlantikgezeiten durch mehrere Schleusen abgeschlossen. Eine davon war die größte der Welt, durch sie war das damals vermeintlich größte Schiff der Welt, die „Normandie" geschleust worden.

Saint Nazaire war schon vor unserer Ankunft Heimathafen deutscher U-Boot-Flottillen. Man sprach von berühmten Kommandanten, von Prien, Kretzmer und Schepke, die von hier ausgelaufen sein sollten. Allerdings habe ich diese drei berühmten Kommandanten und ihre Boote hier im Hafen nicht gesehen. Ich konnte sie nicht treffen, denn sie waren gemeinsam bei einem Angriff auf einen Geleitzug schon im Frühjahr 1941 vernichtet worden. Damals gab es zum Verlust dieser drei Boote keine Informationen. Da wurden die tollsten Legenden um diese Boote gesponnen. So erzählte man, Prien hätte an einem Freitag, dem 13., das Auslaufen verweigert und die gesamte Besatzung wäre nach Torgau in Festungshaft gekommen. Gerüchte dieser Art waren nicht selten im Umlauf.

Um diese Zeit tauchten auch die ersten Vermutungen auf, dass mein letztes Boot U 655 überfällig sei. Über geflüsterte Vermutungen wurde es dann Gewissheit: U 655 war endgültig abgeschrieben. U 655 war am 24. März 1942 in der Barentsee versenkt worden, es gab keine Überlebenden.

Laufend kamen neue Boote an und alte verschwanden sang- und klanglos. Gewisse Zweifel und leichtes Unbehagen wurden durch laufende Sondermeldungen über große Erfolge der U-Boote übertönt. In der Tat, das Jahr 1942 wurde das erfolgreichste Jahr der U-Boot-Waffe. Nach späteren veröffentlichten englischen Angaben gab es im Jahr 1942 folgende Erfolge:

| August | 108 | Schiffe | mit 500.000 BRT |
|---|---|---|---|
| September | 98 | Schiffe | mit 485.000 BRT |
| Oktober | 94 | Schiffe | mit 600.000 BRT |
| November | 119 | Schiffe | mit mehr als 700.000 BRT |

Von Kriegsanfang bis zum August 1942 gingen dabei von 304 eingesetzten Booten 105 verloren. Von den 3.803 Matrosen auf den verlorenen Schiffen waren 1.959 gefallen, 696 vermisst, und 1.148 gerieten in Gefangenschaft. Zur selben Zeit, im August 1942, überschritten die Verluste an der Ostfront bereits die Millionengrenze.

Von diesen Zahlen und Dingen haben wir damals natürlich nichts gewusst. Wir merkten selbstverständlich, dass dieses und jenes Boot nicht mehr bei uns auftauchte, aber dafür konnte es auch natürliche Ursachen geben. Ein Boot konnte einen anderen Hafen angelaufen haben, es konnte zur Generalreparatur nach Deutschland geschickt worden sein, und natürlich konnte es auch, wie wir es drastisch sagten, „abgesoffen" sein. Wo gehobelt wird, da fallen auch Späne. Allzu viele Gedanken haben wir uns darum nicht gemacht.

In unserer Freizeit lenkten wir uns vom grausamen Geschehen ab. Es gab wunderschöne Lokale, der Strand war herrlich, der

Wein und auch der Schnaps waren billig und liebevolle Mädchen gab es auch, nicht nur in bestimmten Häusern. Für Abwechslung war also reichlich gesorgt.

Eine üble Überraschung begann mitternächtlich. Es gab plötzlich Großalarm, alles musste raus. Der Tommy sei in Saint Nazaire gelandet, hieß es. Alles stürzte und rannte in unseren Unterkünften durcheinander. So etwas war überhaupt nicht erwartet und geübt worden. Schließlich wurden wir mit französischen Beutegewehren und Munition ausgerüstet und stürmten in Eilmärschen an den Strand. Dort bezogen wir Stellung und schossen nach Befehl auf das im Nachtdunst liegende Meer hinaus. Es war ein heilloses Durcheinander und je nach Restalkoholgehalt vom Abend wurden alle möglichen Gespenster gesehen. Wie durch ein Wunder wurde niemand verletzt. Gegen Morgen wurden die Anordnungen präziser und wir wurden landeinwärts geschickt, aber schon am Vormittag wurde alles abgeblasen und wir kehrten in unsere Unterkünfte zurück. In den nächsten zwei Tagen durften wir nicht nach Saint Nazaire.

Was war nun wirklich geschehen? So nach und nach sickerten einige Meldungen durch. Kleine englische Schiffseinheiten waren im Schutze der Nacht in der Loire-Mündung aufwärts bis an die Schleusen des Hafenbeckens herangekommen, ohne erkannt zu werden. Dort wurden dann einige Spezialisten mit Sprengladungen abgesetzt. – Schließlich ist dieses tolle Husarenstück doch aufgefallen und mit aller Energie aufgerieben worden. Haftladungen seien schon eine ganze Menge angebracht gewesen, aber gezündet hat nicht eine. Wie fast immer gab es bei derartigen Vorfällen aus Gründen der Geheimhaltung keine offiziellen Verlautbarungen. Trotzdem wusste eigentlich jeder etwas, nur nichts genaues. Das war eine Situation, bei der die tollsten Mutmaßungen über diese erste Landung der Engländer reichlich Nahrung fanden.

Die Zeit ging weiter und am Rande der Stadt von Saint Nazaire wurde fleißig ein großes Barackenlager errichtet. Eines Tages war es fertig geworden. Alle Stäbe und Verwaltungen und die Personalreserven der Flottille mussten in dieses Lager umziehen. Sehr begeistert waren wir darüber auf keinen Fall, unser herrliches Seebad La Baule haben wir nicht gern verlassen. Allerdings war hier nun alles konzentrierter und der Dienstablauf war dadurch wesentlich einfacher.

In der dienstfreien Zeit, vor allem abends und nachts gab es natürlich auch in dieser Hafenstadt manches Neue zu entdecken. Interessant waren die Wochenmärkte, und auch die Veranstaltungen auf einer Radrennbahn fanden unser Interesse.

Unteroffizier vom Dienst Gundel im Barackenlager von Saint Nazaire

Zu den unangenehmsten Erinnerungen gehörten die Fliegeralarme, die zuletzt nicht nur nachts, sondern auch am Tage die Gegend unsicher machten. Der große U-Boot-Bunker, der inzwischen fertig geworden war, war dann der sicherste Ort. Die Luftangriffe wirkten schon recht störend, aber entscheidende Wirkungen auf die U-Boot-Ausrüstungen besaßen sie zur damaligen Zeit noch nicht. Jedoch wurde in der Stadt beträchtlicher Schaden angerichtet.

# Mit U 380 auf Feindfahrt ins Mittelmeer

Das Jahr 1942 neigte sich schon dem Ende entgegen, als mich plötzlich Ende Oktober eine Kommandierung an Bord eines U-Bootes überraschte. Ich musste unverzüglich auf U 380 bei Kapitänleutnant Röther einsteigen. Das Boot hatte nur noch wenige Tage Liegezeit, dann begann die Ausrüstung mit Torpedos und vor allem mit Proviant.

Die Boote wurden in Saint Nazaire immer für 13 Wochen Einsatzzeit ausgerüstet, um bis vor die amerikanischen Küsten operieren zu können. Die Proviantübernahme war wegen des Platzmangels wirklich sehr kompliziert. Alle Besatzungsmitglieder mussten dabei mitmachen, sonst bekam man diese Mengen an Proviant, und dabei vor allem die vielen Konserven, nicht unter.

Jeder Winkel im Boot musste zur Raumtemperatur passende Büchsen aufnehmen. In die Maschinenräume kamen die Kraut-, Rüben-, Brot- und Kartoffelbüchsen, die nicht so empfindlich gegen Wärme waren. Der Bugraum zwischen den Torpedorohren und die Bilge wurden komplett mit Konserven vollgestopft, jede Ecke und jede Nische musste ausgenutzt werden. In den Sehrohrschacht kamen die besten Fleisch-, Wurst-, und gute Früchtekonserven. Dort herrschten niedrigere Temperaturen als anderswo im Boot, und es konnte dort nicht jeder ran. An allen Handrädern von Ventilen, die nicht so oft und nicht zu ernsten Handlungen gebraucht wurden, hingen Schinken, Speck und Dauerwürste. In der Proviantmasse befand sich auch ein Schweizer Käse von mehr als einem Meter Durchmesser und einem Viertelmeter Dicke. Das Rad passte durch kein Luk, der Käse musste einmal geteilt werden. Bis zum Verzehr diente er dann als Sitzbank im Bugraum.

Sämtliche Wohnräume wurden kniehoch mit Kisten vollgestellt, so dass man nur mit angezogenen Beinen sitzen und nur stark gebückt durch diese Räume gehen konnte. Alles musste dabei noch so verstaut werden, dass bei Seegang oder bei starker Schräglage beim Tauchen nichts verrutschen konnte. Am Tage des Auslaufens kam dann noch der Frischproviant dazu, das waren zum Beispiel Brotsorten und etliche Kisten voll Gemüse und

Früchte. Wie im Schlaraffenland musste man sich während der Feindfahrt sprichwörtlich Platz fressen.

Unser Boot U 380

Die letzten Tage in Saint Nazaire war ich kaum zu Verstande gekommen. Für mich war die Situation vor einer Feindfahrt in einem U-Boot ganz neu, und allerhand musste noch erledigt werden. Am letzten Tag wurden dann die Quartiere geräumt, die Seesäcke und Koffer wurden gepackt, und die Schlüssel dazu mussten in einem Umschlag abgegeben werden. Dieses Gepäck ging nicht mit an Bord, sondern blieb in der Flottille und wurde in abgeschlossenen Räumen bis zur Wiederkehr aufbewahrt.

Am 5. November 1942 war es schließlich so weit: Nach zeremonieller und freundschaftlicher Verabschiedung durch den Flottillenchef und durch unsere Kumpels von der Werft und von der Flottille legten wir ab. Wir passierten die Schleuse, und mit Einbruch der Dunkelheit erreichten wir das offene Meer, den Atlantik. Meine erste Feindfahrt auf einem U-Boot hatte begonnen!

Der exakte Wachrhythmus trat in Kraft, und alle anderen verkrochen sich in ihre Kojen, um erst einmal die Strapazen der letzten Tage zu verdauen. Außerdem musste für die nächste Wache „Vorrat" geschlafen werden.

Nicht jeder hatte eine bestimmte Koje. Während der Ablöser auf Wache war, konnte der andere in der für beide bestimmten Koje schlafen. Das seemännische Personal ging in drei Wachen, während das technische in zwei Wachen arbeitete bzw. schlief.

Die Seeleute wechselten alle vier Stunden, dabei war die Brücke stets mit einem Wachoffizier, einem Unteroffizier und zwei Mann besetzt und im Turm saß der Rudergänger. Als dritter Wachoffizier fungierte dabei der Obersteuermann. Der Rudergänger bediente das Seitenruder und hatte nach einem vorgegebenen Kurs mit dem Kompass diese Gradzahl zu halten. Bei Unterwasserfahrt besetzten die Seeleute von der Brücke die Tiefenruder in der Zentrale.

Das technische Personal wechselte am Tage alle sechs Stunden, in der Nacht alle vier Stunden. Dabei waren die Zentrale, der Dieselraum und die elektrische Maschine mit je einem Unteroffizier und zwei Mann besetzt, dazu ein Maschinist (Oberfeldwebel). Die Funker besetzten jeweils Funk- und Horchraum zusammen mit einem Unteroffizier und einem Mann.

Ohne Einteilung in einen Wachtörn blieben der Kommandant, der Leitende Ingenieur, der Smutje (ein Seemann mit Koch-Sonderlehrgang) und die Torpedomixer. Ich hatte also eine Koje für mich allein. Die Erledigung meiner Pflichten musste ich je nach Gelegenheit so einrichten, dass der allgemeine Ablauf nicht gestört wurde. Eigentlich mussten die Torpedos jeden zweiten Tag aus den Torpedorohren gezogen werden, um die Batterien in den Torpedos nachzuladen. Das bedurfte der Abstimmung mit dem ersten Wachoffizier und dem Leitenden Ingenieur.

Unser Kommandant war Kapitänleutnant (Kaleu) Röther. Er war ein Volksoffizier, also aus dem Mannschaftsstand hervorgegangen. Die Mannschaft zollte dem nicht mehr ganz jungen Chef im Boot uneingeschränkten Respekt. Mitunter zeigte er ein beinahe väterliches Verhalten.

Am zweiten Tage unserer Reise eröffnete er uns, dass wir den Auftrag hatten, ins Mittelmeer zu fahren. Wir sahen uns betreten an, denn das bedeutete, dass wir durch die stark bewachte Straße von Gibraltar mussten. Das schien uns beinahe unmöglich.

Wir durchfuhren die gefürchtete Biskaya ohne Feindberührung, obwohl dieser Teil des Atlantiks durch englische Flugzeuge inzwischen zum ersten Frontbereich für die ein- und auslaufenden U-Boote geworden war. In einem weiträumigen Bogen durch den Atlantik näherten wir uns der gefürchteten Meerenge bei Gibraltar. Unser Kommandant erklärte uns seinen Plan zur Durchfahrt. Sicher hatte er vor dem Auslaufen entsprechende Instruktionen erhalten.

Alles lief dann programmgemäß ab. Wir fuhren, von der afrikanischen Seite kommend, an die Straße von Gibraltar soweit in Überwasserfahrt heran, bis wir Land sehen konnten. Anschließend wurde in Unterwasserfahrt auf Sehrohrtiefe bis zum Einbruch der völligen Dunkelheit weiter gefahren. Nach dem Auftauchen in finsterer Nacht marschierten wir mit äußerster Kraft dicht unter der afrikanischen Küste entlang, bis wir glaubten, hindurch zu sein. Unsere Nerven waren bis aufs Äußerste angespannt, so dass wir vor Aufregung auch manche vermeintlichen Schatten sahen. Endlich wurde wieder getaucht, und nachdem wir mit dem Horchgerät feststellen konnten, dass wir nicht verfolgt wurden, war uns klar, dass wir „durch" waren. Alles atmete auf! Wir waren doch recht froh, dass es so gut abgelaufen war.

Den Rest der Nacht bis in den neuen Tag hinein (11. November 1942) blieben wir unter Wasser auf etwa 40 m Tiefe, bis wir gegen Mittag starke Schraubengeräusche über uns ausmachten. Auf Sehrohrtiefe sah unser Kommandant ein großes Fahrgastschiff, das uns genau in den Weg lief. Es war der Truppentransporter „Nieuw Zeeland" mit einer Tonnage von 11.069 BRT. Eiligst wurden die Torpedorohre zum Schuss klar gemacht. Zwei Torpedos verließen kurz darauf die Rohre und schon kurze Zeit später hörten wir eine mächtige Detonation. Bald darauf vernahmen wir die eigenartigen Geräusche eines sinkenden Schiffes und die Detonationen der berstenden Kessel. Nie wieder habe ich diese Geräusche so klar und deutlich mit bloßem Ohr vernehmen können. Kein Bewachungsfahrzeug, keine weiteren Schraubengeräusche ängstigten uns. Diese Tatsache löste bei uns einen Riesenjubel aus.

Unser „Alter" gab sofort zwei Flaschen Kognak heraus, die dann die Runde im Boot machten. Für diesen Zweck hatte der Kommandant immer einige Flaschen dabei, denn eigentlich durfte auf Feindfahrt kein Alkohol mitgenommen werden. Die Freude war auch deswegen so groß, weil das Boot zuvor noch keine nennenswerten Erfolge gehabt hatte. Es war allerdings auch erst die zweite Feindfahrt. Auf der ersten, von Deutschland ausgehend, war nicht viel versenkt worden, aber es hatte viele Schäden am Boot gegeben.

Ohne besondere Aufregung erreichten wir dann unser zugewiesenes Operationsgebiet, unser sogenanntes Planquadrat. An weitere Details der ersten Fahrt kann ich mich nicht mehr erinnern. Nennenswerte Erfolge waren es nicht, hingegen gab es noch unliebsame Begegnungen mit Wasser- und Flugzeugbomben zu überstehen. Hier kann ich gleich für alle meine Feindfahrten berichten, dass wir keine Feindfahrt wegen Torpedo-, Treiböl- oder Proviantmangel abbrechen mussten, sondern immer wegen irgendwelcher Defekte, die wir infolge Feindeinwirkung erlitten hatten.

Mechanikersmaat Gundel vor seinen Bug-Torpedorohren beim Nachladen der Torpedobatterien

## Wie erlebte der Kommandant Kapitänleutnant Röther den Durchbruch ins Mittelmeer?

Nachdem U 380 das Kap St. Vincent Backbord achteraus peilte, steuerten wir die Mitte der Straße von Gibraltar an. Meine Absicht war, so wie es im Stützpunkt besprochen war, an der nordwestlichen Küste Afrikas zunächst getaucht Bewachung und Verkehr zu beobachten, um dann später nach eigenem Ermessen durchzubrechen. Nach meiner Devise – „Je eher daran, je eher davon!' – entschloss ich mich, durchzulaufen und noch in der kommenden Nacht durchzubrechen. Wir hatten Neumond und fuhren in eine rabenschwarze Nacht. Kein wegweisender Stern grüßte vom Firmament. Auf spanischer Seite blitzten weit im Norden die Leuchtfeuer wie in normalen Zeiten. Steuerbord voraus lag hell erleuchtet Tanger, festlich illuminiert, wie im tiefsten Frieden.

Die Dieselmotoren wurden hochgefahren und U 380 stürmte mit Ostkurs in eine pechschwarze Nacht. Aber es war gleichzeitig eine verzauberte Nacht. Unbeweglich, wie vier leblose Säulen, standen die vier Ausguckposten und starrten wortlos in die zugewiesenen Sektoren. Das Boot aber schien wie vor einer Kulisse von schwarzem Samt in einer Flut millionenfach glitzernder kleiner Diamanten zu schwimmen. Um das Boot herum funkelte es, dass einem fast die Augen schmerzten. Phosphoreszierende Meerestierchen ergossen sich in einem dichten Strom über das geisterhaft erhellte Oberdeck, teilten sich am Turm und hasteten geschwind zur Brücke empor, um achtern in das grellweißlich aufleuchtende Schraubenwasser abzufließen. Eine Sternlampe hätte die Hecksee nicht so hell erleuchten können, wie es diese phosphoreszierenden Tierchen, die hier zwischen Afrika und Europa in den Wassern des Mittelmeeres zu Hause sind, vermögen.

Für mich gab es also nur eine Lösung, runter mit der Fahrt, um das Feuerwerk um unser Boot auf ein Minimum zu beschränken. Plötzlich zuckte ich wie von einem Schlag getroffen zusammen. Der vordere Ausguckposten an der Backbordseite zeigte nach vorn und meldete ruhig aber bestimmt: Torpedolaufbahnen Backbord voraus!

Der Schreck legte sich schnell, denn die auf das Boot zukommenden Bahnen waren keine Torpedos, sondern eine Herde spielender Delphine, die friedlich auf uns zukamen, im Zickzack-Kurs abdrehten und dieses Spielchen immer wieder von Neuem begannen.

Inzwischen lag Tanger bereits Steuerbord achteraus. Meine Nerven waren auf das Äußerste angespannt, denn wir näherten uns Gibraltar. Aus dem Funkschapp tönt es immer wieder zu mir herauf auf die Brücke: ‚Ortung Stärke soundso'. Bei der Vielzahl der ständigen Meldungen, die Ortungen aus den unterschiedlichsten Richtungen feststellten, wusste ich beim besten Willen nicht, ob es sich um Flugzeuge oder Landstellen handelte. Während ich normalerweise bei ansteigender Ortungsstärke die Ausguckposten in aller Ruhe in das Boot einsteigen ließ, um dann als Letzter das Turmluk zu schließen und das Boot unter Wasser zu bringen, bleibe ich in dieser Nacht über Wasser. Bis zu einer wirklichen Feindberührung kann mich in dieser Situation heute keiner zwingen, ‚in den Bach zu gehen'.

Der zwingende Grund dafür war, dass ich die ständige Strömung an der Oberfläche der Meerenge vom Atlantik ins Mittelmeer für einen größtmöglichen Raumgewinn ausnutzen wollte. In der Tiefe gibt es hingegen eine Gegenströmung des stärker salzhaltigen und deshalb schwereren Mittelmeerwassers.

Dann meldete endlich der Stüerkoarl (Obersteuermann): ‚Boot steht Gibraltar querab!' Dies war für mich das erlösende Signal für den Endspurt. Ich fuhr die Maschinen wieder hoch, und wie ein abgeschnellter Pfeil schoss U 380 über die Wasseroberfläche dahin, seinem Ziel entgegen.

Doch jetzt sollte erst der Höhepunkt dieser für jeden von uns einmaligen Operation kommen. Aus der Höhle des Löwen, der Festung Gibraltar, leuchteten plötzlich mehrere gekoppelte Scheinwerfer auf. Man hatte den ungebetenen Gast geortet und suchte die Meerenge ab. Ich rief nach unten dem Rudergänger im Turm zu: ‚Hart Steuerbord!'

Damit liefen wir nach Süden in das Dunkel des steil abfallenden nordafrikanischen Atlasgebirges. Gleichzeitig zeigten wir dem Gegner so nur die schmalste Silhouette. Doch ich kämpfte mit einem Gefühl des Unbehagens. Vielleicht liefen wir so vor der Küste stehenden Wachbooten direkt vor die Rohre. Ich drehe also wieder auf Ostkurs.

Zwanzig Minuten nach drei Uhr peilten wir Steuerbord achteraus den Leuchtturm von Cueta. Der bereits vorgefertigte Funkspruch – ‚U 380 steht befehlsgemäß im westlichen Mittelmeer!' – wurde in den Äther geschickt.

## Durchbruch durch die Straße von Gibraltar

### Bericht von Rolf-Werner Wentz, II WO auf U 380

Anfang November 1942 hatte U 380 nach dem Auslaufen aus dem Stützpunkt St. Nazaire die Biskaya glücklich passiert. Nun war es endlich soweit, dass der Kommandant die Order für diese Feindfahrt öffnen durfte – eine Maßnahme der Sicherheit!

Was keiner geahnt hatte: Es ging ins Mittelmeer. Uns war es nach der Verkündung dieses Operationszieles durch den ‚Alten' doch etwas mulmig, kannten wir doch die starke Bedrohung bei Gibraltar durch die Briten, hatten gehört vom schwierigen Operieren im Mittelmeer bei klarem Wasser, starkem Sonnenschein und der dauernden Überwachung durch Flugzeuge und der intensiven U-Boot-Bekämpfung von den nahen Küsten von Malta, von Gibraltar und später von Nordafrika.

Also, Kurs Süd. Wir dachten darüber nach, wie es der ‚Alte' wohl schaffen will. Wir wussten, dass ein stetiger Zustrom von Atlantikwasser mit einer Geschwindigkeit von sieben Knoten ins Mittelmeer floss. Das Atlantikwasser war kälter, dichter und damit schwerer als das Mittelmeerwasser, es strömte also am Grund ins Mittelmeer. Wollten wir den Strom ausnutzen, hätten wir ganz unten krebsen müssen. (Anmerkung: Zum Glück wusste das der Kommandant besser.)

Der Kommandant wählte den Überwasserdurchbruch. Ich hatte Wache. Unser Kurs ging dicht an die afrikanische Küste, dann Kurs Ost hinein ins Mittelmeer. In der Gibraltar-Straße suchten uns Zerstörer mit Radar, doch sie suchten uns so dicht unter der Küste vergebens, sicherlich haben die Radarechos der Küstenformationen uns als kleines Radarziel verborgen. Wir kamen also gut durch. Sobald wir im Mittelmeer genügend Wassertiefe hatten, tauchten wir.

Im Kriegstagebuch des Befehlshabers der U-Boote (BdU) ist am 11. November 1942 eingetragen: „... Nieuw Zeeland in CG 9925 torpediert. Dieser Erfolg kann nur durch das neu aus dem Atlantik eingedrungene U 380 errungen sein." Das war ein schöner erster Erfolg unseres Bootes im Mittelmeer.

Nach dem gelungenen Durchbruch durch die Straße von Gibraltar standen uns 14 Tage bevor, die es in sich hatten, ehe wir in La Spezia einliefen.

Wir waren mit dem Biskaya-Kreuz ausgerüstet, einem sehr provisorischen passiv empfangenden Antennensystem, das mit einem Kabel durch das Turmluk mit dem Inneren des Bootes verbunden war. Bei jedem Abtauchen musste es schnell, zusätzlich mit der Brückenwache im Boot verschwinden. Vom Atlantik waren wir es gewohnt, immer aufzutauchen, um die Lage sichten zu können (bei klarem Wetter bis zu 10 Seemeilen).

Wir registrierten im Mittelmeer in zwei Wochen 77 Alarme wegen der ewigen Ortungen. Das wurde uns zur Qual. Trotzdem mussten wir das Biskaya-Kreuz benutzen, um rechtzeitig vor den Fliegern tauchen zu können. Die Warntöne des Gerätes waren mal leise mal laut. War es ein Dauerton, der lauter wurde, mussten wir wieder in den Bach! Schließlich blieben wir gar nicht mehr über Wasser und tauchten nur noch auf, um die Batterie aufzuladen. Das gelang oft nur noch unvollkommen, weil schon wieder ein Alarm kam.

Als wir endlich in La Spezia eingelaufen waren, erfuhren wir im Stützpunkt, dass von 57 zur 29. U-Flottille gehörenden U-Booten schon 17 verloren waren.

**Deutsche U-Boote im Mittelmeer**

Nachdem Deutschland 1940 bei seinem Feldzug gegen Frankreich so gut vorankam, beeilte sich Italiens Duce Mussolini, auch ein Stück vom „Kuchen Europa" abzubekommen. Italien erklärte Frankreich den Krieg und trat damit an der Seite Deutschlands in den Krieg gegen Großbritannien ein. Die Achse Berlin-Rom war entstanden.

Italien verfolgte Kriegsziele in Nordafrika und auf dem Balkan. Der Afrikafeldzug der Italiener kam jedoch bald ins Stocken. Auch die anderen italienischen Unternehmungen bedurften deutscher Hilfe. General Rommel konnte mit schnellen motorisierten Einheiten und Panzern in Nordafrika zunächst bedeutende Landgewinne erzielen.

Doch während des Sommers 1941 griffen die auf der Insel Malta stationierten englischen U-Boote ohne Unterlass die Versorgungskonvois des Afrikakorps an. Für Deutschland war das Desaster groß, weil nahezu zwei Drittel der von der italienischen Halbinsel abfahrenden Transporte der Achsenmächte während der Überfahrt versenkt wurden. Die Marine und die Luftwaffe Mussolinis erwiesen sich als unfähig, diese Transporte wirksam zu schützen. Deshalb forderte General Rommel sehr bald vom deutschen Oberkommando, sich des Problems nachhaltig selbst anzunehmen und Operationseinheiten der Kriegsmarine und der Luftwaffe einzusetzen, um den Nachschub zu gewährleisten. Er hielt deutsche Kräfte für besser ausgebildet und vor allem für angriffsfreudiger als die italienischen.

Vor diesem Hintergrund wurde der Plan gefasst, deutsche U-Boote im Mittelmeer einzusetzen. Die ersten sechs U-Boote passierten die Meerenge von Gibraltar Ende September 1941. Die 23. U-Boot-Flottille wurde in Salamina (griechische Insel in der Ägäis) gebildet. Einen Monat später wurde die 29. Flottille in La Spezia (Obertalien) und in Pola (heute in Kroatien) aufgestellt.

Sehr bald operierten zwanzig deutsche U-Boote im Mittelmeer. Diese Zahl blieb bis Anfang 1944 trotz schwerer Verluste in etwa gleich, weil es weiteren U-Booten immer wieder gelang, die stark bewachte Meerenge von Gibraltar zu passieren. Aber im darauffolgenden Zeitraum schrumpften die beiden Flottillen auf lediglich ein Dutzend Einheiten. Im Jahr 1944 gingen alle Kriegshäfen verloren, die Schiffe wurden aufgebracht oder haben sich selbst versenkt. Das war das Ende aller Operationen der Kriegsmarine im Mittelmeer.

Es erwies sich als verhängnisvoll für die deutschen Kampfhandlungen im Mittelmeerraum, dass die ausgearbeiteten Pläne zur Einnahme von Gibraltar und der Insel Malta nicht zur Ausführung kamen.

# Im Kriegsmarinehafen La Spezia, Italien

Beim Empfang der Rückmarschbefehle war die Stimmung jedes Mal großartig, wenn nicht sogar noch ausgelassener als bei der Versenkung eines großen Pottes. Endlich hatten wir also diese Order erhalten, und zwar sollten wir in La Spezia in Oberitalien einlaufen. Aus den Operationsgebieten vor der afrikanischen Küste dauerte der Rückmarsch drei bis vier Tage, weil wir uns nur des Nachts trauten, über Wasser zu fahren. Was würde uns der neue Hafen bieten? Die Erwartung war groß.

Von der Feindfahrt zurück

La Spezia war ein Kriegsmarinehafen der Italiener. Wir hatten einen Teil des Hafens mit Kaserne und Pier zur Nutzung erhalten. Hier waren wir nicht in besetztem Gebiet, sondern bei Freunden untergebracht, denn Italien und Deutschland waren verbündet.

Überrascht waren wir über die malerische Einfahrt zum Hafen von La Spezia, als wir am 19. November 1942 einliefen. Nach dem üblichen Empfang durch den Flottillenchef und ein paar deutsche Mädchen, die uns Blumen überreichten, wurden wir sofort in einen fein gedeckten Speisesaal geführt. Hier wurde ein gutes Essen mit Bier und Wein serviert. Endlich erhielten wir dann auch unsere Post. In den uns zugewiesenen Unterkünften fanden wir unser Gepäck vor, das wir in Saint Nazaire zurückgelassen hatten.

Wir lagen mit unserem Boot direkt vor unserer Unterkunft, einem kasernenartigen Bau mit allen notwendigen Nebeneinrichtungen wie Speisesaal, Waschanlagen, Flottillenbüros, Sanitätsräumen und Kantinen. So schön wie in La Baule war es zwar hier nicht, dafür hatten wir hier nur kurze Wege. Unsere Zimmer waren ziemlich groß. Mit sechs Mann lagen wir auf einer Stube.

Erst richteten wir uns etwas ein, dann wurde ausgiebig Körperpflege betrieben, denn auf dem Boot war Süßwasser Mangelware. Mit Seewasser ließ es sich nicht sonderlich gut waschen, die Seife schäumte kaum. An Bord erhielten wir täglich nur zum Zähneputzen etwas Süßwasser und sonst wurde es nur zur Speisenbereitung und für Kaffee oder Tee freigegeben.

Außerdem wurde nun der traditionelle Seemannsbart abrasiert und nach wenigen Stunden verwandelten sich die dreckigen U-Bootmänner wieder in schmucke Matrosen.

Oft gab es an einem der ersten Tage nach einer Feindfahrt einen feierlichen Umtrunk auf Kosten der Flottille, vor allem nach sehr erfolgreichen Feindfahrten. Wir hatten nach der wochenlangen Beengtheit eine riesengroße Sehnsucht nach Freiheit. Wir wollten so bald wie möglich raus an Land, um zu sehen, was hier so los war.

▲ Nach der Feindfahrt

Wieder als schicker Matrose ▶

Gleich vor dem Tor des Stützpunktes erlebten wir eine Überraschung, denn hier stand ein Erdnussverkäufer. Seit Kriegsbeginn hatten wir keine Erdnüsse mehr gesehen, deshalb stürzten wir uns gleich auf diesen Stand. Leider waren die Nüsse nicht so geröstet, wie wir es von Deutschland her gewöhnt waren.

Wenige Schritte weiter erstreckte sich ein schöner Park mit einer herrlichen Allee, die von schönen rund verschnittenen Apfelsinenbäumen gesäumt war. Darauf hingen herrlich orangefarbig leuchtende Früchte. Uns war sofort klar: Beim Heimweg in dunkler Nacht wollten wir diese Situation nützen. Leider stellte es sich heraus, dass diese Orangen ganz eklig bitter schmeckten, also völlig ungenießbar waren. Das war der Grund, weshalb die verführerischen Früchte so friedlich und unbehelligt von den Bäumen prangen konnten. Für unsere handgreifliche Sehnsucht nach Frischobst erhielten wir dann außerdem noch eine Beschwerde von italienischer Seite, denn wir hatten in der vorgerückten Stunde doch etwas zu robust und unter dem Einfluss des süßen Weines gepflückt.

Das passierte uns nur einmal. Die weiteren Tage und Nächte hatten wir andere Ziele, denn La Spezia war ein ganz hübsches Städtchen mit allerhand Amüsements und billigen Weinlokalen. Man war ganz auf die Bedürfnisse der Matrosen eingestellt, so wie man sich einen typisch italienischen Stützpunkt vorstellt. Allerdings haben wir von den italienischen Kriegsschiffen außer zwei modernen Schlachtschiffen, die zeitweilig in La Spezia lagen, nur wenige gesehen. Vom Einsatz der italienischen Marine haben wir nichts erfahren können.

In den Nächten kam es zu Verbrüderungsszenen mit italienischen Matrosen. Auch Prügeleien sollen vorgekommen sein, was politisch nicht tragbar war. Das eine wie auch das andere, alles litt unter Verständigungsschwierigkeiten. Seltsamerweise war die Verständigung mit den italienischen Mädchen wesentlich einfacher.

\* \* \*

Natürlich gab es an den ersten Tagen auch an Bord mächtig zu tun. Die restlichen Torpedos wurden abgegeben, auch der restliche Proviant. Das Boot wurde von allem, was nicht niet- und nagelfest war, beräumt. Diese Dinge wurden an Land in Bunker geschafft.

Das Boot wurde so vorbereitet, dass die Werft ungehindert arbeiten konnte. Auf dem Rückmarsch hatten wir bereits eine Liste mit allen Mängeln und Wünschen der einzelnen Bootsabschnitte angefertigt. Alle diese Punkte wurden in einer großen Werftbesprechung unter dem Beisein aller Abschnittsleiter durchgesprochen. Am Schluss dieser Sitzung wurde dann entsprechend dem notwendigen Arbeitsaufwand die vorläufige Liegezeit des Bootes in der Werft abgeschätzt. Das war eine äußerst wichtige Sache, denn hier wurde indirekt entschieden, ob wir in Urlaub fahren konnten oder nicht.

Hatten wir eine lange Liegezeit, dann stand einem Urlaub nichts im Wege. In dem Fall wurde sofort festgelegt, wer im ersten Törn und wer im zweiten fahren konnte. Ungefähr die halbe Besatzung musste immer dableiben, um die Arbeiten in der Werft zu überwachen. Außerdem musste das Boot noch mit einer Wache besetzt werden. Bei kurzen Liegezeiten konnte höchstens ein Törn auf Urlaub fahren. Es kam auch vor, dass niemand fahren durfte. Eine Woche vor dem Auslauftermin musste die Besatzung wieder vollständig sein, denn nun musste das Boot wieder eingeräumt werden. Wenn nötig, mussten auch Probefahrten gemacht werden.

Ganz nach diesem Muster liefen alle Fahrten und Liegezeiten ab. In meiner Karriere als U-Bootfahrer habe ich zehn oder elf Feindfahrten und dazwischen die Liegezeiten mitgemacht. Mehr als 25 Jahre später bin ich nicht mehr in der Lage, die ganze Fülle der dramatischen und berichtenswerten Ereignisse in chronologischer Reihenfolge zu beschreiben. Einzelne Ereignisse haben sich jedoch ins Gedächtnis eingebrannt.

Mit meinen Kameraden von U 380 in La Spezia, Italien
Im Hintergrund unsere Kaserne

Der Winter von 1942 auf 1943 führte in die erste große Katastrophe des Krieges. Die Bedeutung des Unterganges der 6. Armee in Stalingrad wurde von uns kaum richtig gewertet. Uns leuchtete damals ein, dass diese Frontverkürzungen auch strategische Vorteile erbringen konnten. Auch andere eigentlich bedrohliche Wahrnehmungen, wie die Häufungen der Luftangriffe auf Deutschland und auf unsere Stützpunkte machten uns kaum schwankend im Glauben an ein siegreiches Ende des Krieges. Auf Urlaub oder durch Briefe erfuhren wir zwar immer öfter, dass dieser und jener „für Volk und Vaterland auf dem Felde der Ehre" gefallen war. Trotzdem machten wir uns damals noch wenig Gedanken über diese Ereignisse.

Mit Genugtuung wurde bei uns die Meldung aufgenommen, dass unser Befehlshaber der U-Boote Admiral Dönitz am 30. Januar 1943 zum Oberbefehlshaber der Kriegsmarine ernannt worden war. Unter den Matrosen kursierte schon länger das Wortspiel, dass eine Kriegsmarine „auf Rädern" unmöglich sei. Dabei spielte man auf unseren bisherigen Oberbefehlshaber der Marine Großadmiral Raeder an.

An dieser Stelle werfe ich einen Blick auf den sagenhaften Aufstieg unseres obersten Chefs Dönitz. Im Ersten Weltkrieg war er noch Offizier auf U 39, dann wurde er als Kommandant der „Emden" bekannt. Schon im September 1935 wurde er Fregattenkapitän (Oberstleutnant) und Chef der ersten U-Boot-Flottille. Am 17. Oktober 1939 wurde er Führer der U-Boote (F.d.U.), dann Befehlshaber der U-Boote (B.d.U.), wobei er zum Konteradmiral ernannt wurde. In reichlichen drei Jahren kletterte Dönitz dann über die Ernennungen zum Vizeadmiral, zum Admiral, zum Großadmiral und schließlich zum Oberbefehlshaber der Kriegsmarine empor. Wenn das keine Karriere war? Wir Matrosen jedenfalls waren stolz auf unseren Chef.

# Die dritte, vierte und fünfte Feindfahrt von U 380

## Die Entwicklung des U-Boot-Krieges im Mittelmeer Anfang 1943

### Bericht von der dritten und vierten Feindfahrt von Rolf-Werner Wentz (II WO)

Die dritte Feindfahrt von U 380 im November/Dezember 1942 dauerte 27 Tage. Das Operationsgebiet lag im westlichen Mittelmeer, im Gebiet um die Insel Alboran und zwischen Almeria und Melilla. Wir verließen uns ganz auf das Horchgerät und tauchten nur nachts zur Batterieauflading auf. Diese Feindfahrt brachte keine Ergebnisse, denn der Tommy hatte seine Landungen in Nordafrika abgeschlossen und hielt sich wegen der erhöhten U-Boot-Gefahr zurück.

Die vierte Feindfahrt sollte ins östliche Mittelmeer gehen. Anfang Februar 1943 befuhren wir den engen Seeweg zwischen Sizilien und Kalabrien. Bei Messina wurden wir mit Bomben angegriffen. Die Schäden waren so groß, dass wir in die Werft nach La Spezia zurückkehren mussten.

Hierzu berichtete der Kommandant später in seinen Erinnerungen: Ich erhielt Rückmarschbefehl mit Flugzeugsicherung nach La Spezia. In dieser Zeit war U 375 unter Kapitänleutnant Köhnenkamp auf dem Marsch in sein Operationsgebiet im westlichen Mittelmeer. Köhnenkamp erhielt nun einen neuen Einsatzbefehl und zwar den, den an sich unser U 380 ausführen sollte, Marsch ins östliche Mittelmeer und vor Tripolis operieren. Kapitänleutnant Jürgen Köhnenkamp ist mit seinem Boot am 30. Juli 1943 nordwestlich von Malta vernichtet worden. Röther hat sehr um seinen Kameraden getrauert.

Der Operationsbefehl östliches Mittelmeer wäre für U 380 wegen der größeren Weite des Einsatzgebietes interessant gewesen, aber wegen der Gefährdung durch die britischen Streitkräfte von Kreta und Ägypten ausgehend nicht weniger gefahrvoll im Vergleich zu der Gefährdung im westlichen Mittelmeer.

Von den U-Booten der ersten Welle, die im Jahr 1941 ins Mittelmeer beordert wurden, gingen sechs verloren, davon vier im westlichen Mittelmeer. Im Jahr 1942 gingen bis zum Erscheinen von U 380 schon neun Boote verloren, davon sechs im östlichen Mittelmeer. Das östliche Mittelmeer barg also erhebliche Gefahren. Ende 1942 gingen dann noch weitere vier U-Boote verloren, sämtlich im westlichen Mittelmeer. Als U 380 in Messina gebombt wurde, waren schon wieder zwei Boote im westlichen Mittelmeer vernichtet worden.

Alle meine sieben Fahrten im Mittelmeer hatten mich in das westliche Mittelmeer geführt. Es waren immer ereignisreiche Fahrten. Der Kommandant war gewitzt und konnte sich auf jeden Mann an Bord verlassen.

Kritisch war immer das Aufladen der Batterie in nächtlicher Stunde. Besonders unangenehm waren die Vollmondphasen, wenn sich Flugzeuge näherten, die uns im Mondschein ausgemacht hatten und uns mit gedrosselten Motoren anfielen. Man hörte sie erst, wenn die Bomben fielen.

Bei dunkler Nacht hieß es, besonders wachsam zu sein. Britische Zerstörer lagen oft still im Operationsgebiet der U-Boote. Wir lagen getaucht auf den Geleitzugwegen. Die Zerstörer rechtzeitig auszumachen und gegebenenfalls leise abzudrehen, war für uns ein Muss, um zu überleben. Am Tage half uns die Physik: Wir konnten getaucht mit abgeschalteten E-Maschinen und bei kleiner Wache auf der Sprungschicht liegen. Die Sprungschicht war immer vorhanden, weil das obere Mittelmeer-Wasser sonnendurchwärmt und daher deutlich leichter war als das tiefere und kältere Wasser am Meeresgrund. Diese Sprungschicht lag bei 20 bis 22 Metern Tiefe und war ein Segen für unsere U-Boote, da die Batterien geschont wurden, weil sich das Boot ohne besondere Maßnahmen auf dieser Grenzschicht ausruhen konnte.

Wegen der viel zu seltenen Gelegenheiten, die Batterien ausreichend aufzuladen, hatten alle Boote im Mittelmeer ihre Probleme.

## Hilferuf von U-Boot Hartmann

### Bericht von Rolf-Werner Wentz, II WO auf U 380

Die fünfte Feindfahrt vom 28. Februar bis zum 20. März 1943 führte U 380 wieder ins westliche Mittelmeer. Aus einem Konvoi gelang die Versenkung eines Schiffes von 7.128 BRT.

Dann kam ein Notruf von U 77, das an der spanischen Küste Schwierigkeiten hatte. Wir wurden auf große Entfernung zur Hilfeleistung detachiert, kamen aber nicht rechtzeitig an, da wir am Cap Tenes operierten.

U 77 unter dem Kommandanten Oberleutnant zur See Otto Hartmann, wurde am 23. März 1943 bei einem Luftangriff in der Nähe von Cartagena versenkt. 38 Mann einschließlich des Kommandanten waren gefallen, 9 Mann wurden gerettet. Eine Hudson griff das Boot von achtern an, vier Wasserbomben fielen neben das Sehrohr des tauchenden Bootes. Es war auf seinem nordöstlichen Kurs völlig überrascht worden.

Auch unserem Boot U 380 hätte ähnliches passieren können. Wir tauchten im gleichen Seegebiet nach einer Flugzeugwarnung, waren aber noch nicht tief genug. Eine der Fliegerbomben detonierte so dicht am Heck, das sich wohl auf 40 m Tiefe befand, dass unser Torpedorohr 5 undicht wurde. Wir mussten diese Feindfahrt abbrechen und nach La Spezia zurückkehren.

Auf der Höhe von Cartagena war am 9. März 1943 das Boot U 83 verloren gegangen, auch durch einen Luftangriff, zunächst mit Fliegerbomben, dann mit Wasserbomben. Keiner wurde gerettet, da die vom Flugzeug abgeworfenen Schlauchboote zerplatzten. Im Jahr 1942 gingen hier schon U 573 und U 74 verloren. Der Anmarschweg bis La Spezia hatte es in sich!

Am Anfang des Jahres 1943 gingen im Januar und Februar fünf U-Boote am Feind verloren: U 224 durch Wasserbomben und Rammung durch eine Korvette, U 443 wurde durch drei Zerstörer attackiert und durch Wasserbomben versenkt, beides an der Küste vor Algier.

U 301 wurde vor Bonifacio von einem britischen U-Boot torpediert. U 205 wurde vor Derna von einem Zerstörer durch Wasserbomben und Artilleriebeschuss versenkt. U 562 ging vor Bengasi durch einen Flugzeugangriff und anschließender Verfolgung durch Zerstörer mit Wasserbomben verloren.

Besonders verhasst waren uns die auf Lauer liegenden britischen und holländischen U-Boote, von denen außer U 301 noch U 95, U 374 und U 303 im Mittelmeer vor Toulon abgeschossen wurden, zum Teil dicht vor dem Heimathafen. Waren die Kommandanten nicht genug über diese Gefahr unterrichtet?

Mein Freund Hans Heidtmann, den ich 1947 im Camp 18 in England traf, berichtete mir von seiner Versenkung am 30. Oktober 1942 vor Port Said. Am 30. Oktober, 5 Uhr, entdeckte eine Sunderland das deutsche U-Boot U 559. Der von Haifa südwärts laufende Zerstörer „Hero" nahm sofort die Suche auf. Inzwischen nahte noch eine Gruppe von vier Zerstörern („Pakenham", „Petard", „Dulverton" und „Hurworth") aus der Richtung Port Said, um die „Hero" abzulösen. Die „Pakenham" ortete das U-Boot als erstes der britischen Schiffe und griff es um 12.57 Uhr an. Die vier Zerstörer setzten die Angriffe den ganzen Tag über fort, unterstützt noch von der „Wellesley N". Über 300 Wasserbomben wurden geworfen, von denen manche auf Explosionstiefen von mehr als 170 Metern Wassertiefe eingestellt waren. Um 22.40 Uhr wurde die Hartnäckigkeit der Verfolger belohnt: Das U-Boot musste auftauchen und wurde sofort unter das Geschützfeuer aller Kaliber genommen. Sieben Mann fielen bei diesem Drama.

## Mit U 380 im Sondereinsatz: Hilfe für Rommel

Auf der sechsten Unternehmung des Bootes vom 10. April bis zum 20. Mai 1943 passierte etwas Merkwürdiges. Wir waren gerade zu einer Feindfahrt ausgelaufen. Plötzlich wurden wir durch einen Funkspruch zurückbefohlen. Sofort sollten wir Livorno anlaufen.

Livorno ist ein großer Handelshafen im Norden Italiens, etwa 80 km südlich von La Spezia. Das war für uns ein vollkommen fremder Hafen und wir hatten Not, dass wir einen Landeplatz zugeteilt erhielten. Wir hatten den Eindruck, dass uns hier niemand erwartete. Schließlich wurden wir im Ölhafen an eine einsame Pier gelotst. Nachdem wir einige Stunden dort gelegen hatten und sich kein Mensch um uns kümmerte, ließ der Kommandant einen Funkspruch los. Einige Zeit später erhielten wir Weisung, uns in Richtung Süden nach Messina auf Sizilien in Marsch zu setzen. Was dies alles zu bedeuten hatte, war rätselhaft. Wir waren gespannt, was uns erwartete.

Die Fahrt war sehr schön. Wir pflügten bei herrlichem Wetter über Wasser, gewissermaßen unter Landschutz. Zwei Mann konnten zusätzlich mit auf die Brücke. Dort durfte man eine Zigarette rauchen, was wir sonst nur bei Überwasserfahrt im Turm tun durften, aber immer nur zwei Mann. Dazu war im Turm extra ein größerer Wasserbehälter angebracht. In den musste bei Alarm sofort die Zigarette geworfen werden, denn schon sauste die Brückenwache durchs Turmluk zwei Stockwerke tief in die Zentrale und die Raucher hinterher. Im Turm blieben dann nur der Wachoffizier und der Kommandant, die von der Brücke zuletzt einstiegen und das Turmluk schließen mussten.

Die Reise mutete an, als befänden wir uns im Frieden. Obwohl noch etwas mehr Platz vorhanden war, konnten nur zwei Mann zusätzlich auf die Brücke, denn wir mussten mit Fliegerangriffen rechnen. Land war kaum zu sehen. Erst als wir uns Sizilien stark näherten, hatten wir einen schönen Blick auf die Insel mit dem feuerspeienden Berg Stromboli, der gerade starke Rauchwolken ausstieß. Nacheinander konnte die gesamte Besatzung diesen Anblick bestaunen.

In Messina wurden wir dringend erwartet. Sofort mussten wir unter einem Schwimmkran festmachen und die Torpedos bis auf zwei Stück abgeben. Das war eine Sauarbeit, denn das Boot strotzte noch voller Proviant. Außerdem machte uns hier in Messina eine ungewohnte Sonnenglut zu schaffen. Extrem war es im Heckraum, denn unsere E-Maschinen und die Dieselaggregate strahlten noch zusätzlich Wärme aus, so dass wir wie in einem Backofen arbeiten mussten. Die Enge der Räume und unser Lederanzug, den wir wegen der stark gefetteten Torpedos trugen, ließen uns gewaltig schwitzen. Alles wurde in größter Eile vorangetrieben.

Kaum waren die Torpedos von Bord, wechselten wir die Anlegestelle. Am anderen Ort erwarteten uns schon einige Lastwagen der Armee, die uns Mengen von Panzergranaten und andere Munition übergaben. Uns war sofort klar, wir sollten nach Afrika. Dort kündigte sich neues Debakel an. Im Moment hatten wir nicht viel Zeit für große Überlegungen, denn die Munition musste in die leeren Torpedorohre und Torpedo-Lagerungen bugsiert werden. Darüber hinaus wurden die Wohnräume bis in Bauchhöhe zugestellt. Durch das Boot konnte man nur noch auf allen Vieren kriechen. Wir sorgten uns, dass wir in der Eile nicht alles rutschfest verstauen konnten. Was sollte bei Alarm und starker Lastigkeit werden? Der Leitende Ingenieur hatte die Übersicht über seine Trimmrechnung verloren. Keiner konnte ihm sagen, wie viele Tonnen schwerer wir geworden waren. Die halbe Nacht wurde schwer geschuftet, dann gab es unter primitiven Verhältnissen ein paar Stunden Schlaf.

Im Morgengrauen unternahmen wir im Hafenbecken einen ersten vorsichtigen Tauchversuch, wobei unser Boot so gut es ging ausgetrimmt wurde. Die letzten Feinheiten ließen sich erst einstellen, als wir noch einige Meter Wasser mehr unter dem Kiel hatten. Mit vorsichtigen Tauchversuchen bekam unser LI das Boot wieder in die Hand. In eine Feindberührung konnten wir uns mit dieser Fuhre aber auf keinen Fall einlassen, erst mussten wir unsere Ladung wieder loswerden.

Die Expedition startete in südlicher Richtung, zunächst entlang der Küste von Sizilien. Uns war ein wunderschöner Blick auf Catania am Fuße des 3.263 Meter hohen Vulkans Ätna vergönnt.

Am Südhang des Ätnas zogen sich die bunten und wirklich malerischen Häuser der Stadt bis zum Meer herunter. Leider hatten wir nicht viel Zeit, solche Aussichten zu genießen, denn für uns begann bald wieder der Ernst des Lebens an Bord. Mit unserem als Lastkahn umfunktionierten Boot fuhren wir im Bogen um die vom Engländer als Stützpunkt benutzte Insel Malta herum in Richtung Tunesien.

Eigentlich sollten wir den Hafen in Tunis anlaufen, der noch fest in deutscher Hand sein sollte, aber ein Funkspruch revidierte diesen Plan. Nun sollten wir möglichst dicht unter Land fahren und eine Möglichkeit erkunden, um unsere Fracht los zu werden. Höchste Vorsicht war geboten. – Als wir nach Einbruch der Dunkelheit auftauchten und vorsichtig in Richtung Land steuerten, bemerkten wir bald, dass hier überall Chaos herrschte. Vielerorts brannte es, der Lärm der Geschütze war bis auf See zu hören.

Wir setzten uns von der Küste ab, um wieder tieferes Wasser zu gewinnen. Funksprüche wurden gewechselt. Plötzlich gab es eine neue Weisung. Noch in dieser Nacht wurde alle Munition, die in den Gängen und Wohndecks stand, über Bord geworfen, um so viele eingeschlossene Landser wie möglich von Tunesien mitnehmen zu können.

Nachdem wir im straffen Einsatz alles über Bord geschmissen hatten, verschwanden wir erst einmal von der Oberfläche, denn es begann hell zu werden. Im Boot musste erst einmal Ordnung geschaffen werden, denn durch unsere Gewaltaktionen war einiges durcheinander geraten. Nachdem wieder Ruhe und Ordnung eingetreten war, konnten wir uns etwas hinlegen, denn wir erwarteten eine anstrengende kommende Nacht.

In den Abendstunden verließen wir die schützende Tiefe des Mittelmeeres, um mit Beginn der Dunkelheit aufzutauchen. Ehe wir uns wieder dem Land näherten, wurden noch unsere Batterien geladen, denn nur mit vollgeladenen Batterien war das Boot ein vollwertiges Boot. Die Fahrt, die wir dabei zurücklegten, benutzten wir, um weg von Tunis in Richtung Pantelleria in die Bucht von Kelibia an einen anderen Küstenstreifen zu gelangen.

Nach etwa zwei Stunden war es dann so weit, wir schipperten vorsichtig dem Land entgegen. Dabei wurde laufend die Wassertiefe mit dem Echolot geprüft. Mit sehr wenig Fahrt hielten wir auf das Land zu, bis wir nur noch einen Meter Wasser unter dem Kiel hatten.

Dem Festland hatten wir uns beinahe bis auf Rufnähe genähert. In der Dunkelheit war Bewegung an Land zu spüren, doch zu erkennen war kaum etwas. Mit unserer Flüstertüte (Sprachrohr) wurde in Richtung Land gerufen. Leider vergeblich, obgleich wir das Gefühl hatten, dass wir gehört oder gesehen wurden.

Dann setzten wir ein kleines Schlauchboot aus, mit dem unser erster Bootsmaat auf das Land zu ruderte. Zur Sicherheit blieb dieses Boot mit einer langen Leine mit unserem U-Boot verbunden, um es notfalls schnell wieder einholen zu können. Doch diese Aktion blieb ohne Erfolg, obgleich sich unser Bootsmaat durch Rufen mit Deutschen hatte verständigen können. Offensichtlich wurde er aber missverstanden. Niemand wagte sich über das Wasser zu uns. So verging wertvolle Zeit.

Wir wollten schon unsere Bemühungen aufgeben, als doch Ruderschläge ausgemacht wurden. Langsam, sehr langsam kam ein floßähnliches Boot mit vier Insassen angerudert. Von diesen Vieren erfuhren wir dann, dass sie uns wohl gehört hatten. Aber sie hatten der Sache nicht getraut, denn am Tage zuvor war der Tommy mehrmals mit kleinen Schiffseinheiten aufgekreuzt und hatte Angst und Schrecken verbreitet. Sie konnten es sich nicht erklären, dass noch ein deutsches Schiff da sein konnte. Diese vier Mann hatten sich entschlossen, so oder so in Gefangenschaft zu gehen. Dabei waren sie ursprünglich zu siebt gewesen und dann in Streit geraten, was in der Situation zu tun sei. Drei Mann trauten der Sache nicht und sind durchs kniehohe Wasser wieder zurück an Land gewatet. Auf diese Weise konnten wir auf dieser Feindfahrt immerhin vier Landser von Rommels ruhmreicher Afrikaarmee mit nach Hause bringen.

Auf der Rückfahrt versuchten wir mit unseren zwei Torpedos noch einen Angriff auf einen englischen Kreuzer, der in einem Verband fuhr. Der Verband hatte es sehr eilig. Unsere Torpedos trafen wahrscheinlich nicht. Deshalb wurden wir auch nicht verfolgt. Ohne Torpedos waren wir gewissermaßen außer Gefecht und deshalb gezwungen, unverzüglich auf den Rückmarsch zu gehen.

Möglicherweise haben wir die letzten Soldaten vom Afrikakorps gerettet. Diesen vier Männern gefiel es bei uns an Bord sehr gut, denn sie waren seit Monaten auf dem Rückzug gewesen und hatten vieles entbehren müssen.

Noch ehe wir in La Spezia einliefen, war in Tunesien die Kapitulation erklärt worden. Der Afrikatraum war nun zu Ende. Vor sieben Monaten, am 8. November 1942, waren die Alliierten mit starken Einheiten in Nordafrika gelandet. Schon im Mai 1943 folgte nun die Kapitulation. Weitere zwei Monate später landeten die Alliierten in Sizilien und fassten damit das erste Mal auf europäischem Festland festen Fuß.

"Leinen fest" am Heck

## Sondereinsatz für die Rommel-Armee als Munitionstransporter

### Bericht von Rolf-Werner Wentz (II WO)

Vom 10. April bis zum 20. Mai 1943 befand sich U 380 für die Dauer von 50 Tagen in einem Sondereinsatz. In Rom erhielt man einen Befehl vom Führerhauptquartier: Der FdU Italien habe umgehend ein Boot nach Tunis zu entsenden, um den Stab Rommels oder eventuelle Reste von Truppenverbänden zurückzubringen und gleichzeitig mit Munition zu versorgen.

Nur U 380 war kurzfristig dazu in der Lage und einsatzbereit, um nach Livorno auszulaufen, um dort 8,8 Tonnen Munition zu übernehmen. Der FdU hatte befohlen: ‚Das Boot gibt bis auf zwei Torpedos alle Aale, Munition, überflüssige Materialien und Inventarien ab. Das Boot ist bis zur Halskrause mit Pak- und Flak-Munition zu beladen. Ein Viertel der Besatzung steigt aus. Nach einem Trimmversuch im Hafen baldmöglichst auslaufen!'

Der Kommandant ließ die Besatzung auf der Pier antreten und erklärte die besondere Aufgabe des Bootes. Für die zehn bis zwölf Mann, die an dieser Unternehmung nicht teilnehmen konnten, sollten sich Freiwillige melden. Aber keiner meldete sich. So befahl der Kommandant schließlich, die nach der nächsten Feindfahrt fälligen Portepee-Unteroffiziere und Unteroffiziersanwärter unter Berücksichtigung und Vorrang der Verheirateten festzustellen. Der Abschied von diesen Bootskameraden fiel allen sehr schwer.

Der Kommandant hat sich so erinnert: „Bis zum dritten oder vierten Mann konnte ich jedem noch ein persönliches Wort und ‚Auf Wiedersehen' sagen, aber dann waren auch bei mir die Stimmbänder trocken. Ich musste schlucken und meine Tränensäcke zuschnüren."

Dann ging es los – Kurs Tunesien. Ein Funkspruch wies uns dann aber an: ‚Tunis nicht anlaufen! Tunis ist bereits von Engländern besetzt. Östlich ausweichen in die Bucht von Kelibia!'

Munitionsübergabe auf seichtem Wasser? Würden wir am Strand Leichter antreffen, die die Munition abholen?

Wir gingen dicht an den Strand ran, hatten sogar Grundberührung. Alles war zerschossen. Niemand kam. Auf weite Entfernung gab es eine Verständigung mit Menschen am Strand. Ein Ruderboot ohne Riemen mit vier Landser näherte sich uns bei ablandigem Wind. Wir konnten sie aufnehmen.

Da kam schon der Funkspruch: ‚An U-Röther! Unverzüglich die Bucht von Kelibia verlassen! Alle Munition außenbords werfen!' Das taten wir gerne. Die Rückfahrt nach La Spezia führte uns an der von den Italienern besetzten Insel Panteleria vorbei, von der wir beschossen wurden.

Im Nachhinein fragten wir uns, was hat dieser Einsatz gebracht? Sicherlich: die Situation hätte auch eine andere sein können. So war es nur ein Erlebnis für die Crew, aber doch ein großes Risiko, versenkt zu werden.

Der Kommandant berichtete hierzu später: „Wir hören plötzlich über uns bei beginnender Dunkelheit das Rauschen etlicher Flugzeugmotoren mit Kurs auf die Bucht. Leuchtbomben erhellen die Bucht von Kelibia, und dann werfen die Piloten Fliegerbomben und flach eingestellte Wasserbomben ab. Die Tommys hatten bestimmt Nachricht erhalten von dem deutschen U-Boot. Wir erlebten wie in einem Film, wie es uns vermutlich ergangen wäre, wenn wir auch nur eine kurze Zeit länger in der Bucht hätten bleiben müssen. Sicherlich wären wir vernichtet worden."

In La Spezia gab es eine große Begrüßung, die ausgeschifften Matrosen stiegen wieder ein und die vier Landser aus. An die Ostfront?

## Auf der U-Bootsweide in Viareggio, Italien

Ich erwähnte bereits, dass der Heimaturlaub immer von der Länge der Werftliegezeit abhängig war. Wenn die Zeit reichte, also wenn es mindestens 14 Tage waren, wurde natürlich die Gelegenheit genutzt, um nach Hause zu fahren. Manchmal hatte nur die halbe Besatzung das Glück. Bei nächster Gelegenheit wurde das wieder ausgeglichen. Ich genoss dabei die besondere Vergünstigung, in meiner Waffe mit meinen zwei Gasten allein zu sein. Zwei Mann waren da praktisch immer entbehrlich. Als Waffenleiter wurde ich besonders berücksichtigt, deshalb war ich fast immer dabei.

Nachdem das Boot für die Werft vorbereitet war, ging es ans Schreiben der Urlaubsscheine. Nach der Visite beim Arzt und beim Zahnarzt begann die große Reise. Oft hatten wir kaum Zeit, unsere Devisen ordentlich anzulegen, so dass wir erst bei mehrstündigen Aufenthalten in Parma oder Bologna (zwei sehr attraktive Städtchen in Oberitalien) zum Einkauf kamen. In Italien gab es noch sehr begehrte Dinge, die in Deutschland schon lange selten waren, zum Beispiel diverse Spirituosen und Weine, Schuhe, Tücher, Schirme und auch Stoff und natürlich auch die herrlichsten Früchte, Mandarinen, Pfirsiche und Zitronen. Von Bord kamen noch etliche Konserven dazu, besonders Butter und Fleisch, so dass wir nicht nur mit stattlichem sondern auch mit sehr gefragtem Gepäck nach Deutschland fuhren.

Auch der Reiseweg hatte seine Reize. Ich erwähnte schon die zwei sehr schönen Umsteigeorte Parma und Bologna. Das berühmte Florenz passierten wir einmal und von dort ging es weiter über Verona, Bozen, den Brennerpass (1.370 m Höhe), Innsbruck nach München. Ab hier reiste dann jeder individuell weiter nach seinem Heimatort. Leider fuhr der Fronturlauberzug meistens nachts über das Alpengebiet, so dass nicht allzu viel von den Bergen zu sehen war.

Auch für die Zurückgebliebenen gab es eine wunderschöne Einrichtung: die sogenannte U-Bootsweide. Diese schöne Sache wurde von der Wehrbetreuung organisiert. Es handelte sich dabei um eine Pension, eher schon ein Hotel, in dem bekannten und reizvollen Seebad Viareggio, 50 Kilometer südlich von La Spezia. Diese Pension war mit allem Personal ausschließlich für die Betreuung und Regenerierung von U-Boot-Besatzungen reserviert.

Um das Angebot nutzen zu können, teilte sich die halbe Besatzung, die im Stützpunkt verblieben war, nochmals. Jeder nahm dafür das notwendige häufigere Wacheschieben gern in Kauf, denn durch diese Einteilung konnte man noch zusätzlich acht bis zehn Tage auf U-Bootsweide fahren. Die Unterbringung war großartig, man wurde wie ein Hotelgast behandelt und es gab keine Beschränkung der Freizeit. Die Mahlzeiten wurden gemeinsam eingenommen. Wenn man nicht anwesend sein wollte, wurde das dem deutschen Heimleiter mitgeteilt und alles war in Ordnung.

Das große langgestreckte Seebad Viareggio war in seiner Funktion durch den Krieg erheblich gestört. Viele Hotels waren geschlossen und es herrschte nur mäßiger Urlaubsbetrieb. Aber alle Einrichtungen für erholsame Urlaubstage waren natürlich vorhanden. So gab es außer dem herrlichen aber entvölkerten Strand noch eine Menge schöner Cafés und Bars. Man konnte sich auf wundervoll gepflegten Rollschuhbahnen auf Marmor austoben oder sich ein Pferd mieten und im gestreckten Galopp den Strand entlang reiten, so dass die Mützenbänder wie die Bandeisen achteraus standen. Die Pferde wussten genau, wie spät es ist. So willig sie sich erst leiten ließen, am Ende der Zeit trabten sie dann schnurstracks zurück in Richtung Stall.

Sehr beliebt waren auch die Fahrradverleihstationen. Eine befand sich genau gegenüber unserer Pension. Für jeden Geschmack hatte die Station etwas zu bieten. Da gab es außer normalen Fahrrädern auch die kuriosesten Tandems in mehreren Varianten mit zwei Sitzen nebeneinander oder bis zu drei Mann hintereinander, mit oder ohne zweirädrigen Anhänger für eine weitere Person. – Nach einigen Übungsstunden hatten wir uns zu einer Mannschaft von vier Personen zusammengefunden. Mit einem Dreiertandem mit Anhänger radelten wir nach dem 18 km entfernten Pisa, bekannt durch seinen schiefen Turm. Uns schmerzte der Hintern mordsmäßig, trotz laufender Ablösung. Es war zu ungewohnt für uns, und zu allem Unglück brach uns noch die Vorderradachse bei der Einfahrt in Pisa. Glücklicherweise gab es in Italien viele Fahrradverleihgeschäfte. So hatten wir recht bald unser Gefährt wieder in Ordnung und konnten den mächtigen Dom zu Pisa bestaunen.

Am „Piazza del Miracoli" (Platz der Wunder) befindet sich der romanische Dom, die Taufkapelle und der frei stehende schiefe Glockenturm. Am interessantesten ist der schiefe Turm, der schon während der Bauarbeiten vor annähernd 900 Jahren anfing, sich zur Seite zu neigen. Es wurde schon allerhand unternommen, um die weitere Neigung zu verhindern, trotzdem nimmt die Schieflage jährlich mehr als einen Millimeter zu. Der Turm ist hohl und in seinen Ringmauern geht eine schmale Treppe bis zur Plattform hinauf. Wir gingen mit sehr gemischten Gefühlen diese Stufen hinauf, denn durch die Neigung des Turmes hat die Treppe eigenartige Stellen, nämlich immer abwechselnd steile und flache Passagen. Man muss sich das so vorstellen, als ob man Treppenstufen einmal steiler oder flacher gestellt hat. Einmal fallen die Stufen nach vorn und einmal nach hinten ab, und oben auf der Plattform glaubt man, abrutschen zu müssen. Eigenartige Gefühle befallen den Besucher, wenn er über das nicht sehr hohe Geländer an der überhängenden Seite hinuntersieht.

Wir hatten alles gut überstanden, auch die Heimfahrt mit dem Fahrrad. Allerdings haben wir uns geschworen: Eine solche Tour mit dem Fahrrad machen wir nicht noch einmal!

Ich war zwei oder drei Mal in Viareggio. Es war immer eine sehr schöne Zeit und eine ideale Erholungsstätte für uns als U-Bootfahrer.

Eine besondere Attraktion war eine Einladung der Deutschen Gesellschaft von Como. Unsere Bootsbesatzung war auserkoren worden, an den Comer See fahren zu können. Mit einem Bus der Wehrbetreuung führte die Reise über Mailand, wo wir schnell den Dom besichtigen konnten, weiter nach Como. Immer am Ufer des herrlichen, von Bergen eingerahmten Sees entlang, endete die Reise in Bellagio. Wir waren hier in den italienischen Alpen hart an der Schweizer Grenze. Der Ort ist eine ausgesprochene Touristenattraktion. Die Unterbringung erfolgte in einem guten, nicht allzu großen Hotel, dessen Besitzer auch der Deutschen Gesellschaft angehörte.

Wir verbrachten hier vier Tage. Über die Reihenfolge der Ereignisse bin ich mir nicht mehr ganz sicher. Einer Stadtbesichtigung von Como folgte ein toller Abend in unserem Hotel. Como ist eine sehr schöne Stadt mit einigen Sehenswürdigkeiten und mit einer Schwebebahn, ähnlich der in Dresden-Loschwitz. Mit der Bahn konnte man auf einen Berg gelangen, von dem man einen reizvollen Überblick auf Como hatte.

Am anderen Tag wurden Mitglieder der erwähnten Gesellschaft, teilweise mit Angehörigen, von unserem Bus in Como abgeholt und zu einem tollen Abend in unsere Hotelhalle gebracht. Für den Anlass war die Halle extra attraktiv umgestaltet worden. Wir erfuhren nun auch, dass diese noblen Leute zum Teil sehr reich waren. Diesen Reichtum verdankten sie der Seidenraupenzucht.

Aber auch die anderen Tage waren sehr schön. Wir ruderten mehr als einmal auf dem mächtigen See und besuchten auch die gegenüber gelegene Gartenanlage „Villa Carlotta", die zu dieser Zeit die schönste der Welt sein sollte. Zeitweilig soll sie einem deutschen Prinzen gehört haben. Dieses Fleckchen Erde war wirklich sehr reizvoll. Leider waren die vier Tage schnell vorbei. Eine Menge Erinnerungen sind geblieben.

Fünf unternehmungslustige Maate von U 380

Die Erlebnisse in Oberitalien erfüllten ganz den jugendlichen Traum, ferne Länder und ferne Städte zu sehen. Darüber verdrängten wir die grausame Tatsache, dass wir mitten im Krieg standen. Unsere eigentliche Aufgabe war es, Schiffe zu vernichten, wobei Menschenleben keine besondere Rolle spielten.

\* \* \*

Das mitunter sehr heitere Leben wurde mehr und mehr getrübt, weil uns englische Bombenflugzeuge immer häufiger zu schaffen machten. Der Tommy besuchte uns am Tage und zunehmend auch in der Nacht. Es konnte kein Zufall mehr sein, dass sich die Angriffe dann häuften, wenn ein Boot bald fertig wurde zum Auslaufen. Gerüchte kursierten, dass dies wohl der Grund sei, weshalb wir unseren Stützpunkt La Spezia räumen sollten, um nach Toulon in Südfrankreich zu wechseln.

Schon am 11. November 1942 war das bis dahin unbesetzte Südfrankreich von Deutschland als Gegenmaßnahme gegen die Landung von starken Truppeneinheiten der Alliierten in Nordafrika besetzt worden, wobei die französische Kolonie Algerien eine Rolle spielte. Toulon war bis dahin der mächtigste Kriegsmarinehafen der Franzosen im Mittelmeer gewesen und ebenfalls bis zu diesem Zeitpunkt hatte sich ein ganz erheblicher Teil der französischen Kriegsschiffe hier vor Anker liegend aufgehalten. Auf Grund der Besetzung Südfrankreichs hatten die Schiffsbesatzungen ihre Schiffe auf Grund gesetzt und waren an Land gegangen, hatten sich also demobilisiert.

Noch lagen wir aber in La Spezia und erlebten noch einige mächtige Luftangriffe von bis dahin nicht gekannter Stärke. Am hellen Tage, kurz vor Mittag, tauchten plötzlich einige Kampfverbände auf und machten uns mächtig zu schaffen. Wir schwammen gerade mitten im Hafenbecken, um an einem anderen Liegeplatz anzulegen, als uns ein Alarm überraschte. Die Flugzeuge zogen trotz erheblicher Flakabwehr in schnurgerader Linie über den Hafen. Ehe wir an der Pier anlegen konnten, fielen die ersten Bomben. Wir sahen die Bomben mit bloßen Augen im Sonnenlicht durch die Luft fliegen. Kurz darauf schlugen sie in das Wasser und an Land auf. Unter dem Turm Schutz suchend, überstanden wir die erste Welle der Angreifer. Das Wasser schäumte, unser Boot schlug hart an die Mauerwand der Pier. Die Pier hüllten Dreck-, Staub- und Steinwolken ein. Das Boot wurde notdürftig festgemacht und wir sausten zum Bunker. Mit der Druckwelle der nächsten Bombenexplosionen wurden wir hineingeschleudert. Viel ernster Schaden an den Booten und Unterkünften war wie durch ein Wunder nicht entstanden, lediglich waren sämtliche Scheiben entzwei. Im italienischen Teil der Werft und auch in der Stadt war hingegen ernsthafter Schaden entstanden.

Nur kurze Zeit später, möglicherweise war es sogar unser letzter Werftaufenthalt in La Spezia, erlebte ich einen weiteren schlimmen Angriff der britischen Flieger. Zu allem Unglück hatte ich Wache an Bord. Unser Boot lag im italienischen Teil der Werft in einem Trockendock. Plötzlich, nach 22 Uhr, gab es Fliegeralarm. Die Sirenen hatten kaum ausgeheult, da war die Luft schon erfüllt vom Motorengeräusch der Flugzeuge. Ehe wir einen Gedanken fassen konnten, ging der Feuerzauber los. In allernächster Nähe war die Hölle offen. Nach den ersten Explosionshöhepunkten standen die Gebäude an der Längs- und Stirnseite des Docks schon in hellen Flammen. Ich hatte die Posten eingezogen und alle Schotten des Bootes schließen lassen, obgleich wir trocken lagen. Wir hielten uns im Turm auf, wo wir uns noch am sichersten wähnten. Nur durch Rufen konnten wir uns verständigen. Rings um uns war ein Höllenlärm von Krachen, Bersten und Prasseln.

Der zweite Angriff war noch furchtbarer. In einem Gebäude an der Stirnseite des Docks erfolgten in unregelmäßigen Abständen heftigste Detonationen, wahrscheinlich explodierte dort ein Lager von Gas- und Sauerstoffflaschen. Soweit die Geräusche nicht im großen Toben untergingen, schlugen fortwährend Teile metallisch hart auf unseren Bootskörper. Wir lagen in dem für ein U-Boot viel zu großen Dock verhältnismäßig tief und waren dadurch etwas geschützt, allerdings befürchteten wir einen Volltreffer oder einen Treffer in das Dock, der unser Boot trotz Abstützung umgeworfen hätte. Die dritte Gefahr war ein Volltreffer auf das Docktor, was eine Flutwelle in das Dock ausgelöst hätte. Zu allem Unglück brannte eine ausgebaute U-Boot-Batterie lichterloh über uns auf dem Rand des Docks, nur wenige Meter entfernt von der Stelle, wo unsere Stelling, unser Laufsteg, vom

Boot hinauf an den Dockrand ging. Wir waren also auf unserem Boot gefangen, außerdem hätten wir es auch nicht verlassen dürfen.

Endlich ließen die Angriffe nach. Die Batterie war so weit niedergebrannt, dass wir das Boot verlassen konnten. Bei meinem ersten Rundgang auf und um das Boot zwangen mich einzelne Detonationen erneut, volle Deckung zu nehmen. Soweit ich das bei Brand, Qualm und Rauch ringsherum feststellen konnte, hatten wir zum Glück keinen ernsthaften Schaden genommen. Voller Sorge kamen bald der LI und Kameraden, um zu sehen, was aus uns und dem Boot geworden war. Der Weg zu uns war nicht ungefährlich, weil es überall noch lichterloh brannte. Da wir noch mopsfidel waren, zogen sie sich schnell wieder zurück, denn die Gefahr eines neuen Angriffs war noch nicht gebannt. Den Rest der Nacht waren wir noch voller Spannung und Unruhe.

Als es endlich Tag wurde und der Qualm der Brände nachließ, konnten wir das Bootsoberdeck nochmals untersuchen. Wir waren nicht wenig überrascht, als wir weit über zwanzig ausgebrannte Sechskant-Brandbomben entdeckten, die teilweise ein richtiges Sechskant-Loch durch das Oberdeck geschlagen hatten und dann auf dem Druckkörper des Bootes ausgebrannt waren. Unsere Stelling hatte ebenfalls etliche solcher Löcher abbekommen und im Dock lagen noch viele dieser Bomben, zum Teil als Blindgänger, herum.

Als die Kameraden dann zum Dienstantritt auf dem Boot erschienen, war uns wieder wohler. Unsere Ablösung wurde stürmischer als sonst begrüßt. Die Werftarbeiter kamen nur einzeln, denn dieser Angriff hatte die Werkstätten der Werft zum großen Teil lahm gelegt. Diese schlimme Nacht fand ein versöhnliches Ende, weil wir wegen der nun notwendig gewordenen Verlängerung der Liegezeit nochmals schöne Tage auf der U-Bootsweide in Viareggio verleben durften.

# Im Hafen von Toulon, Frankreich

Im Mai 1943 liefen wir das erste Mal in Toulon ein. Der schönen Zeit in La Spezia mit seiner U-Bootsweide Viareggio haben wir noch oft nachgetrauert. Dafür waren wir hier in Toulon wieder in einer größeren Stadt, diesmal mit echt französischem Milieu, dazu noch am Rande der französischen Riviera. Jede Veränderung birgt Sonnen- und Schattenseiten.

Toulon liegt an einem riesigen Naturhafen, der durch eine Halbinsel gegen das offene Meer geschützt wird. Ein großer Teil des Hafenbeckens war noch nicht zugänglich, es wurde durch versenkte Schiffe, die zum Teil noch bis zur Hälfte aus dem Wasser ragten, versperrt. Das sehr große Hafengelände verfügte über viele Kais, Speicherhallen, Werkstätten und Dockanlagen. Von manchen Liegeplätzen bis zu unseren Unterkünften mussten wir einen Fußmarsch von einer Dreiviertelstunde einplanen.

Weit vor der Hafeneinfahrt trifft Luftsicherung ein

Unser eigentlicher Stützpunkt hatte ganz passable Unterkünfte. Leider waren die beim ersten Anlaufen noch nicht beziehbar. Wir wurden provisorisch an einer anderen Ecke des mächtigen Hafenreviers untergebracht. Allerdings war es von hier weit kürzer zur Stadt als vom späteren Stützpunkt. Der Gewinn an freier Zeit war beträchtlich. Bald hatten wir auch eine richtige kleine Seemannskneipe, nicht weit von unseren vorläufigen Unterkünften, entdeckt. Die Räume waren fast vollständig mit Bildern von französischen Matrosen und Schiffen tapeziert. Die Wirtin war eine Elsässerin, deshalb sprach sie sehr gut deutsch. Was wollten wir mehr? Natürlich wurde diese Gaststätte des öfteren das Ziel unser abendlichen Ausgänge.

Die Stadt Toulon bot uns Lokalitäten aller Art, von der billigsten Kneipe angefangen bis zum Konzert-Café. Man konnte sich, je nach Geschmack, amüsieren. Sicher war auch die Umgebung von Toulon sehr reizvoll, doch bei unserem Lebenshunger zwischen Feindfahrt und Urlaub sehnten wir uns nicht so sehr nach freier Natur und schöner Landschaft.

Das Leben hielt immer wieder unverhoffte Zufälle bereit. Schon beim ersten oder zweiten Aufenthalt in Toulon traf ich einen ehemaligen Spielfreund aus der Kindheit. Er war einer der Jungen aus der Nachbarschaft meines Onkels aus Pfaffendorf bei Görlitz gewesen. Auch er leistete an Bord eines U-Bootes als Maschinen-Maat seinen Kriegsdienst. Die Überraschung war sehr groß, wir hatten uns seit Jahren nicht mehr gesehen. Natürlich war dieses Zusammentreffen Grund genug für nicht nur eine Wiedersehensfeier.

Bei einer dieser Feierlichkeiten im Soldatenheim einer Gaststätte, die nur Deutschen zugänglich war, lernten wir gemeinsam zwei deutsche Frauen kennen. Die beiden waren zwar gute zehn Jahre älter als wir, aber für unsere gemeinsamen Unternehmungen in Toulon eine starke Bereicherung. Die eine war Dolmetscherin beim Hafenkommandanten und sprach natürlich perfekt Französisch. Die andere leitete die Küche der deutschen Werftarbeiter. Bei ihr waren wir oft zu Gast, wenn wir ein Frühstück brauchten. Die Dolmetscherin besorgte uns Dinge bei den Franzosen, die wir sonst kaum erhalten hätten. Das waren Stoffe, Schuhe und ähnliche Dinge, die wir als Mitbringsel beim nächsten Urlaub mit nach Hause nehmen wollten.

Gemeinsam haben wir schöne Stunden verlebt, auch wenn die Hafenliegezeiten unserer beiden Boote nicht immer zusammenpassten. Wir planten eine gemeinsame Fahrt nach Nizza. Doch leider wurde aus dieser Exkursion nichts. Der Krieg griff unbarmherzig in das Geschehen ein: Mein Kamerad kehrte Oktober oder November 1943 von einer Feindfahrt nicht wieder zurück. Auch mein freundschaftliches Verhältnis zu den beiden Frauen wurde zerrissen, als wegen der Verschärfung des Krieges im Frühjahr 1944 aus Sicherheitsgründen alle weiblichen deutschen Angestellten aus dem besetzten Gebiet zurückgezogen wurden.

Am 5. Februar 1944 heiratete ich meine Inge

Die letzten Monate des Jahres 1943 hielten weitere bedeutende Ereignisse für mich bereit. Meine Inge und ich hatten den Entschluss gefasst, zu heiraten. Die Formalitäten dazu liefen auf vollen Touren. Mit Hilfe der Dolmetscherin hatte ich echt goldene Ringe in Toulon erstanden. Sie waren für die damaligen Verhältnisse recht teuer und kosteten 2.600 Francs, was umgerechnet ca. 130 Reichsmark entsprach. Vor dem Kriege kosteten goldene Ringe etwa 30 bis 50 Reichsmark in Deutschland. Aber Gold war in Kriegszeiten überall recht begehrt und in Deutschland überhaupt nicht mehr beschaffbar.

## Die letzte Feindfahrt von U 380 unter Kaleu Brandi

Zu diesen persönlichen Veränderungen kam noch ein Kommandantenwechsel hinzu. Urplötzlich tauchte im Stützpunkt der sehr erfolgreiche Kapitänleutnant Brandi (Ritterkreuz mit Eichenlaub) ohne sein Boot auf.

Auf dem kleinen Dienstweg erfuhren wir Näheres: Brandi hatte durch Fliegerbombentreffer so starke Beschädigungen an seinem Boot U 617 erhalten, dass er es aufgeben musste. Mit der gesamten Besatzung ließ er sich in Spanien internieren, nachdem er das Boot vor der spanisch-marokkanischen Küste am 12. September 1943 gesprengt hatte.

Im Oktober erschien Brandi im Stützpunkt. Bald wurde es Gewissheit, er übernimmt unser Boot. Unser bisheriger Kommandant war schon älter und bei weitem nicht so erfolgreich wie Brandi. Aus diesen Gründen musste er als Kommandant abtreten. Ich hatte nicht den Eindruck, dass er darüber sehr vergrämt war.

In aller Form wurde unser Boot ohne weiteren Personalwechsel von unserem alten Kommandanten Kapitänleutnant Röther an den neuen Kommandanten Kapitänleutnant Brandi übergeben. Natürlich geschah dies durch höchste Order im Beisein unseres Flottillenchefs.

Ich war etwas enttäuscht darüber, denn man hatte mir versprochen, mich demnächst zum Oberfeldwebel-Lehrgang zu kommandieren. Diese Hoffnung musste ich nun erst einmal begraben. Mit wehmütigen Gefühlen verabschiedeten wir unseren scheidenden väterlichen Kommandanten. Der Neue war als Draufgänger bekannt, und die kommenden Einsätze würden alles andere als eine Lebensversicherung sein.

Unser neuer Kaleu – der Kapitänleutnant wurde mit „Herr Kaleu" angesprochen – war ein sehr sympathischer Typ. Er war wortkarg, aber seine Anweisungen kamen ruhig und bestimmt. Er gönnte der Mannschaft im Hafen alle Freiheiten und ließ sich nur über seine Offiziere berichten. Auf See übernahm er nur beim Angriff und anderen ernsten Begebenheiten das Kommando. Dabei wurde alles durch kurze und prägnante Befehle geleitet. Erst wenn es sehr dick kam, wurde er ein wenig nervös oder unsicher. Die unbedingte Disziplin an Bord erforderte es, dass wir uns schnell aufeinander einspielen mussten.

Unser „Neuer" war ein Meister des Angriffs. In aller Ruhe leitete er seine Aktionen ein. Vernahmen wir zum Beispiel Schraubengeräusche im Horchgerät, dann stand er oft lange am Funkraum, die Kopfhörer aufgesetzt und verfolgte die Geräusche aufmerksam. Schien es ihm günstig, bekam ich einen Wink, die Torpedorohre wurden geflutet und alles zum Schießen klar gemacht. Das Boot wurde auf Sehrohrtiefe gebracht und nach kurzem Kursmanöver wurden die Torpedos bei günstiger Lage zum Gegner ausgestoßen. Erst dann gab es Alarm, und jeder musste in Erwartung eventueller Angriffe des Gegners auf seine Gefechtsstation.

Nicht immer lief alles glatt. Oft schienen uns die Angriffe äußerst riskant, manchmal hielten sie uns stundenlang in Spannung. Nicht selten mussten die Angriffe abgebrochen werden, da wir einfach nicht in Schussposition gelangten. Wenn wieder einmal alles gut gegangen war, atmeten wir doch erleichtert auf.

Mit unserem Boot erzielte Brandi eine ganze Reihe von Erfolgen. Wir versenkten Begleitschiffe, Zerstörer und Torpedoboote. Der neue Torpedo – der „Zaunkönig" – war schon an Bord und im Einsatz.

Eine Episode, die um den Jahreswechsel 1943/44 ablief, ist in meiner Erinnerung haften geblieben. Unseren „Alten" musste der Teufel geritten haben. Wir hatten einen Geleitzug passieren lassen müssen, ohne in Schussnähe zu kommen. Plötzlich entdeckte unser Kommandant, dass typische Schraubengeräusche von Zerstörern wieder näherkamen. Er vermutete richtig, dass eine sogenannte U-Boot-Suchgruppe etwas von uns bemerkt haben musste. Die versuchten nun, unseren Standort auszumachen.

Bald wurde es Gewissheit: Es waren Zerstörer, die fleißig hin und her flitzten, wobei einer immer mit gestoppter Maschine die Umgebung abhorchte, während uns die anderen mit dem Echolot zu fassen suchten. Die Echolot-Geräusche, ein markantes Piepsen, waren schon mit dem bloßen Ohr zu hören. Trotzdem konnten wir diese Schiffe mit dem Sehrohr noch nicht ausgemachen.

Zu unserem größten Entsetzen befahl unser Alter, Lärm zu machen. Mit Schraubenschlüsseln wurde auf die Flurplatten und gegen die Bordwand geschlagen. Er wollte die Zerstörer anlocken. Das gelang ihm tatsächlich, die Schraubengeräusche kamen näher. Als der Alte einen Zerstörer im Fadenkreuz des Sehrohres hatte, gab er das Kommando und der Torpedo verließ das Rohr. Die Detonation, die darauf folgte, markierte den Treffer.

Wir blieben weiter auf Sehrohrtiefe, obgleich uns mächtig der Frack ging. Die Vermutungen bestätigten sich: Die beiden anderen Zerstörer kamen dem Torpedierten zu Hilfe. Der nächste Aal verließ das Rohr und wiederum gab es einen Volltreffer. Der dritte Zerstörer lief daraufhin sehr schnell ab, ihm schien die Sache nicht geheuer. Ohne Zweifel erforderten solche Husarenstücke eiskalte Nerven und waren nicht jedermanns Geschmack.

Doch wie schon gesagt, nicht immer lief alles so glatt. Fehlschüsse zogen meist starke Verfolgungen nach sich, die sich oft über viele Stunden hinzogen. Waren wir schnell genug auf großer Tiefe bei etwa 200 Metern, war schon viel gewonnen, denn die Wabos (Wasserbomben) wurden zu dieser Zeit bei 180 Meter Tiefe gezündet.

Stundenlange Verfolgung durch eine Suchgruppe war das unangenehmste, was einem U-Boot passieren konnte. Die Schraubengeräusche der anlaufenden Zerstörer waren mit dem bloßen Ohr zu vernehmen – je näher sie waren, umso deutlicher und lauter. Man konnte klar das Klatschen der auf die Wasseroberfläche geworfenen Wabos ausmachen. Dann warteten wir auf die Serien mächtiger Detonationen, die folgen mussten. Diese Schläge waren oft sehr hart und hatten Ähnlichkeit mit gewaltigen Hammerschlägen, die auf ein freiliegendes Stahlrohr, in dem wir steckten, aufschlugen. An der an- und abschwellenden Lautstärke dieser Detonationen konnte man feststellen, ob uns die Suchgruppe langsam verlor oder ob sie uns noch im Griff hatte.

Oft mussten wir dabei stundenlang höchst strapaziöse Nervenanspannungen aushalten. Wird das Boot dem Wasserdruck standhalten? Wird eine der Bomben uns zu nahe kommen? Die Todesangst wurde noch verstärkt durch komplizierte Ausfälle an Apparaten und Geräten. Zersprungene Wasserstandsgläser und Manometerscheiben waren die gelindesten Ausfälle. Tragischer wurde es, wenn das Licht ausfiel, Schaltkästen und Armaturen abgerissen wurden, Batteriezellen undicht wurden, Ventile zerbrachen und starker Wassereinbruch eintrat. Alles musste schnellstens behoben werden, ohne viel Lärm zu machen. Bei Wassereinbrüchen war das Laufenlassen der Lenzpumpen überlebenswichtig. Wegen der starken Geräuschentwicklung beim Pumpen brachte uns das aber gleichzeitig in tödliche Gefahr.

Ich entsinne mich einer solchen Tragik. Unser Boot nahm nach starker Wabo-Verfolgung Wasser im Hinterschiff und wurde dadurch stark achterlastig. Unsere Schräglage nach hinten wurde immer unheimlicher. Wir konnten aber nicht lenzen, ohne gehört zu werden. Alle Besatzungsmitglieder mussten nach vorn, um das Gleichgewicht wenigstens minimal auszutarieren. Selbst mit leisester Fahrt, sogenannter Schleichfahrt, etwa anderthalb Seemeilen pro Stunde, konnten wir unser Boot auch mit der Hilfe der Tiefenruder nicht mehr halten. Unsere Schräglage wurde laufend steiler, das Hinterschiff war schon in eine Tiefe von 260 Metern abgesackt. Der Tiefenanzeiger war schon weit im Gefahrenbereich, denn die maximale Tauchtiefe betrug konstruktiv bedingt nur 200 Meter. Wir mussten unbedingt das Wasser aus dem Boot kriegen. Ohne Rücksicht auf die damit verbundene Gefahr, gehört zu werden, ließ unser LI die Pumpen immer anstellen, wenn die Wabos auf das Wasser schlugen. Die Pumpen liefen dann bis zum Verhallen der Detonationen. Danach waren wir wieder mäuschenstill.

Nach Stunden wurden die feindlichen Geräusche dann endlich immer leiser, und wir bekamen unser Boot wieder in den Griff. Waren die Zerstörer nun wirklich abgelaufen? Oder lagen sie nur auf der Lauer?

Nun bedrohte uns eine neue Gefahr: Unsere Batterie ging in die Knie! Die schützende Nacht war bald vorüber. Wir mussten unbedingt noch auftauchen, um unsere Batterie wieder laden zu können. Das war nur im Dunklen möglich. Wir setzten alles auf eine Karte und verzögerten das Auftauchen, bis uns nur noch eine Frist von einer Stunde blieb. Von den Zerstörern hatten wir nichts mehr gehört. Wir gingen langsam unter äußerster Vorsicht nach oben bis auf Sehrohrtiefe. Es ging alles gut, die Luft war rein. Wir konnten auftauchen. Mit aller Kraft, die die Dieselmotoren hergaben, wurde noch eine Stunde lang die Batterie geladen und gleichzeitig liefen wir dabei aus dem Gefahrengebiet ab.

Endlich konnten wir dann etwas beruhigter wieder wegtauchen. Es folgte ein Tag der Ruhe. Zuerst musste wieder Ordnung im Boot geschaffen werden. Dazu gehörte, dass alles überprüft und durchgesehen werden musste. Manche der festgestellten Schäden ließen sich allerdings mit unseren Möglichkeiten an Bord nicht restlos beheben. Solchen Anforderungen waren auch die Torpedos nicht immer gewachsen. Eigentlich bedurften sie der täglichen Wartung und Pflege, um einsatzbereit zu bleiben. Im Fronteinsatz jedoch war dies einfach unmöglich, denn diese Arbeiten dauerten Stunden, während der wir nur bedingt angriffsfähig waren. War dann wieder alles, was mit Bordmitteln getan werden konnte, in Ordnung gebracht, verlangte auch der Mensch sein Recht. Einige Stunden Schlaf waren nach diesem Stress eine wahre Wohltat.

Wenn wir feststellen mussten, dass die entstanden Schäden so schwerwiegend waren, dass wir sie nicht mehr mit Bordmitteln beheben konnten, auch nicht behelfsmäßig, dann musste der Kapitän den erlösenden Funkspruch absetzen: „Bitte um Rückmarschbefehl!" Diese Situation erlebten wir auf fast jeder Feindfahrt. Ich erwähnte schon an anderer Stelle, dass kaum eine Feindfahrt wegen Munitions-, Brennstoff- oder Proviantmangel zu Ende ging. Unser Boot vom Typ VII C war im Mittelmeer für acht bis zehn Wochen Einsatzdauer ausgerüstet, im Atlantik betrug die theoretische Einsatzdauer bis zu dreizehn Wochen. Immer waren Schäden maßgebend für die Beendigung einer Feindfahrt.

Bei einem plötzlichen nächtlichen Angriff eines Flugzeuges, dem wir durch Tauchen entgehen wollten, schlugen die Bomben so hart neben uns ein, dass der Steuerbord-Dieselmotor von den Fundamenten gerissen wurde und mehrere Zentimeter daneben stand. Das hatte zur Folge, dass die Kupplung zur E-Maschine nicht mehr gebrauchsfähig war und wir den Rückmarsch mit nur einer Schraube antreten mussten. Welche Kräfte mögen da wohl aufgetreten sein!

Einmal saßen zwei Torpedos in den Ausstoßrohren fest. Die Rohre hatten sich durch Wasserbomben-Detonationen deformiert. Ein halb ausgestoßener festklemmender Torpedo konnte sehr gefährlich für das eigene Boot werden! Buchstäblich saßen wir da wie auf einem Pulverfass. Waren die übrigen drei Torpedorohre noch gebrauchsfähig? Auch unbrauchbar gewordene Sehrohre, Maschinenschäden, lecke Batterien oder Tauchtanks waren die Ursachen für einen vorzeitigen Abbruch der Feindfahrten. Ach, wie sehnlich erwarteten wir dann den schönsten Funkspruch der Feindfahrt: „Rückmarsch!"

\* \* \*

U 380 befand sich auf dem Rückmarsch von der Nordküste Afrikas nach Toulon. Unser Bevorzugtes Operationsgebiet war der westliche Teil des Mittelmeeres vor Gibraltar. Inmitten dieses Seegebietes, gleich weit von der spanischen und marokkanischen Küste entfernt, liegt die spanische Insel Alboran. Das winzige Felsenplateau hat nur eine Ausdehnung von wenigen hundert Metern in jede Richtung. Wegen der unterirdischen Riffe arbeitete hier sogar nachts ein Leuchtfeuer. Im Mittelalter war diese Insel ein Schlupfwinkel für Piraten. Jetzt lauerten wir in der Gegend. Jeder Geleitzug ins mittlere und östliche Mittelmeer musste entweder nördlich oder südlich hier vorbeikommen.

Unsere Erfolge waren unbedeutend. Aber die Prügel, die wir bezogen hatten, waren ausreichend für die Begründung der Rückfahrt. Unter anderem war auch unsere Fahrtmessanlage zum Teufel. Das bedeutete, dass wir unsere Geschwindigkeit, mit der wir uns dem Heimathafen näherten, nur annähernd bestimmen konnten. Der Obersteuermann hatte große Sorgen mit der Standortbestimmung, weil er sie nur behelfsmäßig anhand der Schraubenumdrehungen abschätzen konnte. In der folgenden Nacht konnte kein Besteck mit dem Sextanten gemacht werden (Standortbestimmung durch Winkelmessung zu Fixsternen), denn wir hatten denkbar schlechtes Wetter und grobe See. Am Himmel war kein brauchbarer Stern für das Besteck zu sehen. Am Tage darauf – wir fuhren natürlich wieder unter Wasser – sollten wir eigentlich gegen Mittag in Höhe der spanischen Insel Menorca sein. Wir wollten dort Landpeilung nehmen und daraus exakt unseren Standort ermitteln. Wir gingen mehrmals auf Sehrohrtiefe, aber von Land war keine Spur zu sehen.

Schon seit einigen Feindfahrten fuhren wir tagsüber nur noch unter Wasser, denn die Gefahr, von Fliegern angegriffen zu werden, war immer größer geworden, vor allem seit die Alliierten in Italien gelandet waren. Unsere Feindfahrten begannen stets in der Abenddämmerung und sofort machten wir die Nacht zum Tage. Das technische Personal bemerkte dies kaum, denn wir kamen auch nachts bei Überwasserfahrt nicht auf die Brücke. Wenn wir im Turm eine Zigarette rauchten, konnten wir manchmal durch das Turmluk in den Nachthimmel gucken. Das Tageslicht konnten nur Berufene durch das Sehrohr erblicken. Dieser Zustand war normal, und wir hatten uns daran gewöhnt, wie die Maulwürfe im Bau zu leben.

Doch zurück zum bewussten Rückmarsch. Eine exakte Ortsbestimmung wollte uns einfach nicht gelingen. Die Abschätzungen waren sicher fehlerbehaftet, weil uns der letzte Sturm wahrscheinlich etwas vom Kurs abgedrängt hatte. Wir hofften noch ohne besondere Sorge auf die kommende Nacht. So etwas kam schon öfter vor.

Die heraufziehende Nacht bot zwar ruhige See, aber trotzdem keinen Sternenhimmel. Wir machten weiter flotte Fahrt nach Norden. Plötzlich, vor Mitternacht, wurden wir stark geortet und mussten wegtauchen. Eine plausible Erklärung fanden wir für diese Erscheinung nicht. Es wurde gerätselt, was es sein könnte. Vielleicht flogen die Tommys schon bis in die nördlichen Teile des Mittelmeeres? Oder waren wir zu weit nach Osten abgekommen und in die Nähe von Sardinien verschlagen worden?

Mit Hilfe eines elektronischen Gerätes konnten wir feststellen, wenn wir angepeilt oder geortet wurden. Bei jeder Feindfahrt sah dieses Gerät anders aus, denn es wurde laufend verbessert und immer tollere Antennen gehörten dazu. Dieser Apparat schützte uns vor bösen Überraschungen in der Nacht, besonders vor Flugzeugen, die uns nur durch Ortung ausfindig machen wollten, denn bekanntlich sind in der Nacht alle Katzen grau.

Unser „Alter" wollte aber nicht allzu viel Zeit verlieren. Nach einer knappen Stunde tauchten wir wieder auf. Scheinbar war alles wieder in Ordnung, denn die Ortungen blieben erst einmal aus. Aber nach ungefähr 30 Minuten lagen wir wieder voll auf der Peilung und mit Alarm ging es unter Wasser. Verflixt, was konnte das sein? Unter Wasser war alles ruhig, keine Schraubengeräusche, also konnten diese Ortungen nur von einem Flugzeug oder vom Festland her kommen. Nach kurzer Besprechung wurde eine mehrstündige Unterwasserfahrt angeordnet.

Nach reichlich zwei Stunden tauchten wir wiederum auf. Die gesamte Besatzung war stark angespannt. Die Brückenwache war gerade vollzählig aufgezogen, als wir einen großen erregten Wortwechsel von oben durch das Turmluk in die Zentrale hörten. Sekunden darauf gab es mächtige Stöße. Das Boot legte sich stark nach Steuerbord. Panikartig stürzte alles zur Leiter, um außenbords zu kommen. Zehn bis zwölf Mann steckten im Leiterschacht festgeklemmt.

Was war passiert? – Wir waren rechtwinklig auf die Vorklippen einer Steilküste aufgefahren. Unser Bug ragte hoch aus dem Wasser, die vorderen Tiefenruder lagen weit über der Wasseroberfläche. Wie konnte das geschehen? Wo waren wir? Es dauerte nicht lange und schon wurden wir von oben, von der Steilwandküste angerufen – und zwar in Deutsch! Da waren wir halbwegs erleichtert.

Unser erster Wachoffizier wurde vom Bug heruntergelassen und konnte beinahe trockenen Fußes an Land gelangen. Er kletterte den Hang hinauf und war mit dem Anrufer verschwunden. Es war noch finstere Nacht und alles spielte sich ohne unsere Einsicht ab. Wir steckten alle noch im Boot und wurden über diese Vorgänge von der Brücke aus unterrichtet. Die Maschinen waren gestoppt worden. Um uns war es schrecklich still geworden.

Endlich hörten wir unseren I WO wieder. Er rief uns die beruhigende Meldung zu, dass wir zirka zehn Seemeilen östlich von Toulon gestrandet waren. Nun löste sich die nervenbelastende Spannung.

Was war geschehen? – Wahrscheinlich waren die Angaben vom Schraubenumdrehungsanzeiger nicht mehr in Ordnung. Außerdem hatte uns der Sturm aller Wahrscheinlichkeit nach geschoben. So waren wir viel schneller heimwärts geraten, als wir vermuteten, und gerieten dabei in die Landpeilung unserer eigenen Stellungen. Dort hatten wir Alarm ausgelöst, denn die glaubten natürlich an eine feindliche Landung.

Nach Aussagen der Brückenwache war nach dem letzten Auftauchen die Steilküste wie eine Nebelbank vor ihnen aufgetaucht. Ehe sie sich ihres Irrtums voll bewusst wurden, fuhren wir schon auf. Unsere Bemühungen, mit eigener Kraft wieder frei zu kommen, waren ohne Erfolg. Im Laufe des folgenden Vormittags wurden wir dann von zwei Hochseeschleppern, die von Toulon kamen, von der Klippe gezerrt, und mit eigener Kraft schafften wir die Fahrt zur Begrüßung nach Toulon.

Von Feindfahrt zurück!

Im Frühjahr 1944 wurde es in Toulon immer ungemütlicher. Die Luftangriffe der Alliierten nahmen ständig zu. Es gab immer häufiger Tage, an denen es recht turbulent zuging. Gute Luftschutzbunker gab es in dem großen Hafengebiet nicht sehr viele, die meisten waren bessere Splitterschutzunterstände.

So konnte es nicht ausbleiben, dass auch wir eines Tages Verluste zu beklagen hatten. Wir, das heißt fast die halbe Besatzung, waren nach Ertönen der Sirenen vom Boot in Richtung eines guten Bunkers losgesaust. Noch ehe wir ihn erreicht hatten, ging das Inferno los. Die erste Reihe Bomben erwischte uns im vollen Lauf. Im Nu rannten wir wie blind in Dreck und Staub, es war die Hölle los. Der rettende Bunker nahm uns auf, aber es fehlten einige.

Nachdem es ruhiger geworden war, gingen wir auf Suche. Wie staunten wir plötzlich, als unser Weg beinahe nicht mehr passierbar war! In einem Werftgelände stehen Unmengen von Schiffsteilen, Platten und Materialien rechts und links am Wege. Diese waren wild durcheinander geworfen worden, und erstaunlicherweise sind wir mitten durch dieses Chaos gerannt. Als das gröbste nach Wochen aufgeräumt worden war, fanden sich auch unsere toten Kameraden, erschlagen von diesen Eisenteilen.

Ein anderes Mal – es war am 11. März 1944 – lagen wir der Angriffe wegen mit mehreren Booten weit draußen an einem Lagerkai. Es gab plötzlich Alarm. Wir sausten los und konnten mit knapper Not noch in einem Splitterschutzbunker unterkommen. Nach einem kurzen aber kräftigen Angriff trauten wir uns wieder nach draußen, um die Lage zu sondieren. Wir waren zu Tode erschrocken, als wir feststellen mussten, dass an dem bewussten Lagerkai zwei Boote fehlten, darunter auch das unsere.

Mit diesem Boot haben wir auch die Wache, unseren Diesel-Maat und zwei Werftarbeiter verloren. Die Boote hatten Volltreffer abbekommen. Eine saubere Arbeit der Flugzeuge, die zu diesem Zweck wahrscheinlich extra tief geflogen waren. Auch die Werft und die Werkstätten blieben nicht verschont.

# Auf Feindfahrt mit U 967

Was sollte nun mit unserer Besatzung werden? Wir hatten ja nun kein Boot mehr!

Nur wenige Tage dauerte diese Ungewissheit, dann kam der glasharte Befehl, dass ein noch weitgehend unbekannter Kommandant, Oberleutnant Eberbach, aus dem Boot U 967 aussteigen musste. Dafür übernahm Kapitänleutnant Brandi dieses Boot.

Ein Teil der Besatzung stieg mit um, und auch ich ließ mir Werkzeuge und Ausrüstung der Torpedowaffe übergeben. Was meine versprochene Kommandierung zur Schule anbelangt: Der Kommandant überzeugte mich persönlich, dass ich zurzeit noch vollkommen unabkömmlich sei. Mit stolz geschwellter Brust musste ich dies hinnehmen. Ein Gast von mir ging auf Schule, den anderen behielt ich, und einen übernahm ich vom neuen Boot. Es waren nicht die Schlechtesten, die nun zusammengewürfelt wurden. Wir hatten nur wenige Tage Zeit, um uns als Crew zusammen finden zu können. Nach der Übergabe des Bootes von der Werft blieben uns noch zwei oder drei Tage zur See-Erprobung, und nach der Ausrüstung mussten wir wieder sofort wieder ein vollwertiges Frontboot sein.

Die Luftangriffe machten der Stadt zu schaffen und auch unsere Unterkünfte wurden dadurch nicht besser. Es war schon länger geplant, dass wir deshalb außerhalb der Stadt ein neues Quartier beziehen sollten. Eines Tages war es so weit: Etwa 20 km östlich von Toulon in Hyères war ein schönes Hotel für uns als Unterkunft und auch als Ersatz einer U-Bootsweide bereitgestellt worden. Einige französische Lastwagen mit Holzgasantrieb und ein schäbiger Bus waren verpflichtet, die Verbindung für uns aufrecht zu erhalten. Wenn wir uns diese Fahrzeuge ansahen, konnten wir schon feststellen, dass sich die Zeiten stark gewandelt hatten.

Das Hotel lag in einem herrlichen Park, unmittelbar daneben ein großer Sportplatz. Der Weg bis zum Strand war nicht weit. Der Pfad zum Badestrand führte durch vielversprechende Weinfelder und Gartenanlagen. Die Besitzer verkauften uns bei Gelegenheit gern herrliche süße Melonen. Leider war von den Weinsorten der schönste blaue noch nicht reif, aber der andere war auch nicht schlecht. Es war augenscheinlich, dass das Hotel schon bessere Tage gesehen hatte. Im Jahre 1936 hatte hier die französische Olympia-Mannschaft logiert.

Auf der einen Seite hatten wir hier Ruhe vor den Luftangriffen, aber mit den Naturschönheiten wussten wir nicht allzu viel anzufangen. Die Schenken und Amüsements der Hafenstadt waren uns eigentlich viel lieber. Hyères konnte uns für die abendlichen Ausgänge nicht viel bieten, aber schließlich fanden wir doch eine flotte Bar, wo wir uns trösten konnten.

An einigen Tagen, auch Nächten, haben wir wieder Toulon heimgesucht und dort etwas „losgelassen". Ich erinnere mich eines bösen Streiches. Es waren Feiertage, Ostern oder Pfingsten. Wir hatten den Abend vorher schon eine sehr feuchte Nacht durchgemacht. Am ersten Feiertag marschierten wir zum Bahnhof von Toulon, um zwei junge Damen, Nachrichtenhelferinnen, abzuholen. Unser Diesel-Maat war mit der einen irgendwie verwandt, das behauptete er jedenfalls. Er bat uns, ihm Geleit zu geben, damit der Empfang richtig eindrucksvoll würde.

So standen wir sechs Matrosen voller Tatendrang auf dem Bahnsteig. Die Verabredung klappte vorbildlich, und bald standen wir an der Straßenbahn vor dem Bahnhof, die dort in einer Schleife am Endpunkt ihrer Tour eine verdiente Pause machte. Der Fahrer und die Schaffner saßen außerhalb der Bahn auf einer Bank und hatten sich allerhand zu erzählen. Wir standen lustig und ausgelassen auf dem ersten Peron der Bahn und warteten auf die Abfahrt. Beim Anblick des Fahrstandes mit den bekannten Kurbeln gingen die Neckereien los: „Du traust dich nicht! Wetten dass…?"

Es bedurfte nicht vieler dieser Reden und unser Zentrale-Maat ergriff die Kurbel. Zu unserer größten Gaudi setzte sich die Funkenkutsche in Bewegung. Die Bahn rollte im eleganten Bogen durch den Rest der Schleife und dann etwas abschüssig die Hauptstraße abwärts. Die Fahrgäste in den Wagen zeterten laut und das Straßenbahnpersonal rannte laut schreiend hinter uns her. Nach guten 500 Metern mündete die Bahnhofstraße rechtwinklig in die Hauptgeschäftsstraße von Toulon ein. Uns wurde angesichts der engen Kurve etwas bange, aber unser Zentrale-Maat beherrschte das Fahrzeug so sicher, als sei er schon sein ganzes Leben Straßenbahnfahrer gewesen. Kurz vor der engen Biegung hielt er die Bahn an. Wir sprangen schnell runter und stoben in alle Richtungen auseinander. Allen gelang die Flucht, auch unseren beiden Damen.

In unserem beliebten Stammlokal fanden wir uns bald wieder beisammen. Fröhlich und noch voller Übermut hatten wir natürlich wieder guten Grund, tüchtig zu feiern. Es wurde noch sehr gemütlich, vor allem deshalb, weil der Wirt bald so betrunken war, dass er unter die Theke rutschte. Der Bierhahn und das Weinfass wurde nun vom Funk-Maat, der auf dem Schanktisch stand, mit dem Fuße bedient. Wahrlich, eine Steigerung der Ausgelassenheit war kaum noch möglich.

Über dem Schluss dieses reizenden Abends lag tiefer Nebel. Dies stellten wir am anderen Tage fest, als wir versuchten, uns an Einzelheiten zu erinnern. Glücklicherweise hat unser schöner Ausflug keine Scherereien nach sich gezogen. Die Feldgendarmerie hätte uns nicht erwischen dürfen! Die hätten für solchen Unfug kein Verständnis gehabt.

Ich erwähne diesen Streich, weil man oft Berichte von der Besatzerwillkür im heutigen Deutschland hört. Dann muss ich daran denken, dass auch wir nicht immer Engel waren und wahrscheinlich in den Augen der Zivilbevölkerung manche grenzwertigen Dinge verzapften. Kriminelle Delikte jedoch, soweit sie mir bekannt geworden sind, wurden durch Kriegsgerichte sehr hart bestraft.

\* \* \*

Schon am Beginn der Feindfahrt mit U 967 stand es fest, dass unser „Alter" – Kaleu Brandi – bei einigermaßen Erfolgen die „Schwerter" erhalten müsste. Ein guter Kriegsberichterstatter (so hießen die Bildberichter) war mit an Bord gekommen. Das konnte als sicheres Zeichen für die bevorstehende Dekoration gewertet werden.

Es klappte wie am Schnürchen: Zwei Zerstörer und einige Bruttoregistertonnen fielen uns zum Opfer, und prompt kam der Funkspruch: *"Führerhauptquartier an Kapitänleutnant Brandi: Als 66. Soldaten der Deutschen Wehrmacht verleihe ich Ihnen das Eichenlaub mit Schwertern zum Ritterkreuz des Eisernen Kreuzes – Adolf Hitler"*

Die Stimmung an Bord war euphorisch, denn so etwas geschah nicht alle Tage. Ein Heizer feilte aus einem silbernen Teelöffelstiel sehr geschickt die Schwerter zum Kreuz als vorläufigen Behelf, damit wir unseren Käpt'n schon vor der Ankunft dekorieren konnten.

Beim Einlaufen in Toulon stand natürlich alles, was Rang und Namen hatte, zum Empfang bereit.

Am zweiten Abend richtete die Flottille ein tolles Fest zu Brandis und unser aller Ehren aus. Während dieser Festlichkeit wurde dem Kriegsgerichtsrat der Flottille, den niemand so richtig leiden konnte, stark mitgespielt. Unser Alter trank ihm fleißig zu und das übrige besorgten unsere Heizer. In vorgerückter Nachtstunde wurde er dann im öligen Hafenbecken neben unserem Boot feierlich getauft. Ich hatte schon Sorge, dass er diese Prozedur nicht überleben würde, aber einige Tage später war er wieder genauso arrogant wie zuvor.

Anlässlich der Auszeichnung unter vollem Wimpelschmuck von Feindfahrt zurück!

Das Angriffs-Sehrohr diente als Mast, jeder Wimpel stand für ein versenktes Schiff. Ein viereckiger roter Wimpel kennzeichnet ein großes Kriegsschiff, ein dreieckiger roter Wimpel einen Zerstörer oder ein Torpedoboot, ein dreieckiger weißer Wimpel ein versenktes Handelsschiff. Die Tonnage der Schiffe wurde mit schwarzer Farbe auf den Wimpel geschrieben.

Wir legen an

Meldung an den Flotillenchef

Das Frühjahr 1944 hielt einige außergewöhnliche Ereignisse bereit. Es gab Nerven verschleißende Feindfahrten, die eigene Hochzeit und schließlich die Vernichtung meines Bootes. Höhen und Tiefen lagen dicht beieinander.

Nachzutragen war noch ein hoher Besuch im Stützpunkt während unserer Liegezeit. Kein geringerer als der Oberbefehlshaber der Kriegsmarine, Großadmiral Dönitz höchstpersönlich, gab sich die Ehre. Schon Tage vorher wurde im Stützpunkt dieser Empfang vorbereitet. Nach dem Aufwand zu urteilen, der gemacht wurde, musste der Oberbefehlshaber ein sehr gefürchteter Mann sein. Wir als Matrosen auf Frontbooten besaßen allerdings die volle Sympathie des Großadmirals. Uns schüttelte er väterlich die Hand. Aber Marinesoldaten und Offiziere, die kein U-Bootsabzeichen anstecken hatten, waren Menschen zweiten Grades.

Das Kriegsgeschehen ging weiter. Mit unserem neuen Boot machten wir noch zwei Feindfahrten, wobei die Bedingungen immer härter wurden. Viele Boote kehrten nicht zurück, und beim Auslaufen standen oft den Werftspezialisten, die wir persönlich kannten, die Tränen in den Augen.

Als wir Ende Mai von der Feindfahrt zurückkehrten, war uns klar, dass wir eine längere Werftliegezeit haben würden, denn die Werft hatte inzwischen weiter unter den Angriffen gelitten. Unser Boot wurde nun meist außerhalb der Werft festgemacht, um weitere Verluste zu vermeiden. So lagen wir nicht selten sehr weit draußen geschützt an der Innenseite der großen Halbinsel, die den natürlichen Hafen von Toulon nach der Seeseite abschloss. Dadurch wurde unsere Arbeit an Bord sehr umständlich und oft mussten wir lange auf unser Boot warten, das man erst herbeischleppen musste, oder wir wurden mit einem Verkehrsboot übergesetzt.

Auch in Hyères sah es zuletzt sehr traurig aus, denn man hatte den schönen Park vor unserem Hotel zum großen Teil abgeholzt. Man wollte Schussfreiheit herstellen, um gegen eventuelle Landungsangriffe von der Seeseite her besser gewappnet zu sein.

Das Überflüssigste, was uns passieren konnte, war, dass ein Infanterie-Leutnant zu uns kam, um uns infanteristische Nachhilfe zu geben. Dies sollte täglich möglichst eine Stunde lang geschehen. Wir fanden jedoch fast immer eine Ausrede, um uns zu drücken. Bald hatte der Leutnant die Sinnlosigkeit seines Auftrages begriffen und war wieder verschwunden. Es war ihm bestimmt zu blöde geworden, uns für solche Spielchen einen Funken Begeisterung abzuringen.

Man sah buchstäblich überall Gespenster. Und tatsächlich waren die Indizien des drohenden Untergangs kaum noch zu übersehen. Wir jedoch wollten davon keine Notiz nehmen.

Nachts hörten wir oft viele Flugzeuge, die von See kamen und unbehelligt in die Berge flogen, ohne auf irgendwelche Abwehr zu treffen. Wahrscheinlich warfen sie dort Waffen für die Partisanen ab.

Ein Höhepunkt dieser fatalen Entwicklung war die Invasion der Alliierten in der Normandie am 6. Juni 1944. Von England her waren sie über den Kanal in Frankreich gelandet und hatten sehr bald feste Brückenköpfe gebildet. In den ersten Stunden darauf drehte alles durch. Ab sofort wurden wir mit Beutegewehren aller Sorten nebst einer Menge Munition bewaffnet. Immer hatten wir die alte Flinte mit herumzuschleppen.

## Heimaturlaub

Das Ärgerlichste war die Verhängung einer sofortigen Urlaubssperre. Gerade diesmal war ich freiwillig zurückgetreten und nicht im ersten Törn gefahren. Wir hatten viele Frontzulagen in französischer Währung ausgezahlt bekommen, für die ich etwas Ordentliches für meine junge Frau einkaufen wollte. Ich hatte ein schönes Kostüm ergattert. Das wäre kaum geglückt, wenn ich sofort gefahren wäre.

Der erste Urlaubstörn war schon wieder einige Tage aus Deutschland zurück, und wir saßen immer noch fest. Plötzlich aber geschah das Wunder: Für Frontboote wurde die Urlaubssperre wieder aufgehoben.

Die Urlaubsscheine mussten vom Flottillenchef persönlich unterschrieben werden und den ausdrücklichen Vermerk tragen, dass der Besitzer des Urlaubsscheines von einem Frontboot stammte. Eins, zwei, drei war alles gepackt, und schon standen wir auf dem Bahnhof. Allerorts waren verstärkt Wehrmachtsstreifen unterwegs und vor allem auf den Bahnhöfen aktiv. Wir mussten mehrere Male unseren Urlaubsschein präsentieren. Immer wurde er anerkannt und zügig ratterte die Eisenbahn der Heimat entgegen.

Plötzlich tauchte kurz vor der Reichsgrenze eine neue Hürde in Form einer Zugstreife auf. Für den kontrollierenden Major war die Unterschrift eines Korvettenkapitäns zu geringwertig. Er wollte eine Generals- bzw. Admiralsunterschrift haben. Alle unsere Beteuerungen und Bemühungen blieben bei ihm erst mal ohne Erfolg. In Mühlhausen im Elsass mussten wir mit zur Bahnhofskommandantur kommen. Nach einer guten Stunde, in der er alle Welt antelefoniert hatte, durften wir dann endlich weiterfahren. Zum Glück erreichten wir noch unseren Zug. Ein Sommerurlaub zu Hause bei der Familie – Herz, was willst du mehr!

Allzu lange währte der Urlaub nicht, weil wir schon einige Tage durch die Urlaubssperre eingebüßt hatten. Unvermeidlich stieg ich einige Tage später wieder auf dem Bahnhof von Toulon aus dem Zuge. Alle waren wieder vollzählig zurückgekehrt. Die Bahnfahrt durch das Rhone-Tal über Marseille, Avignon, Lyon, Dijon, Besançon bis nach Mühlhausen (dem heutigen Mulhouse) war nicht ganz ungefährlich, denn die französischen Partisanen sprengten schnell und oft Züge in die Luft. Ich bin diese Strecke etliche Male gefahren und hatte dabei immer Glück.

Auf unserem Stützpunkt herrschte gerade Hochstimmung. Der Grund dafür war, dass gerade wieder neue Urlaubsscheine geschrieben wurden. Die Werft hatte uns weite Termine eingeräumt. Die Luftangriffe hatten empfindliche Einbußen an der Arbeitsfähigkeit der Werft hinterlassen, was sich für uns vorteilhaft auswirkte. Mir fiel es nicht schwer, sofort wieder nach Hause zu fahren und nun sogar volle drei Wochen. Meine Frau und meine Eltern staunten nicht schlecht, als ich plötzlich wieder vor der Tür stand.

Alle Hebel wurden in Bewegung gesetzt, um meine Frau von ihrem Arbeitsverhältnis frei zu bekommen. Im fünften Kriegsjahr war das keine leichte Sache und überhaupt nur möglich, weil sie mit unserem Sohn im fünften Monat schwanger war. Wir verlebten einen schönen Urlaub und lebten wie auf einer Insel für uns allein.

Als am 20. Juli 1944 das Attentat auf den Führer bekannt wurde, schreckten wir förmlich auf. Das Radio meiner Schwiegereltern, bei denen wir uns aufhielten, war schwer zu verstehen. Schwer zu verstehen waren auch die Informationen, die wir zu hören bekamen.

Bei einem Besuch in Freiberg überraschte mich die Tatsache, dass wir nun plötzlich mit dem Deutschen Gruß (Erheben des gestreckten rechten Armes bis in Augenhöhe) und nicht mehr mit dem Anlegen der Hand an den Mützenschirm grüßen mussten. Dieser Befehl an die Wehrmacht sollte den letzten Unbelehrbaren klar machen, dass nur der Führer der Oberste Befehlshaber der Wehrmacht war und blieb.

Der Führer lebte. Gott sei Dank, die Vorsehung hatte wieder eingegriffen. Die Zeitungen verbreiteten Berichte vom Attentat, in denen die Verschwörer als schlimmste Verbrecher hingestellt wurden. Wir waren damals froh darüber, dass es so abgegangen war.

In der Bevölkerung war im allgemeinen schon eine Kriegsmüdigkeit zu spüren. Nur wir in unserer Jugend ließen uns davon (noch) nicht anstecken. Wir hatten noch tolle Illusionen von einer Zukunft. Wir glaubten noch an jahrelange Besatzungszeiten mit Familie in Frankreich, Italien oder anderen Ländern. Genauso ist es dann auch eingetroffen, nur mit anderem Vorzeichen...

Erschreckend war für mich die verbreitete Sorglosigkeit bei Fliegeralarm in Dresden. Bis dato war allerdings noch keine Bombe in Dresden gefallen und alle glaubten, dass Dresden das besondere Vorrecht hätte, nicht angegriffen zu werden. Wie gutgläubig diese Ansicht war, hat sich leider später allzu schlimm widerlegt.

Auch der längste Urlaub fand leider ein Ende. Als ich mich von den Eltern und meiner Frau verabschiedete, hatte ich keine Ahnung und auch kein Gefühl dafür, dass es der letzte Urlaub gewesen sein könnte. Nein, im Gegenteil: Wir erwarteten noch die von Goebbels angekündigten Wunderwaffen! Wir hofften immer noch auf die große Wende des Krieges und waren immer noch, wenn auch nicht mehr so sicher, von der Allmacht des Führers überzeugt.

## Die letzte Feindfahrt von U 230

Wieder in Toulon angekommen, packte mich mit aller Macht die Gegenwart, und die hieß: Kampf gegen die Widrigkeiten des Krieges. Aus heutiger Sicht ist es mir sehr verständlich, dass wir in dieser Zeit immer öfter – bei jeder passenden oder sogar unpassenden Gelegenheit – zur Flasche griffen.

So war es auch am denkwürdigen Vorabend des 14. August 1944. Der andere Urlaubstörn war schon einige Tage fort und bestimmt schon in Deutschland angekommen. Ich hatte mit einigen Maaten unseres Bootes in Hyères mächtig gefeiert. Ich war kaum in die Koje gestiegen, als der ernsteste und entscheidendste Alarm meiner Dienstzeit geschlagen wurde.

Erst auf der Fahrt nach Toulon auf einem Lastwagen setzte mein Erinnerungsvermögen wieder voll ein. Das war schon am hellen Morgen. Was war passiert? – Die Kameraden erzählten, dass sie uns beim Alarm natürlich nicht wach bekommen hatten. Sie haben uns auf den Hof geschleppt und mit allerhand Waffen behängt. Plötzlich seien der Zentrale-Maat und ich wieder weg gewesen. Schließlich haben sie uns schlafend in einem Sanitätsauto, das auf dem Hof stand, gefunden. Sie haben uns dort wieder herausgezogen und dann auf den für unser Boot zugeteilten Lastwagen geschoben. Während wir dort weiterschliefen, hatte sich in diesen Nacht- bzw. Morgenstunden allerhand ereignet: Der Amerikaner war in Südfrankreich, knapp 100 Kilometer östlich von uns, bei St. Tropez gelandet und hatte dort sofort Fuß gefasst.

In unserer Stützpunktleitung hatte dies ein Chaos ausgelöst. Was sollte aus uns werden? Ich vermute, dass ein Funkspruch von höchster Stelle schnell volle Aktivität ausgelöst hat. Die Besatzungen der Frontboote mussten auf ihre Boote. Ein sofort eingesetzter Expertenstab, einschließlich der Persönlichkeiten der Werft, entschied über den Einsatz der im Hafen liegenden drei oder vier Boote.

Es stellte sich heraus, dass nur zwei Boote kurzfristig bedingt für einen Einsatz hergerichtet werden konnten. Einige Boote hatte es bei Luftangriffen im Hafen erwischt. Am weitesten war man an U 230 mit den Überholungsarbeiten fortgeschritten. Weil die Hälfte aller Besatzungen im Urlaub war, wurde die Stammbesatzung von U 230 durch Leute von anderen Booten aufgefüllt. So kam ich noch auf U 230, denn mein letztes Boot U 967 war in der Kürze der Zeit nicht mehr einsatzfähig zu machen, auch nicht mit gerade noch vertretbaren Einschränkungen. Auch der Kommandant von U 230, Paul Siegmann, war noch in Deutschland. So übernahm der letzte Kommandant von U 967, Oberleutnant zur See Heinz-Eugen Eberbach, das Boot U 230. Er war ein noch verhältnismäßig junger Offizier.

Alles was an Werftarbeitern zur Verfügung stand, wurde konzentriert für die Instandsetzung von U 230 eingesetzt. Die Maschinen waren so gut wie fertig. Alle Apparate, Geräte und Leitungen, die nicht unbedingt notwendig waren, wurden ausgebaut oder blindgeflanscht, dabei packten alle Besatzungsmitglieder mit an.

Am ersten Tag ging es fürchterlich durcheinander. Die Befehle und Anordnungen widersprachen sich sehr oft. Meine Stimmung war verständlicherweise nicht gerade auf dem Höhepunkt. Aber schon am zweiten Tag wurde vieles klarer und am späten Abend bis in die Nacht hinein übernahmen wir schon die Torpedos. Von allen Seiten wurden wir gedrängelt und wir schufteten fast ohne Schlaf. Es hieß: Der Ami solle schon kurz vor Toulon stehen.

Überall im Hafengebiet führten Pioniere Sprengungen durch. Piers und Dockanlagen flogen in die Luft. Dies war schon vor längerer Zeit vorbereitet worden und die Pioniere leisteten ganze Arbeit. Wir fanden kaum noch eine heile Krananlage zur Übernahme der Torpedos. Unser neuer Kommandant hatte große Mühe, den Offizier der Pioniere, der die Sprengungen befehligte, zu überreden, die Pier, an der wir lagen, noch einen Tag stehen zu lassen. Dass wir noch Torpedos bekamen, hing auch an einem seidenen Faden, denn die Torpedowerkstätten, die bombensicher in einen Berg eingebaut waren, sollten eigentlich schon lange hochgejagt sein. Auf keinen Fall sollten irgendwelche nützlichen und geheimen Dinge in Feindeshand gelangen. Wir schlussfolgerten, dass man Toulon also bereits aufgegeben hatte, und uns wurde der Boden heiß.

Es war höchste Zeit, dass wir aus Toulon verschwanden! Später haben wir erfahren, dass nur unser Boot fertig geworden ist. Das zweite Boot sollte – so lautete eine halbwegs vertrauenswürdige Information – vor der Hafeneinfahrt getaucht die Einfahrt zum Hafen verteidigen. Wir haben nie mehr etwas von diesem Boot gehört. Ich glaube nicht, dass es überhaupt noch Torpedos erhalten hat.

Am 17. August 1944 liefen wir aus. Wir konnten nur wenige Sachen mitnehmen: nur das, was uns persönlich am wertvollsten erschien, dazu noch unsere Tropenuniform. Alles andere wurde in Seesack und Koffer gepackt und in den Bunker im Stützpunkt gebracht, obwohl der Bunker ebenfalls bald gesprengt werden sollte. Wir hatten noch keinerlei Vorstellungen, was aus uns werden sollte. Man hatte uns als letztes dienstfähiges Boot im Mittelmeer auf eine Reise ohne Wiederkehr geschickt.

Obwohl die Erinnerungen noch sehr klar sind, kann ich die zeitlichen Abläufe der nächsten drei Tage nicht mehr ganz genau ordnen. Wir liefen gegen Mittag aus, immer in Angst vor Luftangriffen. Die nach umfangreichen Reparaturarbeiten unerlässlichen Tauchversuche und das Austrimmen des Bootes nahm noch eine geraume Weile in Anspruch. Ohne dass ich mich noch an die eigentliche Ursache erinnern kann, sind wir am selben Tag nochmals nach Toulon zurückgekehrt. Es musste etwas gewesen sein, was der lädierte Hafen noch leisten konnte. Am gleichen Tage um zehn Uhr abends verließen wir dann endgültig den Hafen von Toulon.

Als wir unser Boot einigermaßen in Ordnung gebracht und uns mit einigen Probealarmen im Tauchen eingespielt hatten, wurde erst einmal eine große Ruhe angeordnet. Dazu legten wir uns in etwa 50 Metern Tiefe auf Grund. Wir waren auch fix und fertig. Die letzten Tage und Nächte hatten arg an unserer Kondition gezehrt. Wir schliefen tief und fest. Die jeweiligen Grundwachen berichten, dass merkwürdige Detonationen und viele zum Teil starke Schraubengeräusche in nicht allzu weiter Entfernung gehört worden waren.

Mit dem Einbruch der Nacht tauchten wir vorsichtig auf und waren stark erleichtert, weil wir eine Nacht erlebten, in der absolut nichts passierte. Wir kreuzten in der weiteren Umgebung der Hafeneinfahrt von Toulon und versuchten dabei, unsere Batterie bestmöglich zu laden. Im Morgengrauen tauchten wir dann weg, schon der Flugzeuge wegen. In den ersten Morgenstunden nahmen wir die Peilung von Schraubengeräuschen auf. Die wurden stärker und wir gingen auf Sehrohrtiefe. Der Kommandant stellte fest, dass ein ganzer Wald von Kriegsschiffmasten am Horizont vorbeizog.

Noch wussten wir nicht, dass der Amerikaner vor der südfranzösischen Küste mit einem starken Verband von Kriegsschiffen, bestehend aus Schlachtschiffen und Kreuzern, unter starker Sicherung durch Zerstörer und Torpedoboote, auf und ab zog. Überall dort, wo von deutscher Marineartillerie besetzte französische Küstenbefestigungen zu schießen wagten, erwiderten die Amerikaner das mit fürchterlichem Vergeltungsfeuer aus allen großen Schiffskalibern und auch mit Flugzeugen. Dabei zogen natürlich die Stellungen mit den veralteten französischen Kanonen entschieden den Kürzeren.

Wie gesagt, diese Sachlage war uns noch unbekannt und unser Kommandant bekam mächtige „Halsschmerzen". „Halsschmerzen bekommen" war ein Ausdruck dafür, dass er sich schon mit dem Ritterkreuz für erfolgreiche Abschüsse dekoriert sah.

Der Wald von Masten zog erst einmal entschieden zu weit entfernt vorbei. Einige Stunden später wiederholte sich das Spiel und wir lagen schon günstiger. Lange Zeit liefen wir unter Wasser auf Sehrohrtiefe mit schussklaren Torpedorohren, auf die günstigste Schussposition lauernd. Unsere Nerven wurden auf das tollste strapaziert, denn die vielen Bewacher waren nicht gerade angenehm. Sollten wir einen „Dicken" herauspicken, dann waren uns unangenehmste Folgen sicher. Auch ein Fehlschuss konnte uns die Meute auf den Hals hetzen. Wir waren alte Hasen und kannten die Spielregeln genau, wir wussten, was uns erwartete. Deshalb waren wir heilfroh, als der Verband nicht mehr erschien.

Die Nacht war wieder vollkommen ruhig, scheinbar wurde nachts bei den Amerikanern kein Krieg gespielt. Trotzdem verständigten wir uns mit einer Marineartillerie-Stellung und fuhren vor deren Küstenbereich auf und ab, um unsere Batterie zu laden.

Am folgenden Tag wiederholte sich das nervenaufreibende Spiel vom Tag vorher. Obgleich wir fast den ganzen Tag auf Sehrohrtiefe und schussklar mit geöffneten Mündungsklappen fuhren, kamen wir nie zum Schuss. Ich muss hier erwähnen, dass wir Torpedo-Mixer niemals die Gelegenheit für einen Blick durch das Sehrohr hatten, also immer auf die Informationen von Kommandant und Wachoffizier angewiesen waren. Vielen von uns alten Hasen fiel ein Stein vom Herzen und verstohlen blickten wir uns von der Seite an, als ich die Mündungsklappen zudrehen lassen konnte, denn es wurde Abend.

Diese Nacht schien zunächst genauso zu verlaufen wie die vorangegangenen Nächte. Das blieb leider nicht so, denn kurz nach Mitternacht begann das Unheil. Plötzlich rumpelte und bebte das Boot. Wir waren mit mächtigen Erschütterungen auf eine Klippe aufgefahren. Damit war die Entscheidung gefallen. Es war der 21. August 1944, nachts halb eins. Dieser genaue Zeitpunkt hat sich mir gedanklich fest eingebrannt. In vielen müßigen Stunden habe ich später über den Hergang gegrübelt, mit allen möglichen „Hätte" und „Wenn". Durch den vorgezogenen Urlaub war vieles anders gelaufen. Ich wäre vielleicht in Deutschland. Wäre ich dort besser aufgehoben gewesen? Diese Frage hat mich oft beschäftigt.

Doch zurück zu den aktuellen Ereignissen. In den nächsten Stunden versuchten wir fieberhaft und mit allen Mitteln, wieder freizukommen. Wir waren vorn hoch aufgefahren. Das Heck mit den Schrauben lag tief im Wasser. Mit den höchsten Fahrtstufen von Diesel- und E-Maschinen gemeinsam versuchten wir, unser Boot wieder flott zu bekommen. Auch das Hin- und Herschwenken des Hinterschiffs zeigte keinen Erfolg. Dasselbe Spiel vorwärts war ebenfalls vergeblich, nur einige kleine Rucke waren zu spüren. Unser Schiff rührte sich einfach nicht von der Stelle. Als ich an Oberdeck kam, sah ich, dass wir zu scharf unter Land gefahren waren. Viele Kameraden hatten dasselbe Empfinden. Die Nähe zum Land bot nicht nur Schutz, sondern hatte eben auch ihre Gefahren.

Was nützte nun das ganze Wenn und Aber! Wir mussten unbedingt hier weg, denn sobald der helle Tag anbricht, rechneten wir wieder mit der Ami-Armada. Wenn die uns hier entdecken sollten, würden sie uns so schwer beschießen, dass unser Leben keinen Pfifferling mehr wert gewesen wäre. Schweren Herzens mussten alle einsehen, dass wir das Boot aufgeben und verlassen mussten. Der Wachoffizier und ich bekamen den Auftrag, die Vernichtung durch eine Sprengung vorzubereiten. Einen einschlägigen Lehrgang zum Thema Selbstversenkung hatte ich einmal absolviert. Die Zeit drängte schon stark, denn es wurde langsam hell.

Jeder machte für sich eine Tasche oder ein Bündel mit dem Nötigsten fertig. Dazu tauschten wir noch unsere U-Boot-Kluft mit unseren Tropenanzügen. Der Ausstieg wurde von einer Flut von hektischen Anweisungen begleitet. Zum Glück waren wir unmittelbar unter der Batterie auf das Riff gelaufen. Der Wasserstreifen bis zum Ufer war nur zehn bis fünfzehn Meter breit. Über einen schmalen Strandstreifen und dann einen sehr steilen mit Geröll übersäten Hang mussten wir hinaufkraxeln. In zehn Meter Höhe befand sich in der noch höher ansteigenden Steilküste ein zum Durchkriechen geeignetes Loch. Dieses Loch hatte Verbindung mit den Kasematten-Unterständen in der felsigen Steilküste unmittelbar unter der Batterie. Mit der Batterie war dies abgesprochen worden. Die Batterie hatte ein großes Interesse, dass wir schnell verschwinden sollten, denn sie wollten nicht noch einmal die Aufmerksamkeit der Amis an ihrer Batterie erwecken. Sie hatten schon die übelsten Erfahrungen durch amerikanischen Beschuss machen müssen, wobei sie schon einige Tote zu beklagen hatten.

Die Vorbereitung für die Sprengung war schnell erledigt. Wir hatten 1 kg-Sprengpatronen und Zündschnüre mit Abreißvorrichtungen an Bord. Die Zündschnüre waren allerdings nur für dreieinhalb Minuten Brennzeit eingestellt. Diese Zeit war zu kurz, um mit Sicherheit den Weg vom Boot bis in die schützenden Kasematten zu schaffen. Für eine Verdopplung der Brennzeit koppelten wir zwei Schnüre zusammen, indem wir die Enden schräg anschnitten, die Schnittstellen zusammenlegten und dann die Flickstelle mit Klebeband umwickelten. Je eine Sprengpatrone mit verdoppelter Brennzeit der Lunte steckten wir in einen Torpedosprengkopf im Bug- und eine in den Heckraum. Im Bugraum lagerten unmittelbar daneben noch weitere sechs Torpedos mit je 300 kg Sprengstoff. Wenn diese mit geballter Kraft hochgingen, dann durfte nach unserer Ansicht vom Boot nicht mehr viel übrig bleiben. Je eine Sprengpatrone ohne Verlängerung brachten wir noch zusätzlich im Funk- und Horchraum an. Damit, so glaubten wir nun, war alles Menschenmögliche getan, um unser Boot restlos zu vernichten.

Auf Kommando zündeten wir die Schnüre. Dann ging es im Lauf des Lebens durch das Boot, die Leitern empor, durch den Turm auf die Brücke, von da hinab auf das Oberdeck, auf dem Oberdeck entlang bis zum hoch aus dem Wasser ragenden Bug, an Tauen hinab in das Wasser. Weit konnten wir nicht schwimmen, denn im Wasser lagen mächtige Steine, an denen wir uns Knie und Arme aufschlugen, dann kraxelten wir den Hang hinauf, und schon wurden wir von den Kameraden durch das Loch gezogen und waren in Sicherheit. Unmittelbar darauf erfolgten dumpfe Detonationen, die unerwartet sanft waren und wahrscheinlich von den Sprengladungen, deren Lunten nicht verlängert waren, herrührten. Auf den großen Knall warteten wir vergeblich. Die Sprengladungen an den Torpedos hatten offensichtlich nicht gezündet. Hatten wir in der Eile und Aufregung die Verlängerungen nicht sorgfältig genug gemacht oder waren die Sprengpatronen nicht geeignet, den Torpedosprengstoff zu zünden? Diese Frage geht mir bis heute im Kopf herum.

Auf dem kurzen Lehrgang, den ich gemacht hatte, hatte man uns eigentlich nur über eine Variante der Selbstversenkung unterrichtet, bei der die Außenbord-Ventile des Bootes herausgesprengt werden sollten. Dann säuft das Boot so langsam ab, dass man genügend Zeit hat, um sich durch Schwimmen vom Boot noch zu entfernen. Diese Vorgehensweise war allerdings in unserer Situation nicht anwendbar.

Aus dem Turmluk drang Rauch. Wahrscheinlich hatten die Sprengungen im Funk- und Horchraum einen Brand ausgelöst, aber sonst lag unser Boot noch friedlich auf der Klippe. Versuche, nochmals in das Boot zu gelangen, verboten sich wegen der starken Rauchentwicklung aus dem Turm von selbst.

Nun war guter Rat teuer! Schnell wurde die Idee geboren, unser Boot mit Hilfe der Batterie-Geschütze verschwinden zu lassen. Zu allem Übel stellte es sich heraus, dass nur eines der Geschütze in extremer Stellung unser Boot treffen konnte. Für die anderen Geschütze lag das Ziel im toten Winkel, sie konnten nicht so tief nach unten schwenken. Das einzig brauchbare Geschütz feuerte nun pausenlos. Viele Granaten durchlöcherten den Bootskörper ohne wesentlich sichtbaren Erfolg. Das Hinterschiff sackte lediglich etwas tiefer ab und die Schräglage des Bootes vermehrte sich um einige Grade. Die große Explosion der Torpedos, auf die wir so sehnlichst warteten, blieb aus.

Unser Interesse an der Vernichtung des Bootes wurde plötzlich ganz schnell abgelenkt, denn auf See erschien wieder der amerikanische Flottenverband, der wahrscheinlich von unserer Schießerei angelockt worden war. Wir brauchten nicht zu warten, der Höllenzauber ging sofort los. Der Beschuss war kurz aber kräftig. Drei Tote, es waren Angehörige der Batterie, waren zu beklagen. Sie waren nicht schnell genug in die sicheren Unterstände geflüchtet. Die Stimmung unter den Marineartilleristen war vorher schon stark bedrückt gewesen, und nun war sie beinahe katastrophal. Die Männer waren fast alles ältere Herren, die unsere Väter hätten sein können. Viele saßen nun stumm in den Unterständen, einzelne weinten sogar. Diese Truppe war vollkommen demoralisiert. Erst nach vielem Zureden waren sie so weit, dass sie ihren Dienst an den Geschützen wieder aufnahmen.

Ein nächstes Unheil wurde gemeldet. Der Versuch des Oberleutnants der Batterie, neue Verpflegung heranzuschaffen, war misslungen. Die Straßen nach Toulon und zum nächsten Versorgungslager waren schon abgeschnitten. Unsere Besatzung unter diesen Umständen zusätzlich über einige Zeit mit durchzufüttern, erschien problematisch. Leider hatten wir vor der Vernichtung unseres Bootes nicht daran gedacht, genügend von unserem guten und ausreichenden Proviant mit an Land zu nehmen.

## Auf einem Fischerboot in die Gefangenschaft

Wegen der Proviantlage und der Stimmung in der Batterie drängten wir unseren Kommandanten, die Stellung schnell zu verlassen. Erst dachten wir an einen Marsch über Land. Aber schon hatten Kameraden, die in der weiteren Umgebung herumgestöbert waren, ein kleines Fischerdorf entdeckt. Es befand sich an der Innenseite dieser großen Halbinsel, und im kleinen Hafen des Dorfes lag ein kleines Fischerboot. Diese Entdeckung beflügelte unsere Gedanken.

Wir waren uns sofort einig. Noch am Abend des gleichen Tages wurde unser Kommandant eingeweiht, und schon im Morgengrauen des nächsten Tages ging ein Kommando unter Leitung unseres Obermaschinisten los, um unter allen Umständen und mit allen Mitteln das Boot flott zu bekommen. Bald schon erhielten wir Nachricht, dass wir nachkommen sollten. Der Offizier der Batterie bat uns noch, die Batterie erst bei Einbruch der Nacht unauffällig zu verlassen, um die Stimmung seiner Truppe nicht noch weiter zu verschlechtern.

In der Abenddämmerung marschierten wir dann mit unseren Habseligkeiten los, und nach einer knappen Stunde waren wir an Ort und Stelle. In der Dunkelheit war nicht viel zu erkennen. In Richtung Toulon waren Artillerieschüsse und ein Feuerschein zu bemerken.

Das kleine Fischerboot, das unsere Kameraden aufgetrieben hatten, war offenbar zuletzt als Nebelboot gefahren. Ein ganzes Fass Treiböl als Reserve war auch noch organisiert worden. Der Motor lief schon und wir brauchten nur noch einzusteigen. Sehr groß war das Boot nicht, aber mit Geschick und gutem Willen fanden alle 50 Mann an Oberdeck, in der Kajüte und im Maschinenraum Platz. Wir lagen wie die Heringe in der Tonne. Kommandant und Obersteuermann hatten beim Offizier der Batterie noch die Küstenkarte bis Marseille durchgezeichnet. Damit hatten wir so etwas Ähnliches wie eine handgezeichnete Seekarte. Außerdem hatten sie eine Leuchtpistole mit Munition und einen kleinen Handkompass mitbekommen. So fühlten wir uns für die Seefahrt gerüstet, und hurtig wurden die Leinen los gemacht.

Unser stolzer Dampfer tuckerte los, dass die Funken nur so aus dem Schornstein stoben. Im großen Bogen umfuhren wir die Halbinsel. In einem Abstand, dass gerade noch Land zu sehen war, hielten wir Kurs in Richtung Marseille. Mit unserem tollen Kahn wollten wir eigentlich nach Spanien in die Internierung. Dies schien uns in unserer Situation der aussichtsreichste Plan zu sein. Fast alle Angehörigen der Besatzung teilten diese Meinung, nur unser Kommandant sah verständlicherweise keine Zuflucht in der Internierung, weil er bei dem seltsamen Verlust unseres U-Bootes keine allzu gute Figur gemacht hatte. Er wollte seine Besatzung auf jeden Fall wieder dem Reich zuführen. Wir suchten einen Kompromiss und einigten uns erst einmal auf Marseille als erstes Ziel. Von dort wollten wir dann die Rhone aufwärts fahren und hofften, dann wieder Anschluss nach Deutschland zu gewinnen.

Inzwischen schaukelten wir in friedlicher Nacht ohne besondere Zwischenfälle in Richtung Marseille. Wir haben fast alle trotz dichtester Lagerung, kreuz und quer, ohne Decken, auf dem harten Holzdeck des Bootes einige Stunden geschlafen. In den vergangenen zwei Tagen war kaum Zeit dazu gewesen. Mit Beginn der Morgendämmerung begann es wieder spannend zu werden. – Wo waren wir? Hatten wir schon Marseille erreicht?

Wir näherten uns der Küste und konnten bald mehrere steil aus dem Wasser aufragende Inseln ausmachen. Auf einer war ein mächtiges Bauwerk zu erkennen, das uns die Hafeneinfahrt von Marseille markierte, es war die berühmte Festungsinsel Chateau d'If. Uns schien es ratsam, dort anzulegen, denn irgendwie mussten dort ja Menschen sein. Waren es aber noch Deutsche? Es rührte sich vorerst nichts. Mit improvisierten Signalfahnen begann der Bootsmaat, die Insel anzuwinken. Erst geschah gar nichts. Wir glaubten schon, die Insel sei unbemannt. Plötzlich aber wurden wir mit einem Signalscheinwerfer angeblinkt. Es stellte sich heraus, dass es hier noch eine Besatzung deutscher Marineartillerie-Soldaten gab. Bald wurde eine kleine Anlegestelle sichtbar, an der wir festmachten. Einige Soldaten eilten uns auf dem steilen Abstieg zur Anlegestelle entgegen und begrüßten uns sehr herzlich.

Auf dieser Insel, die durch die mächtige Festung beherrscht wurde, befand sich nur eine Handvoll Soldaten, die eine leichte Flakstellung besetzt hielten. Vor der gewaltigen fensterlosen Festung befand sich noch ein Vorland von der Größe eines Sportplatzes, auf dem einige kleine Häuschen standen. In den Häuschen befanden sich die Unterkünfte der Soldaten. Früher mögen diese Häuser wohl den Bediensteten der Festung als Wohnung gedient haben. Die Insel ist allseitig von einer hohen Steilküste umgeben, die zehn bis zwanzig Meter tief zum Wasser abfällt.

Die Festung besteht aus einem mehrere Meter dicken Mauergeviert, an dessen Innenseiten die Zellen liegen. Im Inneren befindet sich ein freier quadratischer Innenhof. Ringsum in drei Etagen lagen die Zellen, die mit einer balkonartigen Galerie in jeder Etage verbunden waren. Die Galerien waren dann untereinander mit einem Aufgang versehen, der auch bis zur Oberkante, dem Dach der Zellen und der starken Ringmauer führte. Die Oberkante war innen und außen mit einem dicken Mauergeländer eingefasst. Auf dieser viereckigen Ringplattform standen einige leichte Flakgeschütze fremder Bauart, bessere schwere Flakmaschinengewehre. Man hatte von hier oben einen wunderschönen Blick bis nach Marseille und weit auf das Meer hinaus, auch auf die benachbarten Inseln, die alle noch besetzt waren, wie wir bald merken sollten.

Diese Festung wurde schon viele Jahrzehnte nicht mehr als Gefängnis benutzt. Früher war sie ein berüchtigtes Staatsgefängnis. Durch den weltweit bekannten Roman „Der Graf von Monte Christo" von Alexandre Dumas hat die Insel ihre Berühmtheit erlangt. Hier wurde der spätere Graf von Monte Christo aus Missgunst gefangen gehalten. Er hatte sich in jahrelanger Arbeit einen Gang durch das Mauerwerk geschaffen, um in die Freiheit zu gelangen, war aber dabei in die Nachbarzelle geraten, in der ein Abbé eingekerkert war. Der Abbé stand am Ende seines Lebens und vertraute deshalb dem späteren Grafen sein Geheimnis, das Versteck eines Schatzes auf der Insel Monte Christo, an. Die Insel Monte Christo existiert tatsächlich als eine unbewohnte Insel im Mittelmeer, aber bestimmt ohne Schatz. Als der Abbé gestorben war, nähte sich der Graf in den Totensack des Abbés ein. Zuvor hatte er dessen Leiche in seine Zelle transportiert. Die Toten wurden nach altem Brauch ins Meer geworfen. Auf diese Weise gelangte der Graf in Freiheit und an die Schätze der Insel Monte Christo. Als reicher Mann übte er dann Vergeltung an den Personen, die ihn ins Elend gestürzt hatten.

An allen Zellen standen Namen auf kleinen Holztäfelchen und auch die zwei berühmten waren mit den Namen der Romanfiguren bezeichnet. Auch der berühmte Quergang war vorhanden. Aber der war nach meiner Ansicht viel zu eng, dass ein Mann hätte hindurchkriechen können. Damals kannte ich den Roman noch nicht. Was uns die Soldaten über diese Festung mit ihrer düsteren Vergangenheit erzählten, war höchst spannend und interessant für viele von uns.

Überdies war die Stimmung unter den Soldaten sehr gut und uns verband sehr bald ein herzliches Verhältnis. Gleich am ersten Tag mussten etliche Kaninchen ihr Leben lassen. Zum Mittagstisch gab es ein großes Dinner mit köstlichem Braten. Die Karnickel züchteten sie in eigener Regie. Das Futter lieferten die Grünflächen der Insel und die der Nachbarinseln. Die Besatzung war der Meinung, dass wir feste mitessen sollten, damit bei der Übergabe an den Feind nichts mehr übrig ist. Wir haben uns das nicht zweimal sagen lassen.

Es schien uns hier zum Aushalten, doch wir wollten weiter. Von der Insel gab es anfangs Telefonverbindungen mit irgendwelchen Dienststellungen in Marseille, und das erste, was wir erfahren konnten, war die Tatsache, dass die Amerikaner auch schon in der Rhone-Mündung gelandet waren. Also war uns dieser Weg auch schon versperrt.

Unser Kommandant hat sich redliche Mühe gegeben und über viele Dienststellen versucht, Verbindung mit Paris, unserer höchsten Dienststelle, zu erhalten. Er hat viele Stunden damit verbracht, um vom Oberkommando irgendwelche Anweisungen über unsere weitere Verwendung zu bekommen. Aber er kam nicht mehr durch, und so blieb die Entscheidung ganz bei ihm. Am zweiten Tag riss die Verbindung zum Festland ganz ab. Uns wurde klar, dass wir schnell wieder fort mussten, wenn wir noch eine Chance haben wollten, irgendwie nach Deutschland zu kommen.

Die Tage, die wir auf dieser Insel verbrachten, verliefen nicht ohne Zwischenfälle. Einmal landete – besser gesagt: wasserte – plötzlich ein Wasserflugzeug zwischen den Inseln. Alles blickte gespannt, was nun passiert. War es Feind oder Freund? Es fuhr langsam zwischen den Inseln durch, ohne dass wir die Nationalität feststellen konnten, und startete wieder. Nun wurde kräftig hinterher geschossen, besonders von unserer Nachbarinsel. Auf der war eine starke Flakeinheit des Arbeitsdienstes mit sehr jungen Menschen stationiert. Sehr aktiv und mutig zeigte sich diese Einheit auch, als plötzlich fünf Flugzeuge angriffen.

Es sollte nicht der letzte Angriff gewesen sein. Von den Ausguckposten gab es plötzlich Alarm, und wir sausten ab in die Festungsverliese zu ebener Erde. Hier fühlten wir uns ziemlich sicher, denn vier Meter Mauerwerk trennten uns von der Außenwelt. Wenn eine Bombe den Innenhof getroffen hätte, wäre das allerdings sehr verhängnisvoll für uns geworden. Wir hielten das für ziemlich unwahrscheinlich und machten uns keine unnötigen Sorgen. Der Angriff galt in erster Linie nicht uns, sondern der mutigen Flakbatterie auf der Nachbarinsel. Als es ziemlich sicher war, dass der Angriff nicht uns galt, haben wir mit Interesse diesem Schauspiel zugesehen. Mehrere Male hintereinander griffen diese Flugzeuge an. Sie stürzten sich förmlich auf diese Insel und warfen viele Bomben ab. Die Arbeitsdienstler schossen unentwegt. Während die Bomben krachten, war es ruhig und wir glaubten schon, jetzt hat es sie erwischt. Aber kaum, dass die letzte Bombe explodierte, schossen die Jungens schon wieder hinterher. Wir zollten dieser Batterie alle Achtung. Von unserer Insel her wurde natürlich auch feste geschossen, wenn die Flugzeuge in die Reichweite der Maschinengewehre kamen. Leider konnten wir nicht feststellen, ob ein Flugzeug getroffen worden ist.

Die emsige Abwehr der Inseln war wahrscheinlich der Grund, dass plötzlich der gefürchtete Flottenverband aufkreuzte und aus sicherem Abstand die Inseln mit mächtigen Kalibern bepflasterte. Wir bekamen nicht ganz so viel ab wie unsere Nachbarn, aber trotzdem ging uns mächtig der Frack, obgleich wir in der Festung ziemlich sicher waren. Als das Gekrache und Getöse endlich zu Ende war, wurde uns wieder wohler. Bei uns war niemand verletzt worden. Mit unseren Nachbarn hatten wir keine direkte Verbindung und wussten nicht, was dort geschehen war. Etliche Treffer an der Festungsmauer und an der Inselböschung, die zur See zeigte, waren festzustellen. Wir waren erstaunt, wie gering die Wirkung war. Es war also eine solide Festung und unsere Unterkünfte standen so günstig, dass sie von See aus völlig gedeckt standen. Für Abwechslung war also immer gesorgt.

Nachdem wir am 23. August 1944 früh morgens dort gelandet waren, legten wir am 25. August in den Abendstunden wieder ab. Herzlichster Abschied wurde uns zuteil. Wir wurden noch voll ausgerüstet, jeder mit einem Beutegewehr, vielen Handgranaten und großen Mengen Munition und natürlich auch mit etwas Proviant für etwa drei Tage. Auch Post von den Soldaten an ihre Angehörigen in Deutschland nahmen wir mit.

Nach vielem Hin und Her waren wir mit unserem Kommandanten einig geworden, nicht nach Spanien zu fahren. Statt dessen wollten wir nun zurück nach Oberitalien, weil das möglicherweise noch in deutscher Hand sei. Über diese Tour hatten wir wilde Vorstellungen. Tagsüber wollten wir an einsamer Stelle die Dunkelheit abwarten und dann nachts weiter fahren, denn mit nur einer Nachtfahrt war die Strecke nicht zu bewältigen. In der dunklen Nacht glaubten wir auch, unerkannt die Landungsstelle der Amerikaner queren zu können. Ja, wir hatten sogar solche Vorstellungen entwickelt, dass wir, wenn wir von einem Schnellboot angehalten werden sollten, es stürmen und dann damit auf und davon fahren wollten. Aus diesem Grund hatten wir die Waffen mitgenommen. Unsere Phantastereien schossen wild ins Kraut. Uns schienen keine Grenzen gesetzt. Wir waren wieder voller Zuversicht, dass uns auch dieser Streich gelingen würde.

Im ersten Teil unserer Fahrt bis zur Insel hatte uns der mächtige Funkenregen aus dem Schornstein gestört. Auf der Insel hatten nun unsere Heizer mit Hilfe von Ofenrohren und dazugehörigen Knien den Schornstein bis auf die Wasseroberfläche seitlich herab verlängert. Das machte unser Boot noch gewaltiger im Aussehen. Derart gerüstet stachen wir nun zur Nacht in See.

Zunächst schien alles in Ordnung zu gehen. Die Nacht war sehr dunkel, kein Stern war am Himmel zu sehen. Bald wurde es aber ungemütlich, denn der Wind frischte mächtig auf und wir gerieten in einen kleinen Sturm. Bald waren wir durch und durch nass, denn ein Brecher nach dem anderen rollte über uns hinweg. Wir hatten alle Hände voll zu tun, damit wir das Wasser wieder über Bord bekamen. Meist wurde nur mit den Händen geschöpft, denn geeignete Geräte waren nicht vorhanden. Aber wir hatten in dem überladenen Boot viele Hände. Immer bestand dabei aber die Gefahr, wegen der stark einseitigen Betriebsamkeit zu kentern. Der eigentlich geplante Kurs war völlig unwichtig, denn wir mussten geschickt gegen die See fahren, damit wir nicht umschlugen. Es waren turbulente Stunden. Viel hätte nicht gefehlt und wir wären mit Mann und Maus ersoffen.

Gegen Morgen wurde es etwas besser, wir konnten wieder Kurs halten. Als es langsam hell wurde, war von Land keine Spur zu sehen. Jetzt kam die Angst wieder: Sollte uns etwa hier draußen die Amiflotte erwischen?

Zum Glück wurde die See wieder ruhiger, und wir fuhren auf einem steifen Nordkurs stracks auf Land zu. Endlich – endlich wurde an der Kimm Land ausgemacht! Ganz langsam kam es näher. Wo waren wir? Wir hielten Kurs auf eine felsige Klippe. Hinter uns in weiter Entfernung tauchten am Horizont schon wieder die berüchtigten Mastspitzen auf.

Die Sonne stand schon ziemlich hoch, als wir endlich an einer dem Festland vorgelagerten kleinen felsigen Insel anlegten. Die Mastspitzen waren wieder außer Sicht. Weder auf der Insel noch auf dem Festland war ein Mensch zu sehen. Wir versteckten uns und unser Boot, so gut es ging. In Richtung Festland wurden Beobachtungsposten gelegt, die uns eine Annäherung sofort melden sollten. Alle anderen legten sich buchstäblich zum Trocknen aus. Wir waren ja die halbe Nacht eher unter als über Wasser gefahren. Die überstandenen Strapazen und Aufregungen ließen uns bald in einen festen Schlaf fallen, obgleich unser Untergrund alles andere als gemütlich war. Da von der Landseite her keine Bewegung wahrgenommen wurde und das Wetter herrlich warm und sonnig war, nährte dieser Tagesaufenthalt unter uns wieder eine starke Zuversicht und Zufriedenheit. Unser Schiff konnte wieder in alter Pracht hergerichtet und vor allem ausgetrocknet werden.

Wir warteten auf die Dunkelheit, in der wir unsere Fahrt fortsetzen wollten. Endlich war es so weit. Anfangs hatten wir sehr hellen Mond, und das Licht schien uns für unser Vorhaben noch zu hell. Eine Stunde vor Mitternacht sank der Mond endlich in das Meer, und wir fühlten uns wieder sehr sicher, zumal das Wetter nicht prächtiger hätte sein können. Bald schlief wieder alles und unser Boot fuhr zügig mit östlichem Kurs.

Dieser Frieden dauerte leider nicht lange. Plötzlich knallte es mehrmals mächtig in der Luft und vier an Fallschirmen hängende Leuchtgranaten tauchten alles in eine fürchterlich grelle Helligkeit. Wo waren die hergekommen? Bevor diese Leuchtfeuer endlich in das Meer versanken, ging die Knallerei weiter und neue Lichterbäume hingen in der Luft. Urplötzlich gab es dazwischen noch eigenartige Detonationen mit zischenden und schwirrenden Nebengeräuschen. Unsere Zuversicht sank sofort auf den Nullpunkt und wir waren heilfroh, als unser Kommandant endlich mit der Leuchtpistole drei rote Sterne schoss (internationales Seenotzeichen). Sofort hörte die komische Knallerei auf. Uns wurde sofort wieder etwas wohler. Die Leuchtfeuer hingen immer wieder neu am Himmel. Es war zum Verzweifeln, kein Abschussfeuer und kein Schiff war zu erkennen.

Wir fassten endlich wieder etwas Mut und warfen den gestoppten Motor wieder an. Mit Beleuchtung setzten wir die Fahrt fort. Unverzüglich darauf begann es wieder, gefährlich um uns herum zu schwirren und zu pfeifen, begleitet von der eigenartigen Knallerei. Wieder stoppten wir und schossen erneut Seenot-Leuchtfeuer, worauf das Feuer auf uns sofort wieder aussetzte. Es verging ungefähr eine Viertelstunde. Wir verharrten unschlüssig, bis wir am dunklen Horizont, noch weit entfernt, Scheinwerfer kreisen sahen. Uns wurde sofort klar, dass wir durch exakte Peilung mit Hilfe von Radar festgestellt worden waren.

Langsam, sehr langsam näherten sich die Scheinwerferkegel, und bald konnten wir mit Schrecken feststellen, dass uns zwei amerikanische Zerstörer suchten. Alle Waffen und Munition ließen wir lautlos über Bord gleiten, und sehr bald hatten sie uns dann direkt im Scheinwerferkegel. Uns war es erbärmlich flau zu Mute, als wir von allen Scheinwerfern erfasst waren und wir alle Geschützrohre auf uns gerichtet sahen.

Der US-Zerstörer „Ericsson" mit einer großen „440" auf der Bordwand fuhr dicht an uns heran und rief uns durch ein Sprachrohr an: „What ship?" – Unsere Antwort: „German submarine!" löste doch einige Bewegungen auf amerikanischer Seite aus. Vielleicht glaubten sie, sie seien plötzlich mit Goebbels' neuer Wunderwaffe konfrontiert.

Wir wurden in deutscher Sprache angerufen und aufgefordert, mit erhobenen Händen aufzustehen. Dieses Manöver hätte unser Boot fast zum Kentern gebracht. Der Zerstörer „440" rangierte solange hin und her, bis wir längsseits lagen. Ein Tau wurde übergeworfen und eine kurze Strickleiter herabgelassen. Dann hörten wir das kurze Kommando „Come on!" Einer nach dem anderen enterte das Kriegsschiff.

Unsere Odyssee war damit am 27. August 1944, um 1.40 Uhr beendet.

Wir waren in Gefangenschaft geraten.

**Auszug aus dem Schiffstagebuch des US-Zerstörers „Ericsson 440"**

Seite 345 – Sonntag, 27. August 1944

00.00 Überwachung der Gebiete 7, 8 und 9 des Abschirmungssektors WILLIAM

Geschwindigkeit 12 Knoten (37,8 km/h).

ELLYSON überwacht Gebiet 3, 4, 5, und 6.

PLUNKETT überwacht Gebiet 10, 11, 12 und 13.

Schiff abgedunkelt, in Zustand der Bereitschaft II MIKE und Gefechtsbereitschaft versetzt, Dampfkessel 1 und 3 in Betrieb.

00.05 Haben Radar-Kontakt 150°T ausgemacht, Abstand 9000 Yards.

00.52 Beobachten Leuchtgranaten-Feuer im Raum des Radarkontakts.

01.13 Kontakt mit Hauptquartier: Gefechtszustand ABEL vorbereiten.

01.21 Ziel mit Leuchtmunition aufgehellt.

01.25 Beginn des Schießens auf das Ziel mit AA Normal-Munition.

01.27 Ziel mit Leuchtmunition aufgehellt. Schießen eingestellt.

Es wurde folgende Munition verbraucht: 12 Salven Leuchtmunition, 18 Salven Normal-Munition. 30 Salven Pulver-Munition.

01.28 Ausleuchten mit Scheinwerfer beendet.

01.30 Beginn der Erhellung des Zieles durch Leuchtgranaten.

01.31 Beendigung des Schießens mit Leuchtgranaten. Es wurden verbraucht: 14 Salven Leuchtmunition, 5 Salven Pulver.

Beginn der Ausleuchtung mit Such-Scheinwerfern.

01.40 Ziel ausgemacht als Motor-Barkasse F 26 T (Toulon) besetzt mit deutschen Seeleuten.

| | |
|---|---|
| 01.53 | Nehmen die Motor-Barkasse längsseits. |
| 01.55 | Anbordnahme der Seeleute als Kriegsgefangene. Gefangennahme, Registrierung von 46 Soldaten und 4 Offizieren. |
| 02.00 | Nehmen die Motor-Barkasse achteraus in Schlepp. |
| 02.35 | Schiff in Gefechtszustand BAKER versetzt. |
| 02.36 | Beginn des Fahrmanövers mit wechselndem Kurs und wechselnder Geschwindigkeit zur BAIE DE CAVALAIRE. |
| 02.43 | Unterstützt vom Hauptquartier erneute Einsatzbereitschaft hergestellt. |
| 03.55 | In Erwartung von LCJ 954 (Landungsboot) liegen wir in der BAIE DE CAVALIARE. LCJ 954 hat den Befehl, die Gefangenen zu übernehmen. |
| 04.00 | LCJ 954 kommt längsseits. |
| 04.20 | Übergabe der Gefangenen, Übergabe des Bootes an LCJ 9514 zur Übergabe an CTF 840. |
| 04.31 | LCJ 9514 unterwegs. |
| 04.45 | Fahren Manöver mit wechselndem Kurs und wechselnder Geschwindigkeit in Richtung Überwachungs-Strecke. |
| 05.00 | Setzen Kurs 155°T - Geschwindigkeit 20 Knoten. |
| 05.21 | Beginn der Patrouille in den Sektoren 7 bis 9 der WILLIAM-Linie |
| 07.10 | HAMBLETON (Schiff) beginnt mit der Überwachung der Gebiete 10 bis 13. |
| 08.00 | Musterung der Quartiere, keine unberechtigten Abwesenden. Strenge Bekanntmachung von Anordnungen an die Besatzung. |
| 09.35 | FRANKFORD (Schiff) kommt auf Ruf-Abstand zum mündlichen Rapport über die Erbeutung von F 26 T (Toulon) und der Kriegsgefangenen. |

# Gefangenschaft

## Durchgangslager und Registrierung

Wir hatten kaum das Oberdeck des Zerstörers „440" erklommen, als sich die amerikanischen Matrosen förmlich auf uns stürzten. Ehe wir uns versahen, waren wir alle Orden und Schulterstücke los. Solche Souvenirs waren bei den Amis sehr begehrt, nach Waffen fragte niemand. Nach der Aufforderung, unser Gepäck abzulegen, wurden wir in ein Wohndeck geführt. Dort entwickelte sich sehr schnell ein reges Tauschgeschäft. Zigaretten, Taschenmesser und sonstige Artikel, die sich als Souvenirs eigneten, wechselten ihren Besitzer. Auch eine beinahe kameradschaftliche Unterhaltung kam zwischen den deutsch sprechenden Amerikanern und uns zustande. Erstaunlich, wie viele Amerikaner deutsch verstanden oder sogar sprechen konnten.

Lange währte unser Aufenthalt auf diesem Schiff nicht. Als es gerade erst hell wurde, wurden wir auf ein leeres Landungsboot für Großfahrzeuge, Panzer und ähnliches verfrachtet. Hier lag schon unser Gepäck auf einem großen Haufen, alles durcheinandergewühlt und auseinandergenommen. Beim Ablegen vom Zerstörer sahen wir noch, dass unser Kutter im Schlepp hinten angehängt war. Unsere Aufmerksamkeit galt jetzt erst einmal unseren noch verbliebenen Habseligkeiten, die wir nun zusammensuchen mussten. Natürlich fehlte dies und das. Meine persönlichen Verluste blieben in Grenzen.

Das Landungsboot fuhr auf den Strand auf. Über die große Fahrzeugklappe konnten wir trockenen Fußes auf den Strand gelangen. Von hier brachten uns zwei Lastkraftwagen landeinwärts in ein Auffanglager bei St. Raffael, in dem sich schon geschätzte 2.000 Männer hinter Stacheldraht befanden. Wir wurden erneut gründlich durchsucht und schließlich in ein Stacheldraht-Geviert eingesperrt. Es gab hier viele solcher Stacheldraht-Gevierte, jedes von einer Größe von ungefähr 50 mal 50 Meter. Die Karrees wurden von einer starken Postenkette bewacht.

## UNITED-STATES-SHIP LCJ (L) 954 (Landungsboot)

Schiffstagebuch Seite 150 vom Sonntag, dem 27. August 1944

| | | |
|---|---|---|
| 00.00 – 04.00 | | Ankern in der Bucht. |
| | 01.24 | Haupt-Quartier befiehlt: Wasseroberfläche mit seemännischer Geschicklichkeit beobachten. |
| | 01.35 | Beobachtung fortgesetzt. |
| | 03.42 | Unterwegs (auf Fahrt). |
| 04.00 – 08.00 | | Abfahrt zu DD 440, um deutsche Gefangene zu übernehmen. |
| 04.07 – 04.12 | | Gehen an der Steuerbordseite von DD 440 längsseits. |
| 04.14 – 04.30 | | Nehmen unter Bewachung 50 Mann Gefangene an Bord. |
| | | Nehmen ebenfalls das kleine Boot ins Schlepptau, mit dem die deutschen Gefangenen aus Toulon/Frankreich versuchten, zu entkommen. |
| | | Die 50 Gefangenen werden unter strenge Bewachung gestellt (4 Offiziere, 46 Seeleute). |
| | 04.30 | Alle Leinen los, Abfahrt. |
| | 05.00 | Vorbereitung zum Entladen der Gefangenen an den Strand. |
| | 05.15 | Gelandet am Strand. |
| | 06.00 | Rampe wird heruntergelassen. |
| | | Leutnant der Armee kommt zur Ausgabe von Befehlen an Bord. |
| | | Kleines Boot kommt längsseits, um die Gefangenen zu übernehmen. |
| 06.20 – 06.30 | | Die Gefangenen warden mit dem Boot überführt. |
| | 06.40 | Wieder auf Fahrt. |

gezeichnet Kommandant – gezeichnet Navigator (Steuermann)

Am Tor unseres Drahtverhaues stand ein gut deutsch sprechender Soldat, mit dem wir bald sehr heftig diskutierten. Unsere Ansicht, für uns sei der Krieg zu Ende, ließ er nicht gelten. Seine Meinung war die, dass wir alle noch einmal gegen Russland mitmachen müssten. Diese Perspektive war für uns damals völlig neu und wir haben ihn kräftig ausgelacht.

In unserem Käfig lagen wir direkt auf dem Erdboden. Wir erhielten nur eine Decke, in die wir uns zum Schlafen einwickeln konnten. Da rückten wir recht eng zusammen, um uns gegenseitig etwas zu wärmen. Trotz des Hochsommers wurde es gegen Morgen doch empfindlich kalt. Vom U-Boot waren wir, was die Bequemlichkeit beim Schlafen anbelangt, wahrlich nicht verwöhnt. Anstelle von stickigem Mief in quälender Enge froren wir hier bei frischer Luft unter freiem Himmel. Daran waren wir vorerst noch nicht gewöhnt. Als am Morgen dann die Sonne ihre wärmenden Strahlen sandte, waren wir doch recht froh.

Zum Waschen wurden wir an eine Waschstelle herausgeführt. Einmal am Tage durften wir uns an Schüsseln waschen. Die sanitären Anlagen lagen ebenfalls außerhalb. Die zu benutzen, musste uns ein Posten begleiten.

Die Verpflegung war knapp. Sie bestand aus zwei kleinen Büchsen, die wir dreimal täglich erhielten. Die Dosen trugen die Aufschrift „Feldration C". Beide Dosen hatten annähernd gleiche Größe, vielleicht acht Zentimeter im Durchmesser und auch die Höhe betrug etwa acht Zentimeter. Jedoch hatten sie ein ganz unterschiedliches Gewicht. In der schweren Büchse waren Bohnen oder Erbsen mit viel Fleisch, in der leichten waren drei Kekse, drei Zigaretten, einige Kaugummis oder Bonbons und eine kleine Blechdose mit Kaffee- oder Kakaopulver. Aus dem Pulver ließ sich auch mit kaltem Wasser ein entsprechendes Getränk bereiten. Manchmal hatten wir etwas Holz für ein Feuerchen, dann konnten wir unsere schweren Büchsen warm machen. Aber meistens gab es nur kaltes Büfett, und am ersten Tag hatten wir nicht einmal einen Löffel.

Am zweiten Tag, möglicherweise war es auch schon der dritte Tag, musste jeder von uns zu einem Verhör. An einer abgelegenen Stelle des Lagers waren mehrere Stühle mit kleinen Tischen aufgestellt. Ich musste gegenüber einem amerikanischen Offizier Platz nehmen. Die Fragerei verlief sehr korrekt. Zuvor hatte mich der Posten, der mich zum Verhör brachte, kurz über die Gepflogenheiten belehrt. Jeder Offizier sollte mit dem soldatischen Gruß, Hand an den Mützenrand – auf keinen Fall mit dem Deutschen Gruß – gegrüßt werden. Wenn eine der Fragen verfänglich schien, sollte man das kundtun und die Antwort verweigern. Daran habe ich mich gehalten und bin dabei sehr anständig behandelt worden. Nach so vielen Jahren kenne ich den Inhalt der Fragen nicht mehr genau, aber sehr kritische Fragen sind nicht gestellt worden. Ein Seemann von uns hat sich im Verhör sehr rüpelhaft benommen. Dafür hat er von dem fragenden Offizier eine mächtige Ohrfeige bekommen.

In demselben Zeitraum bekamen wir auch die sogenannte Rote-Kreuz-Karte. Das war eine Doppelkarte, deren eine Hälfte nach Genf zum Roten Kreuz ging, die andere sollte nach Hause geschickt werden. Auf der Karte war alles vorgedruckt, man durfte außer der Anschrift nichts ergänzen. Aus der Karte ging hervor, dass man in Gefangenschaft geraten war, und außerdem, ob man gesund, verwundet oder schwerstverwundet war. Es sollte die erste Information für meine Familie zu Hause sein. Diese Karte ist schon Mitte Oktober 1944 bei meiner Frau eingetroffen, noch kurz bevor mein Sohn am 30. Oktober 1944 geboren wurde.

An unser Leben auf dem U-Boot dachten wir kaum noch, dieses Kapitel lag ein für alle Mal hinter uns. Dennoch sann ich gelegentlich darüber nach, was aus unserem kaum zerstörten Boot geworden sein mag.

Vier Tage behielt uns diese leidlich gastliche Stätte Am fünften Tage, dem 31. August 1944, herrschte schon am frühen Morgen große Aufregung im Lager. Endlich sollte die versprochene Verschiffung in ein ordentliches Lager stattfinden. Dazu mussten wir uns in Marschblöcke formieren. Viele mit Maschinenpistolen bewaffnete Amis eskortierten uns.

Manche unserer Offiziere von den Landtruppen hatten riesige Koffer oder Kisten als Gepäck bei sich. Diese Bagage mussten dann meistens ein bis zwei Landser tragen. Wir konnten uns natürlich nicht verkneifen, mächtig zu pöbeln. In immer noch treuer Ergebenheit plagte sich mancher Landser für seinen Offizier. Der Marsch war keinesfalls kurz, wir liefen beinahe drei Stunden, ehe wir die Landungsstelle erreichten. Hier mussten wir in Trupps lagern, dabei blieb unsere U-Boot-Mannschaft einschließlich unserer Offiziere beisammen.

Ein Trupp nach dem anderen wurde mit Landungsbooten verschifft, auch wir waren an der Reihe. Als wir dann an einem Frachter längsseits gingen und der Kapitän erfuhr, dass wir eine U-Boot-Mannschaft seien, verweigerte er unsere Aufnahme. Das erfüllte uns mit Stolz, weil die Amerikaner offensichtlich immer noch mächtigen Respekt vor uns hatten. Unsere Fähre brachte uns deshalb wieder an Land zurück. Mit mehreren Posten als Bewachung blieben wir allein am Strand. Wir lagerten ungezwungen im Sande und harrten der Dinge, die da kommen sollten.

Dabei hatten wir Zeit, uns einmal umzusehen, was da alles vor sich ging. Wir waren genau an der Landungsstelle, an der Nacht vom 14. auf den 15. August 1944 die Landung der Amerikaner in Südfrankreich stattgefunden hatte. Es war eine mächtige Bucht mit meist flachem Ufer und breitem Sandstreifen – eigentlich ein herrlicher Badestrand – aber was war jetzt hier los!

In der Bucht ankerten vielleicht 40 bis 50 Schiffe der typischen Liberty-Klasse, etwa 5.000 BRT. Sechs bis sieben Schiffe wurden gleichzeitig mit Hilfe von Amphibienfahrzeugen (Schwimmautos) entladen. Große Netze voll mit Kisten, Kanistern und ähnlichem Transportgut wurden mit Hilfe der Schiffsladebäume in diese Autos gehoben, so abgemessen, dass jeweils ein Netz das Auto füllte. Es ließ sich nicht übersehen, wie viele Autos jeweils von einem Schiff die Fracht übernahmen. Diese Autos schwammen an den Strand bis die Räder auf vorbereitete Landungswege griffen. Es gab vielleicht zehn bis fünfzehn solcher Straßen. Diese Landungswege waren über den breiten Strand bis zur Auffahrt zur befestigten Landstraße mit starken Lochplatten belegt, so dass ein Einsinken in den weichen Sand verhindert wurde. Schätzungsweise waren es Autos mit einer Ladekapazität von drei Tonnen, die in großer Zahl Tag und Nacht unaufhörlich vermutlich bis weit in das Hinterland hinein den Nachschub sicherten.

In der Nähe des Strandes wurde nichts mehr abgeladen, denn hier standen bereits Türme und Berge von Kisten in unvorstellbaren Ausmaßen. Die materielle Überlegenheit der Amerikaner konnte uns nicht besser demonstriert werden. Kein Luftangriff von deutscher Seite hinderte sie an dem emsigen Treiben. An den Zufahrtsstraßen stand jeweils Militärpolizei, die dort wie an einer Großstadtkreuzung den Verkehr regelte. Man muss es gesehen haben, mit welchem Aufwand der Amerikaner diese Landungen vorbereitet hatte.

Es wurde langsam finster. Von Verpflegung keine Spur. Als wir dies unseren Bewachern nahelegten, war es für sie die selbstverständlichste Sache der Welt, dass sie von so einem Kistenberg etliche Kisten herunter warfen. Mit Hilfe eines großen Messers, ähnlich unserem Seitengewehr, wurden diese Kisten aufgebrochen. Zum Vorschein kamen große Büchsen, in denen jede Menge Kekse, Schokolade, Zigaretten und Bonbons waren. Die Posten nahmen etliches für sich, vor allem die Zigaretten. Den Rest konnten wir unter uns aufteilen. Jetzt lebten wir wieder einmal wie die Made im Speck, auch wenn es nicht gerade eine herzhafte Kost war.

Die Nacht mussten wir am Strand verbringen. Erst am Morgen brachte uns ein Lastwagen wieder in das alte Lager zurück, aber schon am darauffolgendem Morgen ging es mit Lastwagen wieder an den Strand zurück. Nun wurden wir zügig auf einen englischen Frachter alten Typs verladen. Wir mussten sofort durch eine Ladeluke mit Hilfe einer breiten Leiter in den Laderaum steigen. Dieser Laderaum war vollständig mit Stellagen zum Schlafen ausgefüllt, drei Stock übereinander. Das war so ein für Kolonialtruppen ausgebauter Truppentransporter. Die Ladeluke wurde bis auf einen schmalen Schlitz geschlossen. Wir saßen wie in der Mausefalle. Alle unsere Proteste halfen nichts, erst als am nächsten Morgen die Schiffsmaschine anfing zu arbeiten, das Schiff sich also in Bewegung setzte, durften immer fünf Mann zum Rauchen auf das Oberdeck kommen. Auch die Luke wurde jetzt ganz geöffnet.

Wir erfuhren nun, dass Neapel das Reiseziel sein sollte. Was wollten wir eigentlich dort? Wir wollten doch eigentlich nach Amerika!

Am vierten Tag, dem 5. September 1944, legten wir im Hafen von Neapel an. Zügig wurden wir von Bord getrieben. Unmittelbar an der Pier erwarteten uns offene Lastwagen. Diese Laster brachten uns dann quer durch Neapel bis weit hinter den Vesuv. Durch das Stadtgebiet von Neapel fuhr der Fahrer wie der Teufel. Das war notwendig, denn pausenlos beschossen uns Halbwüchsige mit Steinen. Glücklicherweise passierte uns nichts.

Wir staunten nicht schlecht, als wir dann vor einem mächtigen Lager mit vielen Unterabteilungen landeten. Das Lager befand sich geschätzte fünf Kilometer vom Fuße des Vesuv entfernt in einem riesigen Walnusshain. Die Landschaft war reizvoll. Aber was sollten wir hier? Das Lager hatte die Größe eines Sportplatzes. Es war in mehrere kleinere Lager unterteilt. Drei Viertel des Platzes nahmen kleine, in Reih und Glied stehende Zelte ein. Der Rest des Platzes diente als Appellplatz. Jede Reihe und jedes Zelt hatte eine Nummer. Wir wurden zu je vier Mann in ein Zelt – x-te Reihe, Zelt Nummer soundso – eingewiesen. Jeder erhielt zwei Decken. Unsere Offiziere wurden getrennt von der Mannschaft eingesperrt.

Am anderen Morgen begann die sogenannte Registrierung. Dazu mussten wir außerhalb des Lagers vor einer langen Baracke antreten. Einzeln traten wir dann ein und wurden von Schreibpult zu Schreibpult weitergereicht, eine lange Reihe durch. Es war wie am Fließband, und alles Mögliche wurde notiert. Als Schlussbehandlung wurden wir noch von vorn und von der Seite fotografiert. Von allen zehn Fingern wurde ein Abdruck gemacht. Diese Art Registrierung stellte jede deutsche Gründlichkeit in den Schatten. Das Unangenehmste jedoch war, als wir erfuhren, dass wir noch nicht in einem Stammlager angekommen waren. Immer noch nicht durften wir nach Hause schreiben.

Im Lager 9, in das wir wieder zurückgeführt wurden, und auch in allen anderen Lagern war die Verpflegung von ähnlicher Machart. Gleichartig waren auch die sanitären Anlagen. Wir bekamen ein deutsches Kochgeschirr und einen Löffel. Mittags erhielten wir seit langem wieder warmes Essen mit reichlich Fleisch. Das wurde von deutschen Gefangenen hergerichtet. Als Kochgefäße dienten große Kübel, die in der Form ähnlich wie unsere Mülltonnen aussahen.

Die Küche war sehr spartanisch aber zweckdienlich eingerichtet. Sie bestand aus zwei parallel laufenden Reihen von Ziegelsteinen, auf denen die Essentonnen standen. Zwischen den Ziegelsteinen verlief ein Metallrohr, in das viele kleine Löcher gebohrt waren. Diese Leitung war an ein Benzinfass angeschlossen, welches hochgestellt stand. Der Hahn am Fass wurde aufgedreht und nun lief das Benzin springbrunnenartig aus den kleinen Bohrungen. Mit Hilfe einer Lunte wurde es mit einem lauten Puff entzündet. Zum Schutz vor Regen und Sonne war das Ganze noch überdacht. Seitenwände waren nicht vorhanden.

Die Zuteilungen zum Frühstück und am Abend waren ebenfalls gut, nur für unsere Matrosen-Magen viel zu knapp. Vor allem mangelte es an Brot, wir bekamen immer nur zwei Scheiben. Für unsere Begriffe war das fast kein Brot mehr, sondern schon beinahe Kuchen. Zu den beiden watteweichen schneeweißen Brotscheiben gab es Würstchen, Speck, Margarine und manchmal noch Büchsenfleisch. Für unseren Geschmack waren die Zulagen zu fettig, das Brot zu pappig. Wir sehnten uns nach Schwarzbrot.

Die Waschanlagen waren primitiv aber ausreichend. Schön, dass wir endlich Seife erhalten hatten. Die Kloanlagen waren überraschend sauber, nur für die Bedürfnisse von so vielen Menschen etwas knapp bemessen. Große Gruben waren mit langen Sitzreihen überdeckt. Alles war mit einem zeltplanenverhangenem Gestell eingehüllt. Durch eine selbstschließende Tür konnte man rein und raus. Ein besonderes Kommando, das für die Reinhaltung dieser Anlage sorgte, wurde mit zusätzlicher Verpflegung belohnt. Öfter wurde alles mit Chlor überschüttet und jede Fliege wurde mit der Klatsche verfolgt.

Das Gesamtlager beherbergte vielleicht 10.000 oder noch mehr deutsche und auch italienische Gefangene.

## Bei der CIA in Rom zum Verhör

Nach drei Tagen mussten wir plötzlich wieder das Lager wechseln. Wir kamen nun ins Lager 10. Beim Morgenappell des darauf folgenden Morgens wurden etwa 15 Mann von meiner ehemaligen Besatzung aufgerufen, darunter auch ich. Wir mussten sofort unsere Sachen packen und wurden von englischen Soldaten abgeholt. Sie verfrachteten uns auf einen kleinen mit einer Plane überzogenen Lastwagen. Die Sitzbänke rechts und links boten bequem Platz, obgleich überraschend noch alle vier Offiziere meines Bootes herbei kamen. Am Ende der Bank, an der hinteren offenen Seite des Wagens, nahmen zwei bewaffnete englische Soldaten Platz und los ging die Reise. Was hatte man mit uns vor?

Die Fahrt dauerte mehrere Stunden und führte in nördliche Richtung. Auf halbem Wege, als wir einmal Halt machten, erfuhren wir von unseren Begleitern endlich, dass wir auf dem Wege nach Rom zum „Secret Service" (Geheimdienst) waren.

Die Fahrt war sehr interessant, wir fuhren auf der bekannten Via Roma entlang. Diese Route führte über mächtige Berge des Apennin auch am Monte Cassino vorbei. Hier hatte es vor nicht allzu langer Zeit verbissene Gefechte gegeben, über die die Propaganda monatelang berichtet hatte. Die Brücken in den oft schroffen Tälern waren meist gesprengt. Auf schnellste Weise hatte man die Straße wieder befahrbar gemacht. Ein Stück neben den zerstörten Brücken hatte man mehrere Rohre in den Bach- oder Flusslauf gelegt. Mit mächtigen Baupflügen hatte man dann die steilen Böschungen heruntergeackert und die Erdmassen auf die Rohre geschüttet. Oft war der Taleinschnitt bis zu zehn Meter hoch aufgeschüttet. Als Ersatz für die Straßendecke dienten dicke Lochbleche, ähnlich denen, wie wir sie schon an der Landungsstelle bei St. Raffael gesehen hatten. Neben den kaputten Brücken ging es steil hinunter und an der anderen Seite wieder hinauf. Wenn wir Militärtransporten begegneten, mussten wir lange warten, bis uns die schweren Brocken alle passiert hatten.

Sehr interessant war für mich die Rast am Monte Cassino. Dort war kaum ein Stein auf dem anderen geblieben. Diese Schlüsselstellung war wochenlang von der berühmten und berüchtigten ersten deutschen Fallschirmjägerdivision in wirklich heldenhaftem hartem Einsatz gegen einen überlegenen Gegner gehalten worden. Monte Cassino war ein Begriff in der Kriegsgeschichte geworden.

Ohne dass wir vorher von Rom etwas zu sehen bekamen, erreichten wir plötzlich eine Ansiedlung von etwas abseits von der Straße stehenden typisch italienischen Häusern. Wir waren im Quartier des Secret Service angekommen. Uns war etwas beklommen zu Mute. Was wollten die von uns?

Zur Begrüßung wurden wir sofort gründlich durchsucht. Wir bekamen beinahe alles abgenommen, auch den Löffel und das Kochgeschirr, Uhr und Füllhalter – alles weg! Schließlich wurden wir in einen vollkommen kahlen Raum eingesperrt. Wir befanden uns in einem der einstöckigen Gebäude hinter den Hauptgebäuden. Eine offene Tür führte nach außen in einen Stacheldrahtverhau, der das Aussehen eines Hundezwingers hatte. Dieser Käfig war nicht größer als etwa zehn Meter im Quadrat.

Wir konnten viele solcher Zwinger einsehen. Unser Nachbarzwinger war leer, aber der übernächste war besetzt, und schon stellten wir die Verbindung mit den dort eingesperrten Leuten her. Viele Zwinger waren unbesetzt, es schien hier nicht viel los zu sein. Von unseren Nachbarn erfuhren wir, dass wir hier in der ehemaligen Filmstadt von Rom gelandet waren. Aber es war offensichtlich, dass sie keinen Film mit uns drehen wollten.

Wir bekamen zwei Decken und konnten uns im Raum und auch in unserem kleinen Zwinger frei bewegen. Zum Waschen wurden wir an eine Waschstelle geführt. Zur Verpflegung und zum Zustand der sanitären Anlagen ist mir nichts mehr in Erinnerung geblieben. Wahrscheinlich haben sie das, was wir als Gefangene bisher erlebt hatten, weder übertroffen noch unterschritten.

Einige Tage geschah gar nichts. Es wurde stinklangweilig. Aber ganz plötzlich wurde dann einer von uns weggeholt und nach etwa einer Stunde wieder einer. Zurück kam keiner. Das beunruhigte uns doch erheblich. Schließlich konnten wir aber feststellen, dass die Verhörten nach ihrer Befragung sehr weit weg in einen anderen Zwinger gebracht wurden. Eine Verständigung war über diese weite Entfernung nicht möglich. Mehr als drei bis fünf Mann pro Tag wurden nicht verhört.

Inzwischen hatten wir nebenan neue Nachbarn bekommen. Das waren Leute von der berühmten ersten Fallschirmjägerdivision. Die Unterhaltung mit denen bot uns eine wohltuende Abwechslung. Jetzt erfuhren wir so einiges, was sich an der italienischen Front abgespielt hatte. Dieser Front hatte es auf deutscher Seite fortwährend am Nachschub aller Art gemangelt. Deshalb waren diese Soldaten mehr und mehr zu Partisanen oder auch Banditen geworden. Tagelang waren sie abgeschnitten und hatten weder Verpflegung noch Munition erhalten. Sie hatten sich oft wochenlang in den Bergen und in Bergdörfern verschanzt. Sie schickten Spähtrupps in die verlassenen amerikanischen Linien, um dort liegen gelassenes Material und Proviant zu bergen. – Die Gepflogenheiten der amerikanischen Soldaten kamen ihnen dabei zugute: Jedem Angriff oder Widerstand von deutscher Seite wurde ausgewichen. Erst nach stundenlangem Artilleriebeschuss oder Flugzeugangriffen oder nach Angriffen durch Tiefflieger wurde vorsichtig wieder Tuchfühlung mit den deutschen Stellungen aufgenommen. Wenn sie wieder auf Widerstand stießen, wiederholte sich das Spiel aufs Neue. Das war häufig die Taktik der Amerikaner, außer in den Hauptstoßrichtungen, in denen sie ihre materielle Übermacht rigoros durchsetzten. Die Fallschirmjäger erzählten uns, dass es stets ihre größte Sorge war, nicht restlos vom deutschen Hinterland abgeschnitten zu werden.

Eines Tages war auch ich mit dem Verhör an der Reihe. In einem einfach eingerichteten Raum stand ein Schreibtisch, hinter dem ein englischer Marineoffizier im Rang eines Hauptmannes saß. Der Hauptmann ließ sich als Captain ansprechen. Er bat mich, Platz zu nehmen, und erklärte im besten Deutsch, dass er an einem Buch zur Geschichte der deutschen U-Boot-Waffe arbeiten würde und dementsprechende Fragen hätte. Der Sinn seiner Fragen lief eigentlich nur auf dieses Thema hinaus, wobei er oft abschweifte und viel von Dresden und seinen Bauwerken wissen wollte. Er stellte auch sehr viele familiäre Fragen. Natürlich waren dabei auch Fragen, deren Beantwortung ich in aller Form ablehnte, weil sie mir verfänglich erschienen.

Das Auftreten des Offiziers war nicht aufdringlich oder bedrohlich feindselig, im Gegenteil, es war sehr unterhaltend. Auch Fragen von meiner Seite beantwortete er bereitwillig. Unter anderem zeigte er mir eine Luftaufnahme vom Hafen von Toulon, in der sämtliche durch Luftangriffe vernichteten deutschen U-Boote eingezeichnet waren. Er wusste alle Nummern der Boote und die Namen der Kommandanten. Obwohl ich einige Zeit in Toulon gewesen war, kannte ich die Versenkungsstellen nicht alle. Oft verrieten seine Ausführungen, dass er über vieles besser Bescheid wusste, als er es von mir hätte erfahren können.

Er bot mir gleich am Anfang eine Zigarette an. Auch im Laufe des Gesprächs forderte er mich wiederholt auf zuzulangen. Unter anderem erzählte er mir, dass er sich bereits eine große Übersicht über die deutsche U-Boot- Waffe erarbeitet hätte. Meine Frage, wo das ursprünglich für mich vorgesehene Boot unter Kapitänleutnant Dumrese abgeblieben sei, brachte ihn nicht in Verlegenheit. Er suchte in seinen Mappen und sagte mir dann genau das Datum, sowie die Längen- und Breitengrade, wo dieses Boot vernichtet worden ist. Er erwähnte auch, dass keine Überlebenden geborgen werden konnten.

Ich konnte vom Captain auch eine Menge darüber erfahren, was aus den deutschen U-Booten im Mittelmeer geworden ist. Vor der Befragung war es meine größte Sorge, dass er recht viel über den neuen Torpedo wissen wollte. Bei dem Lehrgang über diesen Torpedo („Zaunkönig") war ich zu strengster Geheimhaltung vergattert worden. Meine Befürchtung, einen Geheimnisverrat begehen zu müssen, war aber unbegründet. Der Captain kam nicht auf dieses Thema zu sprechen. Er erwähnte einmal am Rande, dass sich mit diesem Torpedo viele deutsche U-Boote selbst versenkt haben sollen.

Nach etwa zwei Stunden wurde ich entlassen. Zuvor hatte ich den Captain gebeten, dafür zu sorgen, dass uns unsere abgenommenen Gegenstände wieder zurückgegeben werden. Tatsächlich erhielt ich meine Uhr zurück, nur mein Tintenkuli blieb verschwunden. Auch meine Kameraden vermissten noch dies und jenes. Wahrscheinlich waren diese Dinge bei den untersuchenden Soldaten hängen geblieben.

Ich kam nun zu meinen schon verhörten Kameraden zurück und erfuhr dort, dass es ihnen bei dem Verhör ähnlich ergangen war. Bei den einen hat es länger gedauert, andere waren schneller fertig. Nach ein paar Tagen wiederholte sich die Befragung noch einmal, nur bei weitem nicht wieder so ausführlich. Diesmal waren wir in zwei Tagen durch. Es kamen nur exakte Fragen, die ich entweder beantworten konnte oder höflich die Beantwortung ablehnte. Mit den besten Wünschen für eine baldige Heimkehr wurde ich von diesem Offizier verabschiedet.

Nach knappen vierzehn Tagen wurden wir mit einem Auto wieder nach Neapel zurückgebracht. Alles lief in der gleichen Weise ab wie bei der Hinfahrt. Allerdings landeten wir jetzt plötzlich in einem englisch bewachten Lager unmittelbar neben dem vorhergehenden Lager. Auch die anderen Besatzungsmitglieder meines Bootes waren schon hier. Von unseren Offizieren wurden wir hier abermals getrennt.

In diesem Lager mussten wir plötzlich feststellen, dass wir von Läusen befallen waren. Eigentlich wunderten wir uns, dass uns das nicht schon eher passiert war. Wir bekamen zur Bekämpfung mehrmals große Mengen graues Pulver, aber die Tierchen waren sehr anhänglich. Mit einem elektrischen Blasgerät wurde uns daraufhin so viel Pulver in die Ärmel, Hosenbeine und Hosenschlitze eingeblasen, dass wir beinahe wie Bäckergesellen aussahen. Nach dieser Gewaltkur wurden wir diese Plage erst einmal los.

Bald mussten wir das Lager wieder wechseln, diesmal kamen wir in das Lager 11. Auch hier glichen Verpflegung, Unterkunft und die sanitären Einrichtungen den Verhältnissen in den anderen Lagern bei Neapel.

Waren es die Läusebisse oder hatte ich mich gestoßen, jedenfalls bekam ich am rechten Fuß zwei pfenniggroße offene eitrige Wunden. Hier bezeichnete man sie allgemein als Tropengeschwüre. Ich suchte das Sanitätszelt auf und wurde dort vom Sani (Sanitätsdienstgrad) für den anderen Morgen zum Arzt bestellt. Das Arztzelt befand sich außerhalb des Lagers und bestand aus zwei zusammenstehenden großen Zelten. Hier waren nur deutsche Kriegsgefangene als Ärzte tätig.

Alle bestellten Kranken mussten auf einer Bank vor dem Zelt Platz nehmen. Es saßen schon eine ganze Menge hilfebedürftiger Lagerinsassen da. Plötzlich, kaum dass ich richtig saß, wurde mein Name aufgerufen. Gleichzeitig stand noch einer auf, und vor dem Zelteingang wurde festgestellt, dass der andere derjenige ist, der an der Reihe war. Ich wurde stutzig, denn so häufig war der Name Gundel ja nun doch nicht. Ich lauerte nun gespannt, bis mein Namensvetter wieder auftauchte. Schon kam auch er auf mich zu. Es stellte sich heraus, dass es ein Cousin war. Wir kannten uns nicht, hatten uns nur als Kinder einmal gesehen. Er entstammte der ersten Ehe von einem meiner Onkel. Wir wussten wohl gegenseitig von unserer Existenz, hatten aber keine Verbindung miteinander gehabt. Viel Zeit blieb uns nicht, dass wir uns austauschen konnten, denn der Posten wurde ungeduldig. Leider waren wir nicht in demselben Lager untergebracht. Wir sind uns später nie wieder begegnet. Wie klein ist doch die Welt, könnte man da philosophieren.

Für meinen Fuß erhielt ich im Sanitätszelt einige Tage lang Umschläge, die mit reinem Alkohol getränkt waren. Kein Wunder, dass es mit dieser Behandlung schnell besser wurde.

Das Lagerleben dehnte sich in der Eintönigkeit. Besonders fürchterlich waren die Tage, an denen es plötzlich ganz schlimm regnete. Diese Tage waren in den kleinen Zelten kaum auszuhalten. Man durfte auf keinen Fall die Zeltleinwand berühren, denn dann tropfte es an der Stelle sofort durch. Wenige Stunden genügten, und um uns wurde alles feucht und schlammig. Nach etwa drei Tagen hörte es meist wieder auf zu regnen. Dann wurde die Sonne stürmisch begrüßt. Herrlich war es dann, endlich wieder ausgetrocknet und durchgewärmt zu sein.

Nach 22 Tagen unsäglicher Warterei und quälender Ungewissheit ergab sich am 18. Oktober 1944 eine Weiterentwicklung der Dinge. Wir mussten plötzlich in das Lager 13 und von hier aus schon am nächsten Tag zum Bahnhof. Jeweils 20 Mann wurden in geschlossene Güterwagen verladen. Jedem Wagen waren zwei indische Posten zugeteilt. Wieder einmal wurden wir durch Italien gefahren. Wieder rätselten wir, wohin werden sie uns bringen? Soviel war klar, wir reisten in südliche Richtung. Unsere Posten waren sehr unbekümmert, oft mussten wir ihnen das Gewehr halten. Leider verstanden sie ebenso schlecht englisch wie wir. Unsere Waggontüren standen immer offen. Oft hielten wir, meist auf trostlosen Güterbahnhöfen. Wir durften dann ohne besondere Umstände absteigen, uns aber nicht weit entfernen, um unsere Notdurft zu verrichten.

Bei einer solchen Gelegenheit wurden wir von einer Bande halbwüchsiger Italiener belästigt. Erst wollten sie uns Apfelsinen verkaufen. Als sie merkten, dass wir deutsche Gefangene waren und mit uns kein Geschäft zu machen war, fingen sie an, uns mit Steinen zu bewerfen. Ein ganzer Teil unserer Posten sauste plötzlich wie auf Kommando hinter den Bengels her, nahm ihnen die Körbe ab und schütteten sie uns in die Waggons. Das war uns eine willkommene Abwechslung für unsere Verpflegung, die wieder aus den bekannten Büchsen bestand.

Die Fahrt war trostlos langweilig, auch während der folgenden Nacht. Wir mussten ohne Decken halb im Liegen, halb im Sitzen schlafen. Als endlich der Morgen graute und die Sonne wieder durchbrach, empfanden wir dies als Erleichterung, obwohl wir uns schon vor der erbarmungslosen Mittagssonne fürchteten. Zum Glück erreichten wir das uns unbekannte Ziel schon am Vormittag. Noch wussten wir nicht, wo wir nun gelandet waren. Wir mussten aussteigen, und mit Lastwagen karrten sie uns einige Kilometer weiter zu einem notdürftig mit Stacheldraht eingezäunten Lager, das auf einem abschüssigen Gelände eingerichtet worden war. Weit in der Ferne sahen wir das Meer. Wir erfuhren nun, dass es uns nach Tarent (Taranto) in die süditalienische Provinz Apulien verschlagen hatte. Von der Stadt selbst hatten wir kaum etwas gesehen. Hier waren wir also im Stiefelabsatz von Italien gelandet.

Vom Einmarsch in das Lager ist mir eine unauslöschliche Erinnerung haften geblieben. Wir mussten uns in Marschblöcke formieren, zu fünft nebeneinander, 20 Reihen hintereinander, das waren 100 Mann. Auf diese Weise konnte uns der englische Feldwebel gut abzählen. Der Feldwebel sprach sehr gut deutsch, und bei der Musterung der Marschblöcke fragte er überall, wo die 0,2 Prozent Deutschen seien, die bei einer der letzten Wahlen im Dritten Reiches mit „Nein" gestimmt hätten. Ich weiß nicht mehr, um welche Wahl es damals ging, ich war wohl zu dieser Zeit noch nicht wahlberechtigt. Das soll nicht heißen, dass ich vielleicht auch mit „Nein" gestimmt hätte. Bei dieser Abstimmung, in der nur mit „Ja" oder „Nein" gestimmt werden konnte, erzielte Hitler einen tollen Erfolg mit 99,8% Ja-Stimmen. Dieses Ergebnis hatte offensichtlich auch im Ausland Beachtung gefunden. Der Feldwebel versuchte, mit dieser ironischen Art diejenigen Deutschen zu finden, die gegen Hitler opponiert hatten. Wir quittierten diesen saftigen Witz mit großem Lachen. Etwas anderes schien er auch nicht erwartet zu haben.

Große Mengen Zelte wurden abgeladen. Jeweils vier Mann konnten sich eines schnappen und aufbauen. Der eingezäunte Hang war groß genug, um Zelte für 2.000 Mann aufstellen zu können. Das Gelände war allerdings äußerst miserabel, kaum zum Aufbau einer Zeltstadt geeignet. Der Boden bestand vorwiegend aus Geröll, das nur spärlich mit Gras bewachsen war. Ganz ungünstig für das Aufstellen der Zelte war die Hanglage. Schließlich wurden wir auch mit diesem Problem fertig.

Küchenpersonal fand sich schnell, wodurch die Anfertigung der Verpflegung gelöst schien. Ich habe nur noch vage Erinnerungen an diese Tage, Gutes war es jedenfalls nicht. Der witzige englische Feldwebel, bei dem wir uns einmal beschwerten, meinte lakonisch: „Ihr bekommt bald eine deutsche Lagerleitung, deutsche Küchenleitung, und dann seid ihr bestraft genug!" Wie sehr er damit Recht haben sollte, ist mir später oft aufgefallen.

Dieses Lager sollte nur eine Zwischenlösung sein und blieb deshalb ein Provisorium. Die sanitären Anlagen waren eine Katastrophe. Der Waschplatz mit ganz wenigen Wasserhähnen war eine Zumutung. Die Verpflegung war problematisch, vor allem deswegen, weil man uns wieder einmal die Kochgeschirre weggenommen hatte. Wir wussten nicht, wie wir die suppigen Mahlzeiten empfangen sollten. Nach ein paar Tagen hatten wir uns dann jeder eine leere Konservenbüchse als Menüteller besorgt. Damit musste nur noch das „Problem Löffel" gelöst werden. Wir kamen auf die Idee, aus den Brettern von Konservenkisten Holzlöffel herzustellen. Aber wir hatten ja keine Messer zum Schnitzen. Aus den Blechbändern, die die Kisten zusammenhielten, stellten wir die ersten Messer her. Mit Hilfe von Steinen dengelten wir die Blechstreifen und schliffen daraus in mühseliger Arbeit messerartige Geräte. Wir schafften sehr schnell den Übergang von der Steinzeit zur Neuzeit. Not macht eben erfinderisch!

Für die Verrichtung der Notdurft waren am unteren Ende des Lagers kniehohe Kübel aufgestellt. Es gab überhaupt keinen Sichtschutz. Die italienische Jugend drängelte sich in großer Zahl hinter dem Zaun und empfand es als ein amüsantes Schauspiel, uns bei der Notdurft zuzusehen. Sie konnte sich einfach nicht daran satt sehen.

Eine ganz schlimme Zeit begann, als einige Tage lang heftiger Regen fiel. Auf dem Berghang bildeten sich rasch kleine Flussläufe, denen unsere Zelte natürlich nicht gewachsen waren. Die nur mit Steinen in den Geröllboden eingeschlagenen Zeltheringe verloren sehr bald ihren Halt und die Katastrophe war perfekt. Wir begegneten den Naturgewalten, indem wir ganze Mauern von Steinen aufschichteten, um damit die Wasserfluten in bestimmte Bahnen zu lenken. Natürlich war an uns und unseren wenigen Habseligkeiten nichts mehr trocken. Als die Sonne endlich wieder schien, waren wir doch heilfroh.

Jeder Gefangene sinniert ausgiebig darüber nach, ob und wie er fliehen könnte. In diesem Lager entwarfen auch wir die ersten ernst zu nehmenden Fluchtpläne. Zu viert wollten wir den Stiefelabsatz von Italien durchqueren, um dann mit einem Fischerboot die Adria zu überqueren. Wie wir zu dem Boot kommen sollten, war gänzlich unklar. Wir hatten ja eine gewisse Erfahrung auf dem Gebiet, nachdem wir uns nach der missglückten Sprengung unseres U-Bootes ein Fischerboot „besorgt" hatten. Auf albanischem oder griechischem Boden hofften wir, noch deutsche Truppen anzutreffen. Wir kamen nur deshalb nicht zur Ausführung des Planes, weil wir unbedingt Proviant brauchten. Von den einheimischen Italienern rechneten wir uns nicht viel Hilfe aus. Über etliche Mittelsmänner hatten wir Proviant in Form von Konserven in Aussicht. Aber die Anlieferung wollte und wollte nicht klappen. Vielleicht war es gut so. Wer weiß, was aus uns geworden wäre! Wenn schon die Überfahrt über die Adria geglückt wäre, was hätte uns auf dem Balkan erwartet? Sicher wäre auch das kein Zuckerlecken gewesen!

In der Nähe des Lagers musste ein recht großer Flughafen sein, denn an manchen Tage stiegen bei Tag und Nacht pausenlos viermotorige Flugzeuge auf. Sie formierten sich in der Luft und flogen dann in größeren Formationen in nördlicher Richtung ab. So viele Flugzeuge auf einmal hatte ich in meinem Soldatenleben noch nicht gesehen. Diese Materialüberlegenheit beeindruckte uns stark.

Endlich, nach weiteren 16 Tagen, gab es am 5. November 1944 wieder einen Ruck nach vorne. Wir wurden in den Hafen von Tarent gebracht und auf dem Fahrgastschiff „Ormonde", ca. 10.000 Tonnen groß, eingeschifft. Dieses Schiff war für die Kriegsverwendung als Truppentransporter hergerichtet worden. Leider durften wir die ganz passablen Wohndecks nicht verlassen. Das neue Rätselspiel hieß: Bringt man uns nach England oder nach Amerika?

Schon nach wenigen Tagen hatten wir Gewissheit, denn am 11. November 1944 legten wir in aller Frühe in Port Said (Ägypten) an. Sehr schnell begann die Ausschiffung und ruck-zuck waren wir zu je 20 Mann auf Lastwagen verladen worden. Nachdem der letzte Mann verstaut war, setzte sich der große Konvoi in Bewegung. Nach mehrstündiger, schier endloser Fahrt durch armseligste Dörfer und durch trostlose Wüste landeten wir in einem riesigen Lager. Das hatte eine Länge von mindestens drei Kilometern und war vollkommen vom gelben Wüstensand umgeben.

## Im P.O.W. Camp No. 379 Quassassin in Ägypten

Die Wandertour durch so viele Zwischenlager hatte nun ein Ende gefunden. Ich war im ersten Stammlager meiner Gefangenschaft angekommen. Wir hatten schon viele Möglichkeiten in Erwägung gezogen, wo wir als Kriegsgefangene unseren Frieden finden würden. Dass wir in der Wüste landen sollten, kann als eine gelungene Überraschung gelten. Dieses Lager mit der Nummer 379 hatten die Briten inmitten der Wüste zwischen Kairo und dem Suezkanal anlegen lassen. Die Engländer bezeichneten diese Gegend schlicht als Middle East (Mittlerer Osten). Die nächstliegende menschliche Ansiedlung in der Nähe war ein Dorf mit dem Namen Quassassin.

Es war ein sehr großes Gefangenenlager mit etlichen Wings (Abteilungen) und vielen Cages (Käfigen). In Ägypten gab es mehrere solcher Lager, man sagte, dass hier 100.000 deutsche Gefangene untergebracht seien.

Ich landete im Cage 19. In jedem dieser Käfige waren etwa 500 Gefangene in Zehn-Mann-Zelten interniert. Ein größeres Zelt hatten nur die Lagerleitung und der Sanitäter. Zu jedem Käfig gehörte ein eigener Waschplatz, bestehend aus einer Betonfläche und betonierten Waschtischen. Dort gab es drei Wasserhähne und viele Waschschüsseln.

Die Küche bestand aus zwei festen einräumigen, mit Wellblech gedeckten Häuschen, die auch als Lager für Proviant dienten. Gekocht wurde mit 10 bis 12 Rohöl-Öfen, die wie Kanonenöfen aussahen. Unter dem herausnehmbaren Kessel mit 20 bis 30 Liter Inhalt brodelte ein Rohölfeuer, dem aus einem Behälter tropfenweise Rohöl und Wasser zugeführt wurde. Aus den seitlich angebrachten Schornsteinen aus Ofenrohr quollen dann schwarze Rauchwolken mit fettigen Rußflocken. Von der intensiv schwarz färbenden Qualität der Rußflocken konnten die Bewohner der in der Windrichtung liegenden Zelte ein Lied singen.

Die Zelte waren in Reih und Glied aufgestellt, und zwar so, dass noch ein großer Appellplatz am Käfigeingang frei geblieben war. Dieser Platz diente auch als Sportplatz und vor allem als Platz für das Zählen. Die Zählung war ein eigenwilliger Akt, der am Anfang täglich zweimal stattfand, später nur noch einmal. Dazu mussten wir zu fünft nebeneinander und in 20 Reihen hintereinander antreten. Bevor der eigentliche Zählvorgang durch unseren Cage-Sergeanten begann, mussten wir uns hinkauern. Der Sergeant schritt die Reihen ab und zählte uns. Er konnte sehr giftig werden, wenn die heilige Ordnung nicht schnell genug hergestellt war. Eine beliebte Strafmaßnahme war der Entzug von Sportgeräten.

Die sanitären Einrichtungen waren primitiv, aber sauber und ausreichend. Die Reinigung der Anlagen lag in unserer Hand, die

Kästen oder Kübel wurden täglich von einem arabischen Kommando geleert.

Durch das gesamte Gefangenenlager zog sich eine breite Lagerstraße von ungefähr 50 bis 60 Meter Breite. Im Zentrum des Lagers befanden sich an dieser Straße die Wohn- und Verwaltungszelte der Engländer und der Wachmannschaften. Die Wachmannschaften bestanden immer aus Farbigen, meist Negern. Auch Inder waren zeitweise da. Überhaupt wechselten die Wachmannschaften des Öfteren, während der Kommandant und die Cage-Sergeanten meistens über ein Jahr lang nicht ausgewechselt wurden.

Der Begrenzungszaun der Käfige zur Lagerstraße hin war nur einfach gezogen. Zwischen den Käfigen und auch an der Hinterseite zur sogenannten „Freiheit" gab es doppelte, zwei Meter hohe Zäune. In den zwei bis drei Meter breiten Gängen zwischen Käfigzaun und Außenzaun lagen Stacheldrahtrollen. An den Außenzäunen standen an jeder Käfigecke besetzte Wachtürme. Durch die Gänge zwischen den Käfigen patrouillierten Posten, um uns am Fliehen zu hindern oder um zu beobachten, ob alles in Ordnung ist. An der Innenseite des Zauns war im Abstand von zwei Metern ringsherum ein kniehoher Absperrstacheldraht gezogen, den wir nicht übertreten durften. Der Zwischenraum zwischen Zaun und Absperrdraht wurde immer geharkt, so dass Übertritte sofort feststellbar waren. Im Zaun zur Lagerstraße befand sich ein Tor. Dieses Tor war aus stacheldrahtüberzogenen Latten gezimmert. Es wurde mit einer Kette und Vorhängeschloss verschlossen. In den Zwischengängen rings um die Käfige, auf der Lagerstraße und um das gesamte Lager waren alle zehn Meter Lampen, die in die Käfige leuchteten, angebracht. In der Nacht konnte man lange Lichterreihen sehen, wodurch man die Ausmaße des gesamten Lagers erahnen konnte. Kein Zweifel, wir waren hier völlig sicher untergebracht!

Direkte Aufgaben wurden uns nicht übertragen. Das war nicht unbedingt ein Vorteil, denn meist gammelten wir herum und waren uns selbst überlassen. Je nach Temperament schlug ein jeder auf seine Weise die Zeit tot. Manche hatten Interesse, an Lehrgängen aller Art teilzunehmen. Diese Weiterbildungen entstanden durch Eigeninitiative der Insassen. Am Anfang mangelte es an geeignetem Lehrmaterial und an Schreibpapier.

Mancher Lagerinsasse umschlich stundenlang die Küche und konnte genau sagen, in welchem Kessel die meisten Erbsen seien. Wieder andere schliefen immerzu, sie erwachten nur zu den Mahlzeiten, ohne dafür geweckt werden zu müssen.

Abends wurde das gesamte Lager immer munterer. In größeren und kleineren Gruppen wurde erzählt und diskutiert. Dabei drehten wir etliche Runden innerhalb des Zaunes. In meinem Käfig befanden sich etliche Gefangene mit ungeahntem Wissen. Nachdem diese Kapazitäten im Laufe der Zeit immer besser mit Material versorgt wurden, veranstalteten sie gute Lehrgänge und auch Vorträge. Das war auch in anderen Käfigen so.

Auch der Sport wurde immer intensiver und zielgerichteter betrieben. Besonders gefördert wurde Boxen und Fußball. Das waren die speziellen Sportarten der Engländer. Deshalb wurden dafür Möglichkeiten zur Ausübung geschaffen. Bald wurden auch Wettkämpfe zwischen den Käfigen geduldet. Die englischen Offiziere und Sergeanten waren gern gesehene Gäste dieser Veranstaltungen. Wir bemerkten, dass auch unser Bewachungspersonal in dieser trostlosen Gegend solche Abwechslungen suchte.

Nicht nur sportliche Interessengruppen bildeten sich, sondern es wurden auch Chöre mit beachtlichen Leistungen gegründet. In meinem Käfig wurde der Chor von einem unscheinbaren Mann geleitet, der unwahrscheinliche Fähigkeiten entwickelte. Er baute einen stimmgewaltigen Chor mit erstaunlichem Repertoire auf, dem auch ich angehörte. Außerdem gründeten sich leistungsstarke Schachgruppen. Auch im Schach wurden ehrgeizige Wettkämpfe zwischen den Käfigen organisiert. Natürlich konnte jeden Tag geprobt und geübt werden, denn der Faktor Zeit war unheimlich ergiebig.

Man könnte annehmen, dass alles sehr friedlich abrollte, weil jeder seinen Neigungen nachgehen konnte. So lief es aber bei weitem nicht, denn immer gab es Quertreiber aller Art. Besonders unangenehm waren die politischen Agitatoren. Auch soll es Käfige gegeben haben, wo der Barras noch Triumphe feierte, jedenfalls bis zur Kapitulation. Dort wurde jeder Unteroffizier und

Feldwebel wie eh zackig gegrüßt, und die Zählappelle glichen Dienstausgaben wie auf dem Kasernenhof.

Eine gewisse Disziplin war natürlich Voraussetzung bei der Lenkung und Leitung eines solchen Männerstaates, wie es ein Gefangenenlager nun einmal darstellt. Der Engländer hielt sich dabei vornehm im Hintergrund. Ich bin aber davon überzeugt, dass er schon die Zügel in der Hand hielt, denn nicht von ungefähr tauchten plötzlich sogenannte Antifaschisten auf. Erst ganz einzeln und später in organisierten Aktionen.

Nach der Kapitulation begannen diese Leute mit einer politischen Klassifizierung der Gefangenen. Lautstarke NS-Anhänger, die vereinzelt immer noch auftraten, besonders SS-Angehörige, verschwanden meist schnell in anderen Käfigen. Dies fiel kaum auf, denn beinahe täglich kamen „Neue" in den Käfig und andere gingen. Verursacht wurde dies zwangsläufig durch Kommandierungen oder Lazarettaufenthalte. Man konnte sich auch auf Wunsch in andere Käfige umsetzen lassen. Außerdem kamen bis weit nach der Kapitulation immer noch neu in Gefangenschaft geratene Wehrmachtangehörige ins Lager. Die waren meist in der Ägäis, den griechischen Inseln im Ägäischen Meer, aufgebracht worden.

Sehr gefürchtet waren die sogenannten Inspektionen, die von Zeit zu Zeit durchgeführt wurden. Eigentlich waren das nur Besichtigungen der Käfige durch den Lagerkommandanten. Vorher wurde der ganze Käfig mobil gemacht. Sämtliche Sachen mussten vor die Zelte geräumt werden. Alles wurde fein säuberlich auf dem einmal zusammengeschlagenen Strohsack aufgebaut. Über die Decken wurde das Handtuch angeordnet. Als Krönung obenauf stand dann unser Essgeschirr, ein verzinkter Napf und ein Blechteller. Diese Teile wurden zuvor mit Wüstensand auf Hochglanz gewienert. Privatsachen durften nicht in Erscheinung treten. Die Zeltwände wurden allseitig hochgerollt, damit die Inspektoren freien Einblick und Durchblick hatten. Alles hatte peinlichst sauber zu sein. Alle Wege und die Flächen zwischen den Zelten wurden geharkt. Man wusste kaum noch, wo man sich hinstellen sollte.

Ein Zelt, zur Inspektion bereit

Stundenlang dirigierte der Cage-Sergeant an allen Ecken herum, bis er glaubte, mit seinem Käfig nicht mehr aufzufallen. Dann musste noch auf den Kommandanten gewartet werden, wobei nochmals gut und gerne ein bis zwei Stunden verstrichen. Kam er dann endlich, musste jeder hinter seinen Sachen antreten. Der Käfig wurde zackig gemeldet und darauf marschierte der Stab, bestehend aus dem Kommandanten mit seinem Adjutanten, dem Cage-Sergeanten, dem Lagerleiter und einem Dolmetscher die Reihen und die Ecken des Käfigs ab. Manchmal ging es ohne Zwischenfälle ab, aber manchmal war der Teufel los. Überall gab es Beanstandungen, so dass nach ein paar Tagen das ganze Spiel wiederholt werden musste. War dann wieder einmal alles überstanden, atmete alles erleichtert auf.

Besondere Höhepunkte in unserem Lagerleben waren die Verteilungen der Rote-Kreuz-Sendungen aus Deutschland. Auch die Ausgabe der Marketenderwaren war immer wie ein kleines Weihnachten. Marketenderwaren waren begehrte Produkte (Zigaretten, Süßigkeiten und ähnliches), die wir regelmäßig bestellen konnten. Direktes Geld zur Bezahlung bekamen wir anfangs nicht in die Hände, sondern die Beträge wurden verrechnet, wobei als Basis die ägyptische Währung diente (ein ägyptisches Pfund hat 100 Piaster). Als Unteroffizier bekam ich 120 Piaster für vierzehn Tage. Man konnte sich dafür allerhand leisten, auch wenn man Raucher war. Zwanzig Zigaretten kosteten etwa sechs Piaster.

Die Rote-Kreuz-Sendungen enthielten Hefte, Schreibbücher, Bleistifte und oft auch Kekse und Spezialbrot. Alles das waren heiß ersehnte Dinge, die unser Gefangenenherz höher schlagen ließen. Aus diesen Sendungen stammten auch die begehrten Lehrbücher. Kekse und Brot waren ebenfalls gern gesehene Dinge, obwohl wir fast ein wenig schlechtes Gewissen dabei hatten, weil wir glaubten, dass wir es den Kindern in der Heimat wegessen. Bei aller Abgeschiedenheit waren wir einigermaßen darüber informiert, wie die Lage in Deutschland aussah. Die Lieben daheim hätten diese Lebensmittel sicherlich nötiger gebraucht.

Leider haben wir diese besonderen Höhepunkte nicht allzu lange genießen können, denn mit der Kapitulation Deutschlands hörten diese Zuwendungen schlagartig auf. Es hieß nun, dass Deutschland nichts mehr schicken könnte, auch kein Geld, wobei wir überzeugt waren, dass das Geld niemals direkt aus Deutschland gekommen war. Sicherlich war dies durch eine Genfer Bestimmung so geregelt, dass die Kriegsparteien im gegenseitigen Ausgleich für ihre Gefangenen sorgen sollten. Nach der Kapitulation gab es natürlich keine britischen Gefangenen mehr und folglich auch keinen Ausgleich. Nun waren wir beinahe rechtlos geworden.

Eines Tages war es so weit. Plötzlich in der Nacht flammten riesige Feuer in der näheren und weiteren Umgebung auf. Der V-Day (Victory Day, Tag des Sieges) war für die Engländer gekommen, für uns die Kapitulation. Durch unsere tägliche Zeitungsschau konnten wir die Dinge voraussehen, aber bis zum letzten Tag hatten wir auf Wunder gehofft. Worauf eigentlich? Auf die große Wende? – Heute wissen wir, wie absurd dies war. Damals hat immer noch ein großer Teil der Gefangenen bis zur letzten Minute der Goebbels'schen Propaganda vertraut und auf eine glückliche Wende gehofft. Freimütig gebe ich zu Protokoll, dass auch ich unter den noch Hoffenden war. Wir haben sogar noch nach der Kapitulation die Flüsterparolen für bare Münze gehalten, wonach die kriegsentscheidenden Waffen noch irgendwo versteckt sein sollten. Wir konnten uns einfach nicht vorstellen, dass wir den Krieg verloren hatten. Wer ist denn schon gern auf der Verliererseite! Allzugern hörten wir auf anders lautende Parolen. Im Allgemeinen waren wir aber sehr kleinlaut geworden.

Die ersten Tage nach der Kapitulation haben wir kaum etwas von unseren Engländern gespürt. Sie haben mächtig gefeiert und hatten auch allen Grund dazu. Aber dann ging es Schlag auf Schlag. Wir merkten sehr bald, dass sich unsere Lage nun erst einmal verschlechterte. Das fing mit Äußerlichkeiten an: Wer noch Dienstgradabzeichen und das Hoheitsabzeichen auf der Brust besaß, musste dies von den Uniformstücken entfernen.

Rote-Kreuz-Pakete und auch Geld gab es nicht mehr. Bald begannen schlechte Zeiten, besonders für die Raucher, und ich war einer.

Die Verpflegung wurde schlagartig schlechter. Mussten sonst 50 bis 60 Männer Verpflegung holen, genügten bald nur 20 Mann für den Transport. Nicht nur mengenmäßig äußerte sich das, auch die Qualität wurde schlechter. Wochenlang, außer sonntags, mussten weiße Bohnen, dann wieder einige Wochen lang Erbsen gekocht werden. Ganz fürchterlich waren die großen braunen Bohnen, es sollten Sojabohnen sein. Die waren alle von einem Käfer bewohnt. Vor dem Kochen wurden diese Bohnen in die Zelte verteilt, um die Käfer durch Klopfen auf Steine zu entfernen. Es war ein lustiges Bild, wenn sich der gesamte Käfig emsig mit den Bohnen beschäftigte.

Die Zutaten waren so eingeschränkt worden, dass nur sonntags etwas anderes gekocht werden konnte. Das waren dann meist Nudeln, seltener ein Kartoffelgericht, denn Kartoffeln waren hier in Afrika knapp. Frischfleisch war selten. Wenn es welches gab, war es meistens Pferdefleisch. Aber es gab Fleischkonserven verschiedener Art, natürlich nur wenige. Unser Mittagessen war fast immer suppig und nicht reichlich. Auch die anderen Mahlzeiten waren sehr knapp, besonders das Brot war sehr rar geworden.

Unsere Lebenslage hatte sich sehr verschlechtert. Damit wurde ein Zustand erreicht, den sich der Engländer in Voraussicht organisiert hatte. Nachdem er uns ein gutes Jahr so kurz gehalten hatte, bot er uns nach und nach Arbeit an. Erst zögernd, dann aber bereitwillig meldeten sich immer mehr Freiwillige. Mit der Arbeit wurde natürlich auch bessere Verpflegung und Geld versprochen. Eigentlich brauchten wir laut Genfer Konvention unter diesen klimatischen Verhältnissen nicht zu arbeiten, aber auf die oben beschriebene Weise wurde uns dies im wahrsten Sinne des Wortes schmackhaft gemacht.

\* \* \*

Bis Mitte 1946, noch ehe sich fast alle zur Arbeit gemeldet hatten, erlebten die großen Lager ihren kulturellen Höhepunkt. Sport, Theater, Lehrgänge hatten ihren höchsten Stand erreicht. Trotz der miserablen Verpflegung war in allen Käfigen allerhand geboten worden. Vielen und auch mir ist diese Zeit keine tote Zeit gewesen. Im Gegenteil, ein großer Teil meines allgemeinen Wissens habe ich gerade in dieser Zeit gefestigt und stark erweitert. Ich habe an vielen Lehrgängen und Vorträgen teilgenommen und fleißig an mir gearbeitet. Auf vielen Klosettpapierblättern und auch in einigen Heften habe ich das Gebotene aufgeschrieben und bis zum heutigen Tag aufbewahrt. Da Schreibhefte ein großer Engpass waren, besonders nach dem Ausbleiben der Rote-Kreuz-Pakete, wurde allgemein auf Klosettpapier geschrieben, wozu es sich vorzüglich eignete. Für diesen Zweck erhielten wir das extra reichlich.

Leider haben es nicht alle so gehalten. Es gab auch recht sonderbare Mitgefangene, die für allen Quatsch und Klatsch sehr empfänglich waren und damit viel Unzufriedenheit und Querelen anstifteten. Die Geister schieden sich eben auch hier.

Einige versuchten ihr Glück in der Flucht. Sie wurden fast ausnahmslos wieder eingefangen und mussten 28 Tage „Kallabusch" (Arrest) verbüßen. Wo wollten sie auch hin? Die meisten wollten in Kairo untertauchen. Ich weiß nicht, ob es einigen gelungen ist.

Unsere Wohnkultur hatte sich etwas verbessert, indem wir den Innenraum unserer Zelte etwa einen halben bis einen Meter tief ausschachteten. So konnten wir fast überall aufrecht im Zelt stehen. Zu diesem Zweck hatten wir einige Spaten und Schaufeln in das Lager bekommen.

Beim Graben und Schachten bemerkten wir, dass der Boden der Wüste stark lehmige Eigenschaften hatte. Man konnte richtige Mauern stampfen, die Festigkeit war enorm. Auf dieser Basis stellten wir große Mengen Ziegel her. Aus diesen errichteten wir ganz komfortable Bühnen und andere kulturelle Bauwerke in den Käfigen. Am Ende der Lagerstraße entstanden aus diesem Material ein großes Freilichttheater und ein Fußballplatz. Bei besonderen Anlässen wurden wir käfigweise geschlossen dort hingeführt.

Ich entsinne mich eines großen Konzertes, das vom deutschen Offizierslager gegeben wurde. Es war ein mächtiges Orchester mit einem großen Chor, das klassische Werke zu Gehör brachte. Schließlich gab es ein außergewöhnliches Fußballspiel. Eine Auswahl von deutschen Gefangenen aus allen Käfigen stand einer englischen Auswahl gegenüber, die aus Spielern von Einheiten der Umgebung bestand. Dazu wurden lange vorher die Fußballstars zusammengezogen. Für das Ereignis wurde hart trainiert. Der Jubel wollte kein Ende nehmen, als wir die Engländer knapp bezwangen. Ein mächtiger Sergeant leitete diesen sportlichen Höhepunkt sehr neutral und selbstsicher, er schien auch der Initiator gewesen zu sein.

Das waren außergewöhnliche Tage in dem Einerlei der Gefangenschaft. In meiner Erinnerung ist nach so vielen Jahren eigentlich gar keine Langeweile registriert, denn immer wieder gab es Stimmungen oder Spannungen im Lagerleben.

Anlass für Missmut gaben vor allem auch die sogenannten „Seelenfilzer". Das war zuerst ein ausgesuchter Stab von Gefangenen, die sich als Antifaschisten bezeichneten. Später wurden Befragungen von englischen Offizieren, sogenannten IO's (Intelligence Officer – entspricht einem Politoffizier) durchgeführt.

Wir Kriegsgefangenen bezeichneten uns flapsig als „P.O.Wist" (sprich: „Piowist"). Diese Abkürzung geht auf das englische „P.O.W." (Prisoner of War – Kriegsgefangener) zurück.

Jeder Gefangene wurde in einem leeren Zelt einem großen Verhör unterzogen. Seine Einstellung zum Faschismus und seine politische Haltung wurden erkundet. Ich bin mehrere Male zur Seelenfilzung gewesen. Als Ergebnis dieser Verhöre wurde jeder klassifiziert und mit Punkten bewertet. Die zugemessene Punktzahl sollte im Endeffekt die Reihenfolge bei der Entlassung aus der Gefangenschaft bestimmen. Ich weiß heute nicht mehr, wie sich die Punkte errechneten, aber auch sachliche Fakten, wie die Länge der Gefangenschaft und die Familienverhältnisse, gingen dabei ein. Die Hauptklassifizierung aber waren die Buchstaben A, B, C, und C+.

Diese Buchstaben bedeuteten:

| | |
|---|---|
| A | Antifaschisten |
| B | Mitläufer |
| C | Faschisten |
| C+ | unverbesserliche Faschisten |

Solche Verhöre dauerten in jedem Käfig einige Tage. Als Resultat der Einschätzung erfolgte unter Umständen eine neue Zuordnung in die Käfige.

Schon allein durch die Tatsache, dass ich als Wehrmachtsfreiwilliger in der Sondereinheit U-Boote gedient hatte, war ich nach den ersten Verhören erst einmal ein C-Mann. Infolge dessen musste ich mehrfach den Käfig wechseln. Nicht immer stellte sich das als Nachteil heraus, denn fast alle Intellektuellen wurden von den sogenannten Antifaschisten erst einmal zu Faschisten gemacht. So waren in meinem Käfig etliche Doktoren verschiedener Wissenschaften und sonstige Wissenschaftler meine Nachbarn. Das wirkte sich natürlich maßgeblich auf das Niveau der Lehrgänge aus. Davon konnten wir nur profitieren. Diese Intelligenzler waren meist in der Ägäis oder in Griechenland in Gefangenschaft geraten, als es kein Zurück mehr gab. Sie hatten dort schon an Offiziersschulen oder sonstigen Institutionen als zivile Lehrer oder Wehrmachtsbeamte gewirkt. Da sie nach ihrem militärischen Dienstgrad keine Offiziere waren, oft nur Gefreite, mussten sie mit in unserem Lager sein.

Im Laufe der Zeit bin ich am

   9. Februar 1945 von Käfig 19 nach Käfig 4,

   27. September 1945 von Käfig 4 wieder nach Käfig 19,

   2. November 1945 von Käfig 19 nach Käfig 21 umgezogen.

Ein Nachteil der Umzüge war es, dass die Zeltgemeinschaft jedes Mal auseinander gerissen wurde. Das neue Zelt war unter Umständen nicht so schön ausgebaut, wie jenes, das man verlassen musste.

Im Käfig 21 war ich dann neun Monate bis in den Juni 1946 interniert. Das war auch meine aktivste Zeit während meiner ganzen Gefangenschaft in kultureller Hinsicht und auch in Fragen der Weiterbildung durch Lehrgänge.

Meine Zeltgemeinschaft im Käfig 4
Hintere Reihe: Ittner, Roggenbauer, Schakulat, Helfenstein, Schäfer
Vordere Reihe: Gundel, Mauer, Thierbach, Wehrum, Grützke

# Unser Gefangenentheater

Das Gefangenentheater bot ernste und heitere Kost.

Das Bühnenstück „Frau Venus lässt bitten" wurde von Kriegsgefangenen geschrieben und von Kriegsgefangenen gespielt. Natürlich mussten auch die Frauenrollen mit Männern besetzt werden. Das ganze Spiel mit vielen Passagen, Musik und Balletteinlagen wurde sehr amüsant serviert und erntete viel Applaus.

Kurze Beschreibung des Bühnenstückes: Frau Venus und alle Bewohner des Venusberges langweilen sich fürchterlich. Unabhängig voneinander beschließen sie, sich einen Menschen von der Erde zu holen. Frau Venus und die anderen Göttinnen laden sich natürlich einen jungen Mann und die Männer des Venusberges ein junges Mädchen ein. Merkur bringt die ausgewählten Erdenmenschen getrennt auf den Venusberg. Auf dem Venusberg ahnt niemand, dass sie sich ein entzweites Liebespaar geholt hatten. Die Damen amüsieren sich entzückt mit dem jungen Mann und die Herren mit dem jungen Mädchen. Das geht so lange gut, bis sich die Erdenmenschen auf dem Venusberg begegnen. Sie machen sich Vorhaltungen, und der Venusberg erfährt nun die wahren Zusammenhänge. Alles drängt nun auf eine Versöhnung, die dann festlich begangen wird. Danach kehren die Erdenbürger zur Erde zurück.

Frau Venus langweilt sich sehr

▲ Bacchus und Casanova
haben einen guten Plan

Bacchus mit zwei Gottheiten ▶

Die Balletstars von Afrika

## Arbeitseinsatz im Scheinwerfer-Kommando

Der zuletzt beschriebene Zeitraum meiner Gefangenschaft hatte einige unangenehme Schattenseiten. Ich beschrieb es schon, dass die Verpflegung nicht besonders war, sie war sogar schlecht. Außerdem hatten wir nichts zu rauchen. Schweren Herzens hatte ich meine Uhr verkauft. Die Zigaretten, die ich für den Erlös bekam, waren eines Tages zu Ende. Ich musste noch eine innere Blockade überwinden, ehe ich dem Kriegsgegner meine Arbeitskraft anbieten konnte. Letzten Endes erlag ich den Versprechungen für besseres Essen und Geld, wenn man eine Arbeit aufnahm.

Allgemein war uns bekannt, dass uns der Engländer unter extremen klimatischen Bedingungen nicht zur Arbeit zwingen konnte. Dies traf voll und ganz auf unsere Unterbringung in der afrikanischen Wüste zu. Der Engländer jedoch besaß genügend Menschenkenntnis, wie er uns behandeln musste, damit wir ganz von allein um Arbeit bitten würden. Diese Behandlung war eigentlich sehr einfach: Entzug aller Genussmittel und Verknappung der Verpflegung. Dem gegenüber gab es Versprechungen von entsprechenden Verbesserungen bei Aufnahme von Arbeit. Dabei kann ich hier gleich feststellen, dass unser Arbeitseinsatz oft mehr nach Beschäftigung aussah und manchmal kaum einen Sinn hatte.

So kam es, wie es kommen musste: Eines Tages fing ich an, mich für die fast täglich beim Zählappell angebotenen Arbeitskommandos zu melden, wenn sie mir günstig erschienen. Auf Anhieb klappte es nicht, aber am 10. Juni 1946 wurde auch ich aufgerufen, um mich zum Abtransport fertig zu machen. Ich hatte mich zum Einsatz in einem Scheinwerfer-Kommando angeboten. Obwohl ich überhaupt noch keine Berührung mit Scheinwerfern gehabt hatte und daher auch keine blasse Ahnung davon hatte, wurde ich als Aggregatführer gebraucht. Ich war einigermaßen gespannt, was da auf mich zurollte. Im Moment war ich heilfroh, endlich in eine andere Umgebung zu kommen. Nach 19 Monaten kam ich auf diese Weise das erste Mal aus dem öden großen Lager heraus.

Das Camp 379 blieb endlich hinter uns. Für das Auge bot das Lager nichts als Sand und Steine, Stacheldraht und heiße Sonne. Doch konnte das an anderer Stelle in Ägypten besser sein?

In mehrstündiger Fahrt mit einem kleinen Lastwagen transportierte man uns erst nach Kairo. Wir durchfuhren wahrscheinlich die ganze Stadt. So konnten wir einen optischen Eindruck von der ägyptischen Hauptstadt gewinnen, soweit das aus dem nur nach hinten offenen Lastwagen möglich war. Wir passierten armseligste Gegenden mit dicht gedrängten Lehmhüttenbehausungen. Von der Fahrt durch die Innenstadt sind mir vor allem die mit Menschentrauben behängten Straßenbahnen in Erinnerung geblieben. Dann führte die Strecke durch menschenleere Villengegenden, in denen alles zu schlafen schien, denn die Fensterläden waren geschlossen. Am östlichen Ufer des Nils entlang fahrend verließen wir Kairo. Die folgenden Städte Heluan und Tura schienen wiederum in den Schlaf gefallen zu sein.

Weiter südlich empfing uns eine eigenartige Gegend. Ungefähr 400 Meter von der Straße entfernt erhoben sich bis in eine Höhe von 340 Metern gebirgsartige Felswände. Von unserem Standort bis zum Nil waren es bestimmt einige Kilometer. Da das Terrain vom Nil bis an die Felswände allmählich anstieg, hatten wir bei der guten Sicht einen weiten Blick in westliche Richtung. Ich konnte eine Reihe von Pyramiden am anderen Ufer des Nils erkennen. Im Übrigen war auch diese Gegend, bis auf wenige Ausnahmen, baum- und strauchlos. Es herrschte der gewohnte Braun- oder Grauton vor. Auch an der gebirgsartigen Erhebung vor unseren Augen war kein grünes Hälmchen zu erkennen. Darüber wunderten wir uns nicht sonderlich, wir waren dies nun schon gewohnt.

In die vor uns liegenden Berge führte eine ganze Anzahl von Gängen. Diese hatten offensichtlich als bombensicher gegolten, weshalb darin eine Nachschubbasis für den Afrikakrieg untergebracht gewesen war. Der Engländer musste sich nun, nach dem Ende des Krieges, wieder auf sein Territorium entlang des Suezkanals zurückziehen.

Die Briten waren damit beschäftigt, die Gänge und das umliegende Terrain von Material und Kriegsgerät zu beräumen. Die Aufgabe lautete hier, alles auszuräumen und wegzuschaffen. Unbrauchbares und Überlagertes, zum Beispiel Munition, musste vernichtet werden. Wahrscheinlich waren bei der Arbeit Diebstähle an der Tagesordnung. Unser Job sollte darin bestehen, in der Finsternis mit riesigen Scheinwerfern den Berghang und die Umgebung abzuleuchten. Dadurch sollte ein unkontrolliertes Verschwinden des Militärgutes verhindert werden, und außerdem konnte so auch bei Nacht eingeschränkt weiter gearbeitet werden.

Die ersten Tage waren wir bei einer englischen Einheit stationiert, die hier in großen Zeltstädten untergebracht war. Uns wurden zwei englische Soldaten zugeteilt, die uns in unsere neue Aufgabe einweisen sollten. Wegen der Verständigungsschwierigkeiten war das recht umständlich. Eine Wegstunde entfernt arbeitete schon eine deutsche Scheinwerferbesatzung. Von ihr haben wir uns dann die letzten genauen Informationen geholt.

Es dauerte einige Tage, bis wir mit allem ausgerüstet waren, um mit unserer Arbeit beginnen zu können. Nach einigen Stellungswechseln hatten wir dann einen sehr guten Standort gefunden, der unseren Wünschen und auch denen unserer Auftraggeber entsprach. Außer uns waren hier noch andere Gefangene und auch Ägypter beschäftigt. Es gab erst zwei, dann später sogar drei Trupps mit jeweils einem Scheinwerfer. Bei einsetzender Dunkelheit hatten wir das Bergmassiv in einer bestimmten Höhe abzuleuchten. Vor den mächtigen Gängen voller Kriegsmaterial waren Posten stationiert, denen wir die Nacht erhellen sollten.

Wir Scheinwerfertrupps untereinander hatten keine telefonische Verbindung, obwohl wir eine knappe Stunde voneinander entfernt aufgestellt waren. Auch zu den Posten, denen wir leuchten mussten, gab es keine direkte Verbindung. Alarmsituationen sollten mit roten Leuchtkugeln angezeigt werden. In diesem Falle sollten dann alle Scheinwerfer ihren Lichtstrahl auf diese Stellen richten. Rote Leuchtkugeln haben wir während der Einsatzzeit mehrere Male erlebt, aber von Schießereien oder ernsthaften Situationen ist uns nie etwas bekannt geworden.

Unsere Scheinwerfer konnten nur etwa eine halbe Stunde ununterbrochen arbeiten. Deshalb mussten wir Scheinwerfertrupps uns mit dem Leuchten abwechseln. Wenn wir den Werfer senkrecht in die Luft stellten und entsprechend blinkten, war das das Zeichen für den nächsten Werfer, sich einzuschalten.

Der Scheinwerfer hatte einen Durchmesser von ungefähr 1,20 Metern. Das Licht wurde durch einen elektrischen Lichtbogen zwischen zwei Kohlestäben erzeugt. Nach zirka einer halben Stunde Brenndauer waren die Kohlestäbe verbraucht. Die Kohlen hatten eine Länge von etwa 60 cm und waren 2 cm dick. Der Lichtbogen und der Abbrand der Kohlen erzeugte eine unheimliche Hitze. Vor dem notwendigen Auswechseln der Brennstäbe musste der Werfer erst etwas auskühlen, und nach dem Einsetzen neuer Brennstäbe konnte wieder geleuchtet werden.

Zu unserer Ausrüstung gehörte noch ein fahrbares Dieselaggregat, mit dem die für den Betrieb des Scheinwerfers notwendige elektrische Energie erzeugt wurde. Den Werfer hatten wir auf einen kleinen Hügel montiert und 50 Meter davon entfernt stand das Aggregat hinter einer verfallenen Hausmauer. Ein mächtiges Kabel verband den Stromerzeuger mit der Lampe. Außerdem umfasste die Ausrüstung noch Fässer, Kanister und Kisten mit Kohlestäben und noch allerlei Kleinmaterial und Werkzeug.

Zu einer Werfer-Einheit gehörten jeweils neun Mann. Die waren mit ihrem privaten Gepäck in zwei großen Zelten untergebracht. Diese neunköpfige Besatzung untergliederte sich in sechs Mann, die für die Bedienung des Scheinwerfers zuständig waren (Leuchter) und drei Dieselmaschinisten. Der Dienstplan sah vor, dass wir mit drei Ablösungen die Nacht abdecken sollten. Weil wir kaum kontrolliert wurden, zogen wir bald mit immer weniger Mannen auf. Zuletzt war nur noch ein Mann auf Wache. Der Diesel wurde am Abend angeworfen und lief zuverlässig die Nacht durch. Sehr bald hatten wir unser Elektroaggregat auch für unsere Zeltbeleuchtung angezapft. Schon deswegen musste es bereits früh am Abend anlaufen. Bei diesem Dienstablauf teilten sich immer drei Mann in eine Nacht, und die folgenden zwei Nächte war man ganz dienstfrei. Mit diesem Job hatte ich das ganz große Los gezogen!

Ein Scheinwerfer und unsere beiden Wohnzelte

Meine Scheinwerferbesatzung

Meine Zeltbelegung
(stehend links: ein Dresdner Gast aus dem benachbarten Lager)

Die Maschinisten vor dem Werfer

Verpflegt wurden wir am Anfang von einer englischen Einheit, später von der großen Arbeitslagerküche. Wir kamen uns plötzlich vor, wie ins Paradies versetzt. Das Brot wurde uns nicht mehr zugeteilt, es gab auch reichlich Zubrot. Bald waren die schlechten Zeiten vergessen.

In der späteren Zeit der Gefangenschaft gab es hinsichtlich der Verpflegung auch wieder Rückschläge, aber so schlimm wie in den schlechten Zeiten des großen Lagerlebens wurde es nie wieder.

Den allergrößten Fortschritt erlebten wir in finanzieller Hinsicht, denn wir bekamen jetzt richtiges Geld – ägyptische Piaster – ausgezahlt. In den größeren Arbeitskompanien gab es Kantinen und auch in den englischen Soldatenkantinen konnten wir einkaufen. An die Höhe des Verdienstes kann ich mich beim besten Willen nicht mehr erinnern. Im ersten Moment war es fantastisch viel. Doch schon bald stiegen unsere Bedürfnisse, und man musste sich sein Geld einteilen, um von einem Zahltag bis zum nächsten auszukommen, zumal wenn man Raucher war. Für sogenannte „getestete Arbeit" (Facharbeit) erhielten wir doppelt so viel wie für gewöhnliche Arbeit.

Es war vereinbart, dass eine Hälfte unseres Verdienstes erst bei der Entlassung ausgezahlt werden sollte. So war es dann auch. Wenn ich mich recht entsinne, erhielt ich etwa 600 DM bei der

Entlassung. Wie das errechnet worden ist, weiß der Teufel. Im Umkehrschluss dürfte ich also in den etwa zwei Jahren Arbeit in Afrika nur eine Mark pro Tag verdient haben! Immerhin hatten wir noch freie Kost und Logis.

* * *

Unser Job lastete uns natürlich keineswegs aus und deshalb gingen wir bald den verschiedensten Freizeitbeschäftigungen nach. Außerdem kamen wir an gutes Werkzeug heran. Uns wurde bald freier Zutritt zu einem Areal eingeräumt, in dem große Mengen Funkwagen, Dieselaggregate, Scheinwerfer und anderes Kriegsmaterial abgestellt waren. Der für das Leuchten zuständige englische Offizier hatte uns auf unsere Bitte hin diesen Zutritt verschafft. Die zuweilen notwenigen Reparaturen und Instandsetzungen an unseren Aggregaten konnten schneller erledigt werden, wenn wir uns selbst darum kümmern konnten. Die Ersatzteile wurden einfach von den im Areal abgestellten Aggregaten abgebaut.

Bei dieser Ersatzteilsuche wurden natürlich alle abgestellten Fahrzeuge, vor allem die Funkwagen gründlich untersucht, und bald besaßen wir mehr und vor allem besseres Werkzeug als die Reparaturwerkstätten. Es kam nicht selten vor, dass Kameraden dieser Werkstätten bei uns Werkzeuge ausliehen oder gegen andere tauschten. Auf diese Weise waren wir bald vortrefflich ausgerüstet.

Es war uns nicht verboten, uns frei in unserem Umfeld zu bewegen. Bei der Erforschung unserer näheren und weiteren Umgebung entdeckten wir bald interessante Materialien, die verlassen im Gelände lagerten. Flugzeugkanzelscheiben aus Plexiglas, Aluminiumbleche und andere feine Sachen eigneten sich vorzüglich zum Basteln und Bauen. Daraus entstanden die tollsten Dinge. Manche stellten wahre Meisterwerke her. Dass wir auch Bettgestelle, Tische und vieles andere für unsere eigene Bequemlichkeit herstellten, will ich nur am Rande erwähnen.

Sehr schnell wurden auch Dinge angefertigt, die sich an die Engländer oder Ägypter verkaufen ließen. Je nach persönlicher Veranlagung, spezialisierten sich die einen schnell zum Händler und andere zum Handwerker. Während die einen emsig bastelten, zogen die anderen als Verkäufer herum, vor allem bei den englischen Soldaten und bei den englischen Kolonialtruppen, um die gebastelten Dinge in bare Münze zu verwandeln. Auf mehreren Gebieten fanden sich unter uns wahre Genies.

Mit einigen Kameraden hatte ich mich auf die Herstellung von Bilderständern aus Plexiglas spezialisiert. Wir hatten dabei am Anfang einige Schwierigkeiten zu überwinden. Das begann gleich mit der Beseitigung der Krümmung der Flugzeugkanzelscheiben. Es gab nur gekrümmte Formen. Mit einer dosierten Wärmeanwendung gelang es uns, die Platten plan zu bekommen. Weiterhin wollte uns anfangs der letzte Schliff, um einen kratzerfreien Bilderständer herzustellen, lange nicht gelingen. Mit guten Rasierklingen erreichten wir dann endlich die Entfernung der letzten Unebenheiten auf den Plexiglasscheiben und mit Zahnpaste wurde dann alles nachpoliert. Es gingen schon einige Stunden für die Herstellung eines Ständers drauf, aber die Zeit spielte keine Rolle. Als wesentlich verkaufsfördernd erwies es sich, wenn wir unsere Ständer mit Bildern von tollen Frauen verzierten, die wir aus Illustrierten ausgeschnitten. Mit diesen Ständern haben wir uns manchen zusätzlichen Piaster verdient. Ein anderes Einsatzgebiet für das Plexiglas war die Anfertigung von Zeichendreiecken und Schablonen. Davon habe ich bis zum heutigen Tag noch ein paar in Gebrauch.

Einer meiner Zeltkameraden, ein Münchner, war ein leidenschaftlicher Zitherspieler. Im benachbarten Lager gründete sich eine bayrische Theatergruppe, die natürlich auch Musiker benötigte. Einige Instrumente waren im Lager vorhanden, aber es waren bei weitem zu wenige. Besagter Kamerad fing daraufhin an, sich eine Zither selbst zu bauen. Dabei musste er fast unlösbare Schwierigkeiten überwinden, besonders bei der Herstellung der Saiten. Mit Stahllitzen aus Feldkabeln, die er mit verschiedensten Spulendrähten aus Stahl und Kupfer umwickelte, und mit viel, sehr viel Geduld brachte er erstaunlichstes zustande.

Dieser Münchner Kamerad hat mich dann so lange gedrängelt, bis ich mit dem Bau einer Gitarre anfing. Natürlich haben wir uns gegenseitig geholfen. Bald darauf fing noch ein dritter Kamerad mit dem Bau einer Geige an. Die Maße haben wir Originalinstrumenten abgenommen. Als wir dann unter großen Mühen unsere Instrumente fertig hatten – sie waren erstaunlich gut in Klang und Form geworden – war ich der einzige, der sein Instrument nicht spielen konnte. Meine Kameraden haben sich mit mir sehr viel Mühe gegeben, damit ich das Gitarre spielen erlernen sollte. Leider bin ich sehr unmusikalisch, Malz und Hopfen schienen verloren zu sein. Als sich endlich erste Anzeichen zeigten, dass unser Trio ein Klangkörper zu werden versprach, wurden wir auseinander gerissen. Später bin ich nicht wieder in eine solche Truppe geraten, und so ist der Versuch, aus mir einen Musikus zu machen, gescheitert.

Ein Kamerad hat mir dann später noch aus Strohsackstoff eine feste Hülle für die Gitarre genäht. Das Instrument habe ich lange mit mir herumgeschleppt. Erst im letzten Lager vor der Entlassung habe ich die Gitarre einem Neger für einige ägyptische Pfund verkauft. Die Trennung von diesem Instrument ist mir nicht leicht gefallen und manchmal hat es mich gereut. Aber für das Geld konnte ich lebenswichtigere Dinge kaufen, die ich dann mit nach Hause genommen habe. Das war letzten Endes vernünftiger.

```
                              2776 Ind.German PW Working Coy.
                              Detachment 111 M.U. R.A.F.

To whom it may conern.           3. March 1947.

      Concerning: O. Maat Fritz GUNDEL, ME 180 314

Herewith it is certified that the guitar of the a/m. POW
is his personal property. He prepared it in his spare time
using scrapped materials.
                                  _____ Lt.
                                  Officer i/c. Det. 111 M.U. R.A.F.
                                  of 2776 Ind.Germ.PW Wrk.Coy.
```

Diese Bescheinigung von unserem zuständigen englischen Lageroffizier besagt, dass die Gitarre mein persönliches Eigentum ist, und dass ich sie in meiner Freizeit aus Abfallmaterial hergestellt habe.

Nach meinem Bericht und den Erlebnissen mit der Scheinwerfer-Brigade müsste man eigentlich annehmen, dass wir neun Mann uns ganz vorzüglich verstanden und vertragen hätten. Aber leider war das nicht durchgängig so. Immer und überall gab und gibt es Außenseiter oder zumindest solche, die sich nur schwer in das Gefüge einpassen wollen. Ich erwähne dies, um zu sagen, dass auch unter scheinbar besten Bedingungen nicht immer nur eitel Sonnenschein in unserer Truppe war. Trotzdem schloss sich der größte Teil unserer Mannschaft zu einer festen Gemeinschaft zusammen. Wenn ich mir die Bilder betrachte, erinnere ich mich gern an meine Kameraden.

In unseren Gesprächen unterhielten wir uns oft über unsere deutsche Heimat. Weil wir aus verschiedenen Ecken Deutschlands zusammengewürfelt waren, gab es interessante Gesprächsstoffe, was die Sitten und Gebräuche und nicht zuletzt auch die Essensspezialitäten anbelangt. Manche Rezepte wurden nun gleich hier praktisch ausprobiert, soweit wir die Möglichkeit und die Zutaten hatten. Dabei blieben die Semmelknödel des Münchner Kameraden unübertroffen. Hier zeigte es sich auch, dass wir zwar viele Spezialitäten kannten, aber herstellen konnten wir sie nicht. Unsere Mütter hatten uns offenbar für diese Lebenssituation nicht recht vorbereitet. Die älteren Kameraden hatten damit sichtlich weniger Schwierigkeiten, wie mir schien, sie waren bestimmt verheiratet.

Unsere Verpflegung war ausreichend und einigermaßen schmackhaft, aber meist war es doch nur ein Kesselessen. Das brachte uns auf die Idee, dass wir uns einmal richtig frisches Schweinefleisch aus Kairo mitbringen lassen wollten. Mit diesem Anliegen wendeten wir uns an einen Araber, der öfter mit uns und für uns schacherte. Er besuchte uns auch deswegen, weil er manchmal etwas von uns brauchte. Das war in der Vorweihnachtszeit des Jahres 1946. Wenn wir schon auf so viele weihnachtliche Freuden verzichten mussten, wollten wir uns wenigstens einen zünftigen Braten zubereiten.

Die Verständigung mit unserem einheimischen Freund war eigentlich gut. Trotzdem wussten wir nicht recht, warum er uns das Fleisch nicht mitbringen wollte. Er war doch sonst stets sehr gefällig gewesen. Endlich hatte er uns den Gefallen versprochen.

Am anderen Tag kam er mit einem Paket an, das er an einem Bindfaden so weit es ging von seinem Körper entfernt trug. Uns war plötzlich alles klar geworden. Er war Mohammedaner und wollte auf keinen Fall mit dem Schweinefleisch in Berührung kommen. Die Mohammedaner lehnen das Schwein als unrein ab. Wir aber hatten auf alle Fälle unseren Festtagsbraten.

Aus Stacheldraht hatten wir mit viel Mühe ein mannsgroßes Drahtgerippe hergestellt, mit viel Band umwickelt und dann grün getränkt. Dieser „Weihnachtsbaum" schmückte unser Fest, das wir sehr vergnügt verlebten. Bei solchen Anlässen waren unsere Gedanken verständlicherweise mehr in der Heimat als hier im sengend sonnigen Süden, was wohl jeder nachfühlen kann.

Inzwischen waren über sechs Monate vergangen, seitdem wir hier lebten und es hatte sich in dieser Zeit allerhand getan. Es war abzusehen, dass unser Job zu Ende gehen würde, denn langsam wurde es um uns ruhiger. Ein Scheinwerfer hatte schon seine Tätigkeit aufgegeben und für den 29. Januar 1947 bekamen auch wir unseren Abbruchbefehl. – Man darf sich das nicht so vorstellen, dass wir vorher unterrichtet worden wären. Von heute auf morgen ging es plötzlich los! Förmlich über Nacht verschwanden Freunde und Bekannte. Wo sie hinkommen sollten, erfuhren sie und wir meist auch nicht.

Eines Tages stand also ein Lastkraftwagen mit zwei englischen Soldaten vor unseren Zelten. Die gaben uns zu verstehen, dass wir nur einen Stellungswechsel vornehmen müssten. Wir zogen etwa drei Kilometer von unserem alten Standpunkt weg, etwas näher an den Berghang heran. In der Mitte einer kleinen Stadt aus barackenähnlichen Gebäuden, die zum großen Teil leer standen, brachten wir auf einem spitzkegeligen Hügel unseren Scheinwerfer wieder in Stellung. In dem nächstgelegenen Haus bezogen wir Quartier.

Unsere neue Bleibe war ein fester Bau, etwa 20 mal 6 Meter groß, ohne Zwischenwände, ein richtiger kleiner Saal. In einer Ecke richteten wir uns häuslich ein, soweit das mit unseren Mitteln möglich war. Wir waren ja nicht gerade verwöhnt. Hier waren wir einer englischen Survey Kompanie (Vermessungs- oder

Baukompanie) unterstellt, was sich bezüglich der Verpflegung als ein großer Vorteil erwies.

In unserem und den umliegenden Gebäuden hatten sich bis vor kurzem offenbar englische Soldaten aufgehalten. Es sah so aus, als ob viele Menschen fluchtartig das Feld geräumt hätten. Unmengen Zeitschriften, Illustrierte und Bücher lagen wild durcheinander. Wir fanden auch noch manches andere, was ein bescheidenes Gefangenenherz erfreuen konnte. Tagelang waren wir beschäftigt, diese Schätze zu sichten.

Im Gelände wilderten einige Hunde und Katzen herum, die wahrscheinlich von den englischen Soldaten versorgt worden waren und nun herrenlos herumstreunten. Ein kleiner Hund undefinierbarer Rasse hatte sich bald an uns gewöhnt und ging uns nicht von der Seite. Ein recht großer Hund ließ sich ebenfalls gern von uns füttern und war nachts stets mit am Scheinwerfer. Wir brachten ihn jedoch nicht so weit, mit in unsere Behausung zu ziehen.

Leider währte die Freude an dieser neuen Stellung nicht sehr lange. Bald stellte der andere Scheinwerfer sein Leuchten ein und nicht viel später schlug auch für uns die Stunde. Kurz vorher verendeten tragisch unsere beiden treuen Vierbeiner. Wir vermuteten, dass alle Kreaturen, die sich in dem verlassenen Lager herumtrieben, vergiftet oder erschossen worden sind.

Hier am Nil ging die Herrschaft der Engländer rapide zu Ende. Das spürte man überall, denn immer mehr Araber oder Ägypter erschienen in der Gegend. Der ganze Ramsch, der immer noch herumstand und -lag, wechselte einfach den Besitzer. Eines Tages mussten auch wir packen. Scheinwerfer und Maschine blieben an Ort und Stelle stehen, nur wir wurden am 15. März 1947 mit unseren persönlichen Sachen auf einem Lastwagen abtransportiert.

Die Reise ging nicht allzu weit, zunächst durch Kairo hindurch. In einem kleinen Außenlager einer Arbeitskompanie unweit von Kairo, in der Nähe des Ortes Abbasia, machten wir Zwischenstation. Wir waren hier nur auf der Durchreise, denn schon am 20. März ging es weiter nach Tahag.

Von dem Lager in Abbasia habe ich kaum noch Vorstellungen. Lediglich zwei Erinnerungen haben sich mir bis zum heutigen Tag erhalten: Hinter unserem Lager patrouillierten des Öfteren einzelne Kamelreiter in weißer Polizeiuniform, den Karabiner in Sattelhalterungen gesteckt, als sogenannte Wüstenpolizei vorbei. Ich weiß nicht, warum sie hinter unserem Lager langzogen, vielleicht gab es da etwas zu bewachen. Es sah für meine Begriffe so kurios aus, dass sich mir der Anblick erhalten hat. Sie kauerten auf ihrem Wüstenschiff und schaukelten in stoischer Ruhe, wie in Zeitlupe vorbei. So hatte ich mir immer Ali Baba und die vierzig Räuber vorgestellt, aber niemals eine Polizeieinheit.

Die andere Erinnerung war eine Fahrt zu den Pyramiden bei Gizeh. Was der Anlass für diese Fahrt war, ist mir entfallen, jedenfalls war es keine touristische Maßnahme. Mit zwei englischen Soldaten waren wir auf einem kleinen Lastwagen unterwegs, und ehe wir unseren eigentlichen Auftrag erledigten, fuhren sie mit uns nach Gizeh bis ziemlich an die drei Pyramiden heran. Leider durften wir uns nicht von unserem Auto entfernen, aber trotzdem war dies für uns ein unvergessliches Erlebnis.

## Bei der Arbeitskompanie 3108 zum Kläranlagenbau

Im Rückblick gesehen, begann am 20. März 1947 der letzte große Abschnitt meiner Gefangenschaft. Damals aber war der Zeitpunkt unserer Entlassung, den wir so sehnlichst herbeiwünschten, noch völlig unklar. Immer wieder gab es Gerüchte, dass es mit der sogenannten Repatriierung losgehen sollte. Zu diesem Zeitpunkt wurde das Fünkchen Hoffnung noch kaum von Tatsachen genährt. Es hieß, dass bis dato keine Schiffe, also kein Transportraum vorhanden wäre. Andere wussten es besser und meinten, dass wir erst nach England müssten, um unsere Kriegsschuld abzuarbeiten, da wir ja hier in Ägypten so gut wie nicht beschäftigt wurden. Von amtlicher Seite wurden wir vollkommen im Unklaren gelassen. Das nagte an unseren Nerven. Es verging noch ein ganzes Jahr, ehe unsere große Hoffnung konkrete Form annahm.

Wir waren also unterwegs nach Tahag, das wir bereits am 30. April 1947 wieder verließen. Die nächste Station war die Arbeitskompanie 3108, die in der Nähe von Quassassin lag. Damit hatte sich der Kreis fast wieder geschlossen. Hier befand ich mich wieder ganz in der Nähe meines ersten großen Lagers, das inzwischen vollkommen verödet war.

Ich besitze ein altes Schreibheft aus der Gefangenschaft, in dem ich mir die Datumsangaben für die Einweisung und für das Verlassen der Stationen meiner Gefangenschaft aufgeschrieben hatte. Leider sagen mir heute viele Namen und Begriffe, die hinter dem Datum stehen, absolut nichts mehr. Ich muss also verschiedene Begebenheiten, die mir im Gedächtnis haften geblieben sind, irgendwelchen Lagern zuordnen. Ich bin mir klar, dass da manches vertauscht sein kann, was aber dem großen Bild keinen Abbruch tun wird.

Tahag beziehungsweise Quassassin sah mich also erst einmal als Arbeitslosen, bis plötzlich in einer großen Aktion Arbeitskräfte für den Bau einer großen Kläranlage gesucht wurden. Da doch Facharbeit besser bezahlt wurde, meldete ich mich natürlich nicht als Hilfsarbeiter, sondern als Facharbeiter, und zwar als Maurer, weil die dringend gesucht wurden. Meistens war man nicht allein mit dieser Vorgehensweise. Irgendein Kamerad hatte uns bei einer Gelegenheit eingeimpft, bei diesen Gelegenheiten mutig zu sein. Was sollte schon passieren, einer in der Meute hatte bestimmt Ahnung von der Mauerei. Als junger Mensch hatte ich damals zuvor kaum mit Ziegelsteinen zu tun und ich hatte auch noch nie eine Kelle in der Hand gehabt.

Wir wurden täglich mit einem Lastauto zur Baustelle hin und zurück gefahren. Hinter einem großen englischen Truppenlagerplatz sollte eine Kläranlage für Abwasser gebaut werden. In diesen sonnigen, beinahe tropischen Gebieten waren die Engländer sehr bedacht, dass es einigermaßen sauber und hygienisch zuging. Solche großen Lager und insbesondere die Abfälle und Abwässer dieser Lager waren natürlich prädestinierte Gefahrenstellen von Seuchen und Brutstätten der gefürchteten Stechmücke, die die Malariaerreger übertrug.

An dieser Stelle seien gleich einige Zeilen zur Malaria eingefügt. Auch wir Gefangene fühlten uns von dieser Krankheit bedroht. Zum Glück bin ich während der ganzen Zeit davon verschont geblieben. Die Malaria ist eine böse Fieberkrankheit, deren Erreger durch Mückenstiche übertragen werden. Die hohen Fieberanfälle treten dann immer wieder auf und führen in der Regel zu starken Abmagerungen, die bis zum Tode führen können. Die Fieberperioden können sehr dicht aufeinander folgen oder Abstände bis zu vier Wochen haben. Sie dauern drei bis vier Tage oder auch länger. In den Zwischenzeiten fühlt sich der Patient völlig gesund, zumindest bei leichteren Verläufen.

Wir lebten hier in keiner ausgesprochenen Malaria-Gegend, aber trotzdem sollen Malariafälle vorgekommen sein. Mücken und Fliegen gab es aber sehr viele, manchmal bis zur extremsten Belästigung. Zur Bekämpfung dieses Ungeziefers wurde einiges getan, wenn auch die Maßnahmen mitunter hilflos wirkten. Um alle Küchen waren eigenartige Fliegenfallen aufgebaut. Gegen die Mückenplage gab es die strenge Anordnung, dass mit Eintritt der Abenddämmerung langärmlige Hemden und lange Hosen getragen werden mussten, auch wenn es zu der Tageszeit meistens noch ziemlich heiß war. Nicht ohne Grund trugen die Einheimischen ihre langarmigen und bis zur Erde reichenden Kaftane. In den großen Lagern wurden diese Bekleidungsanordnungen streng kontrolliert und bei hartnäckigen Verstößen auch hart bestraft. Vielen wollte dies am Anfang überhaupt nicht einleuchten.

Die Fliegen konnten eine mächtige Plage werden. Sie sind schon in unseren Breiten keine angenehme Erscheinung, aber in Afrika können sie einen zur Verzweiflung bringen. Sie setzen sich am Mundwinkel oder am Auge nieder, um Flüssigkeit zu saugen. Wenn man sie nur mit einer lässigen Handbewegung verscheucht, fliegen sie eine kurze Schleife und sitzen sofort wieder am anderen Auge oder Mundwinkel. Wir wurden aus diesem Grund alle mit Fliegenklatschen ausgerüstet. Dies hat uns am Anfang sehr belustigt. Der sparsame Engländer hatte das nicht ohne Grund getan. Übrigens liefen meistens alle Offiziere und auch die reichen Araber stets mit Fliegenwedel herum. Diese Fliegenwedel sahen sehr attraktiv aus, sie bestanden aus einen kunstvoll verzierten kurzen Stab mit einem langen bunten Haarbüschel daran.

In der Gegend existierte eine latente Seuchengefahr. Im Jahre 1946 grassierte in Ägypten die Cholera. Wir wurden damals alle geimpft und von den Einheimischen streng isoliert. Diese Seuche, eine gefürchtete Darmkrankheit, hatte in der Gipfelzeit bis zu 600 Menschen an einem Tage hinweggerafft. Die ganze Welt hatte sich an der Bekämpfung beteiligt, zumindest mit der Bereitstellung von Impfstoffen. Begünstigt wurde diese Seuche durch die mangelhaften hygienischen Verhältnisse in den Dörfern des Seuchengebietes. Es gab keine Klo-Anlagen. Der am Dorfe vorbeiführende Wasserkanal diente Mensch und Tier als Lebensader, als Wasserlieferant und Bad. Das Kanalwasser hatte eine kaum merkliche Strömung und war dementsprechend schmutzig. Allen Gefangenen war es strengstens verboten, darin zu baden, zumal man diesem Wasser auch noch eine weitverbreitete Augenkrankheit zuschrieb.

Voraussetzungen für Seuchen und Krankheiten waren genug gegeben, darum war der Engländer sehr bedacht, Seuchenherde einzudämmen. Der Bau einer neuen Kläranlage war sicher preiswerter als eine Seuchenbekämpfung eingeschätzt worden.

600 bis 1.000 Meter hinter dem Truppenlager wurde mit Hilfe großer Planierraupen – Caterpillar genannt (nach der amerikanischen Herstellungsfirma) – eine große Grube in der Wüste ausgefahren. Die Grube hatte Ausmaße von etwa 50 mal 80 Metern und eine Tiefe von zwei Metern. Diese Grube sollte als Verdunstungsbecken dienen. Zwischen Grube und Lager verlegten wir nun Abwasserrohre mit 30 Zentimetern lichter Weite etwa einen Meter tief in die Erde. Alle 20 bis 30 Meter wurden Kontrollschächte gemauert, von denen aus eventuelle Verstopfungen behoben werden konnten. Am Schluss mündete die Rohrleitung in eine Kläranlage von der Größe eines Zweifamilien-Wohnhauses.

Das Mauern der Kontrollschächte und den Bau der Kläranlage sollten wir Maurer besorgen. Die ersten Tage habe ich gestaunt, was da plötzlich auf mich zurollte. Bald merkte man, dass zwei Drittel der angeheuerten Maurer vom Mauern tatsächlich keine Ahnung hatten. Die wahren Fachleute übernahmen dann das

Setzen der Ecken und der kritischen Stellen. Wir Anfänger erledigten dann den Rest. Bald schon waren wir allesamt alte Hasen, und keiner konnte uns nachweisen, dass wir keine Ahnung hätten.

Bemerkenswert ist noch, dass wir schöne, feste, gleichmäßige, graue Zementziegel vermauerten. Kurze Zeit später habe ich die Herstellung dieser Bausteine mit eigenen Augen kennengelernt. Etwas Primitiveres kann man sich nicht vorstellen. Mit Hilfe einer Art von Presse wurde jeder Stein einzeln geformt. Eine stabile Form wurde mit Beton, der nur ganz wenig angefeuchtet sein durfte, ausgefüllt. Dann wurde mit Hilfe eines etwa sechs Meter langen Hebelbaumes, den zehn Araber drücken mussten, der Stein gepresst. Der dabei entstandene Pressling musste dann in langen Regalen bei mehrfacher Anfeuchtung etliche Tage aushärten. Von der richtigen Feuchtigkeit des angestoßenen Betons – er musste beinahe trockenkrümelig sein – war die Qualität der Ziegel abhängig. Alles wurde von etwa 20 Arabern mit der Hand gemacht. Zeitweilig soll diese Arbeit auch schon von deutschen Gefangenen gemacht worden sein. Etwas Monotoneres kann ich mir nicht vorstellen. Stündlich konnte man die Menge feststellen, also man war einer exakten Kontrolle unterworfen. Ich weiß nicht unter welchen Verhältnissen die Deutschen diese Arbeit machen mussten. Bei den Arabern stand immer einer mit der Peitsche dabei, aber das hatte eigentlich nicht viel zu sagen, denn die meisten arabischen Arbeitskommandos hatten stets einen Aufpasser mit der Peitsche dabei. Ich kann mich aber nicht entsinnen, dass der Peitschenhalter jemals zugeschlagen hätte. Vielleicht war die Peitsche nur das würdige Amtszeichen der Aufseher.

Die Kläranlage wurde in einem Großeinsatz durch etwa 60 bis 80 Gefangene erbaut. Schon nach wenigen Wochen ging dieser Job wieder zu Ende. Ich habe den Schluss nicht miterlebt, denn kurz vorher bekam ich ein Angebot als Maurer in einem anderen Arbeitskommando, das ich sofort annahm. Aus dem Reservoir der Gefangenen wurde ein Sortiment von Handwerkern aus unterschiedlichen Gewerken für das Hauptquartier zusammengesucht. So wurde ich im Headquarter Middle East gewissermaßen „Stabsmaurer".

## Als Maurer im Headquarter Middle East

Das Hauptquartier Middle East lag einige Kilometer von unserem Lager entfernt an der Verbindungsstraße, die alle Lagerplätze der englischen Einheiten und Depots verband. Täglich wurden wir mit einem Lastkraftwagen von und zur Arbeitsstelle gebracht. Das Hauptquartier bestand aus etwa fünf bis sechs Reihen leichter barackenähnlicher Gebäude, in denen sich zum großen Teil Büros befanden. Außerdem war noch ein größeres gemauertes Gebäude vorhanden, in dem sich unter anderem auch ein kleiner Saal und eine große Bibliothek befanden. Letztere konnten auch wir benutzen. Das ganze Gelände wurde mit starken Stacheldrahtzäunen umgrenzt und von Militärposten streng bewacht. Im äußersten Winkel dieses Geländes standen zwei große Zelte, die uns als Werkstatt dienten.

Unsere Aufgabe bestand darin, alle anfallenden Reparaturen und andere handwerkliche Arbeiten zu erledigen. Wir waren erst vier, dann kurze Zeit später sechs Mann und ein Boss. Die Anweisungen erhielten wir von einem englischen Feldwebel, der wohl nebenbei die Funktion eines Furiers für das Hauptquartier hatte. Er verhandelte immer mit unserem Boss und hat sich bei uns kaum sehen lassen.

Eine unserer ersten Arbeiten bestand in der Mauerung von etlichen Sockeln überall im Gelände. Sie dienten nach der Fertigstellung als Feuerlöschinseln und mussten allerhand Werkzeuge zur Brandbekämpfung und Sandeimer aufnehmen.

Außer den vielen kleinen Handwerkeleien haben wir auch größere Vorhaben gestemmt. Rings um die Baracken wurden schöne Grünanlagen angelegt und die Wege asphaltiert. Leider hatte vorher keiner von uns eine Ahnung von der Sache. So haben wir viele Tage experimentiert, bis es uns endlich gelang, schöne glatte Wege anzulegen. – Dabei hätten wir um ein Haar das ganze Hauptquartier abgebrannt! Im Eifer des Gefechtes kochte unser Teerfass über, das wir gleich im Ganzen auf das Feuer gestellt hatten. Es brannte unter mächtiger Rauchentwicklung sofort lichterloh. Ich hätte nie geglaubt, wie gewaltig ein solches Teerfass brennen kann. Mit letztem Einsatz konnten wir den

Brandherd langsam eindämmen. Diese Erfahrung war uns eine Lehre.

Eine andere Großaufgabe war die Errichtung einer mächtigen Wand von etwa drei bis vier Meter Höhe. Diese Mauer teilte ein Tennisfeld in zwei Hälften. Hier spielten dann die englischen Offiziere allein Tennis mit dem zurückprallenden Ball gegen die Wand. Es war eine ideale Trainingsstätte. Später haben wir noch mit viel Aufwand eine Stellage gezimmert, damit dieser halbe Tennisplatz mit einer zuziehbaren Plane abgedeckt werden konnte. Unter der Plane waren die Herren dann vor der brennenden Sonne geschützt.

Ein besonders verzwickter Arbeitsauftrag fällt mir noch ein. In einem Büro war der halbe Deckenputz heruntergebrochen. Das sollten wir wieder in Ordnung bringen. Wir zwei Maurer hatten zunächst keine Ahnung, was uns bevorstand. Immer wieder fiel der Pappen herunter. In mehrtägiger Arbeit gelang es uns endlich, das große Loch an der Decke zuzukleben. Nie hätte ich geglaubt, dass uns diese Arbeit so viel Kopfzerbrechen bereiten würde. – Hier möchte ich anmerken, dass wir nie zur Arbeit angetrieben worden sind. Uns war es oft selbst peinlich, wenn uns die Erledigung mancher Aufträge erst nach Tagen gelang, wie zum Beispiel das Ausflicken der blöden Gipsdecke.

Manche Tage hatten wir wenig Arbeit, da schoben wir keine Langeweile, sondern nutzten die Gelegenheit, privat zu basteln. Zum Beispiel stellten wir Koffer und andere schöne Dinge her. Ich komme auf diese Sachen noch zu sprechen.

Unsere Arbeitszeit war sehr gemäßigt. An genaue Zeiten kann ich mich nicht erinnern, aber gegen ein Uhr mittags war meistens Feierabend. Das Lastauto brachte uns in unser Wohnlager zurück. Hier konnten wir sofort Mittag essen und anschließend war Freizeit.

In unserem großen Wohnlager befand sich in einer Ecke ein halb zerfallenes Gebäude, dem nie meine Aufmerksamkeit gegolten hatte. In diesem Gebäude hausten zwei Kameraden, die uns später zugeteilt worden sind. Wie war ich erstaunt, was ich bei einer Gelegenheit dort zu sehen bekam! Die beiden hatten sich eine tolle Tischlerwerkstatt mit Unterkunft eingerichtet. Zuvor hatten sie in einem anderen Lager im Einvernehmen mit dem Lagerleiter und dem Kommandanten handwerkliche Arbeiten für diese Chefs ausgeführt. In der Hauptsache haben sie privat für sich gearbeitet und die geschaffenen Dinge dann verhökert. Bei einem Kommandantenwechsel war die Sache aufgeflogen und deshalb waren sie zu uns gestoßen. Das war eine mehr oder weniger formale Sache. Sie mussten eine Arbeitsstelle nachweisen.

Für mich war diese Bekanntschaft und baldige Freundschaft von großer Bedeutung, denn die beiden haben mein Interesse an der Tischlerarbeit geweckt. Viele Stunden habe ich dort zugebracht und auch viele Abende, denn diese beiden Kameraden waren in jeder Weise wirklich prima. In dieser Werkstatt sind sehr schöne Dinge hergestellt worden, Bilderrahmen, Kästen, Nähständer und auch ein toller Schreibtisch mit Geheimfach. Diese Gegenstände wurden oft auf Bestellung hergestellt. Dabei war die Ausführung dem Hersteller überlassen. Oft war die Gestaltung ausgesucht prächtig, beinahe kostbar, für heutige Begriffe unbezahlbar. Alles wurde aus guten Edelhölzern hergestellt, meist aus massivem Mahagoni- oder Zedernholz.

Tannen-, Fichten- und Kiefernholz war hier kaum erhältlich. Alles Holz, das wir hier lagerten und dann verarbeiteten, war meist Edelholz. Diese zwei Kameraden erkannten sofort, welches Holz wertvoll war. Auch die Feuerstellen in sämtlichen Lagern suchten wir laufend nach solchen Edelhölzern ab. Unsere Arbeitstätigkeit war für die nebenbei laufende Holzsuche bestens geeignet, denn oft mussten wir Materialien aus verschiedenen Depots zusammentragen. Bei dieser Gelegenheit wurde jeder Holzhaufen inspiziert. Manches Brett und mancher Balken hatte eigentlich noch eine Funktion zu erfüllen. Zum Beispiel waren die Pfosten des Lagerzaunes nicht selten aus edlem Holz. Man musste nur ein besonderes Auge für das Holz haben, denn von außen sahen diese Pfosten alle gleich grau aus. Manchmal gruben wir des Nachts solch einen Balken aus, der angenagelte Stacheldraht hing dann eben etwas weiter durch.

Mit der Zeit waren in dieser Werkstatt die schönsten Hölzer angesammelt worden und es entstanden daraus herrliche massive Einlegearbeiten. Es war diesen beiden Holzwürmern nicht zu viel, einen Nussbaumstumpf, der herrlichste Maserung besaß, mit der Handsäge in etwa acht Millimeter dicke Brettchen zu zersägen. Zeit spielte dabei kaum eine Rolle, denn diese Sägearbeit wurde zum großen Teil auf der Baustelle während der Arbeit gemacht.

Die eigentlich sehr wertvollen Holzarbeiten erwarben englische Offiziere und auch reiche Araber zu Spottpreisen. Der mit tollen Einlegearbeiten versehene Schreibtisch mit dem raffinierten Geheimfach brachte für die Erbauer etwa acht ägyptische Pfund (etwa neun englische Pfund) ein. Für einen Gefangenen war das ein Vermögen, aber es entsprach keinesfalls dem Wert des Schreibtisches, der heute vielleicht einige tausend Mark kosten würde.

Solche großartigen Dinge konnte ich natürlich nicht herstellen, aber auch ich arbeitete gern hier und machte meine kleinen Geschäfte. Ich weiß nicht mehr, wie viele Koffer wir gebaut haben. Bei der Herstellung dieser Koffer habe ich kräftig mitgeholfen. So wurde mancher Piaster zusätzlich zu unserem kärglichen Lohn verdient.

Fast jeder Gefangene hatte seine Nebeneinnahmen. Meist entstanden sie aus Bastelarbeiten. Es wurden viele Dinge hergestellt. Manches war davon war billiger Tand. Aber es gab auch kunstvolle, mit großem Geschick hergestellte Dinge, zum Beispiel Zigarettenetuis, Feuerzeuge und sehr schönes Spielzeug, angefangen von Autos aller Art bis zur Puppenstube mit raffinierter Einrichtung.

Eine ganze Reihe von Gefangenen betrieben für meinen Geschmack gefährliche Geschäfte. Eine in unserer Nähe liegende Großwäscherei mit Lager für die englische Armee war der Mittelpunkt dieser Aktionen. Über mehrere Zwischenstationen wurden an die Araber australische Wolldecken, Unterwäsche und auch komplette Uniformen verkauft. Es kam nicht selten vor, dass sich auch ein englischer Soldat oder sogar ein Offizier von den „fucking Germans" eine neue Uniform besorgen ließ. Das waren natürlich verrückte Vorgänge. Nicht selten sind solche Transaktionen lastwagenweise getätigt worden, mit dem Einvernehmen der verantwortlichen englischen Soldaten. Man hat wenig gehört, dass solche Dinge aufgeflogen wären und bestraft worden sind. In den Lagern der Wäscherei brannte es regelmäßig, manchmal mehrmals im Monat. Daraus schöpfte niemand Argwohn, es musste wohl so sein, und man fand nichts Ungewöhnliches daran. Auf Grund der Brandverluste stimmte der Bestand immer.

So gab es die vielfältigsten Möglichkeiten, um Geld zu machen und es hat bestimmt einige sehr reiche Gefangene gegeben. Das waren die sogenannten „Big Effendis".

\* \* \*

In diese Zeit fällt noch ein erwähnenswertes Erlebnis: Etwa eine Wegstunde von unserem Wohnlager entfernt bauten die Ägypter in der Nähe des Dorfes Quassassin seit einem Jahr ein großes Krankenhaus. Die Gegend fanden wir für diesen Zweck nicht gerade sehr günstig, doch über das Warum und Weshalb waren wir nicht unterrichtet.

Es war für uns höchst interessant zu beobachten, wie in Ägypten eine solche Baustelle aussah. Die Gerüste bestanden aus einem Gewirr von Bambusstangen, die miteinander nur mit Leinen verbunden waren. Es sah alles sehr primitiv aus. Zu den Etagen führten spiralförmige und gerade Rampen hinauf. Auf diesen bewegte sich eine unendlich lange Reihe schwarz verhüllter ägyptischer Frauen, die Baumaterialien in einem Schilfkorb auf dem Kopf hinauftrugen. Man vermutete in dieser Prozession im ersten Moment keine Lastenträger. In aufrechter würdiger Haltung, mit einer Hand den Korb balancierend, bewegte sich diese Schlange auf den schwankenden Laufsteg gemäßigten Schrittes hinauf.

Uns führte ein besonderer Auftrag hierher. Ein uns zuvor unbekannter Kamerad suchte einen Experten für Benzinmotoren. In meinem Zelt war einer, der sich in dieser Sache auszukennen schien. Ich bin als Dritter nur mitgegangen, weil sie mich darum baten. Diese defekten Motoren standen an dem Krankenhausbau und die ganze Sache versprach den Verdienst einiger Piaster.

Wir konnten uns schon lange überall hin frei bewegen, und so machten wir uns durch den Lagerzaun quer durch die Wüste auf den Weg. Etwa auf halber Strecke, wir sahen sie schon von weitem, standen sechs halbwüchsige arabische Burschen mit ihren langen Kaftanen, die nichts Gutes versprachen. Wir sind auf Kommando sofort scharf auf die Truppe losmarschiert. Dadurch wichen sie einige Meter zurück. Nachdem wir vorbei waren, sind wir losgerannt, und schon ging der Steinhagel hinter uns los. Unser dritter Mann hatte scheinbar schon einige Erfahrung in diesen Dingen, denn alles ging gut und wir sind wohlbehalten bei dem ägyptischen Bauleiter gelandet.

Wir wurden in ein komfortables Büro geführt und durften in bequemen Sesseln Platz nehmen. Ehe sich der Bauleiter, der europäisch angezogen ging und den besten Eindruck machte, mit uns unterhielt, fragte er, ob wir Tee oder Kaffee trinken wollten. Wir entschieden uns für den Kaffee. Er klatschte mehrmals in die Hände und ein Diener erschien, der entsprechende Order erhielt. Kurze Zeit später hatten wir kleine Mokkatassen mit süßem, schwarzem, schäumendem Kaffee in der Hand. Das Gespräch wurde in einem sehr guten Schulenglisch geführt, dem wir gut folgen konnten. Der Inhalt des Gesprächs war zunächst belanglos.

Anschließend wurden wir in einen Bauschuppen geführt, in dem zwei total heruntergewirtschaftete Einzylinder-Viertaktmotoren standen. Ich hatte damals noch keine Erfahrung mit solchen Motoren, aber mein Kamerad hat sich viel Mühe gegeben, diesen Maschinen ein Tönchen zu entlocken. Trotz aller Bemühung wollte sich kein Erfolg einstellen. Nach zwei Stunden Friemelei hatten wir es satt. Mit einer fadenscheinigen Begründung verabschiedeten wir uns und versprachen, wieder zu kommen. Für den Heimweg hatte jeder von uns einen handfesten Bambusstab mit. Den brauchten wir aber nicht. Wir sind nicht mehr hingegangen, denn wir zweifelten, ob wir das Wunder vollbringen könnten.

Im Allgemeinen war die Verbindung zu den Einheimischen nicht stark ausgeprägt. Das lag vor allem an den Verständigungsschwierigkeiten. Ein gut situierter Ägypter musste drei Sprachen beherrschen: Arabisch als Landessprache, Französisch als Amtssprache und Englisch, weil die Engländer wegen der Nähe zur besetzten Suezkanalzone hier wie zu Hause waren. Trotzdem gab es mit den Landesherren einzelne Freundschaften, vor allem der geschäftlichen Interessen wegen. Die breite Masse der Ägypter war sehr arm und rückständig und von Schulen habe ich auch nicht viel gesehen. Eine Aussage, ob sie uns im Allgemeinen gut oder nicht gut gesinnt waren, ließ sich für mich schwer treffen. Letzten Endes waren wir Eindringlinge. Vielleicht haben wir ihnen noch manche Arbeitsstelle bei der englischen Armee streitig gemacht. Auch von unserer Seite her war eine Bestrebung, Freundschaft zu schließen, kaum zu spüren.

Foto vom 6. Juli 1947 mit zwei Zeltkameraden:
Johann Gleich aus München und
Benjamin Schell aus Börry bei Hameln

Das Jahr 1947 neigte sich dem Ende zu. Das Weihnachtsfest und auch den Jahreswechsel Silvester zu Neujahr feierten wir in der Tischlerwerkstatt. Unsere erzielten Verdienste erlaubten uns eine nette Ausgestaltung.

Zu Silvester wurde es dann ziemlich feuchtfröhlich. Meine Tischler hatten noch zwei interessante Männer als Gäste eingeladen. Das waren zwei Maler, mit denen sie schon lange befreundet waren. Verschiedene Werke dieser beiden Künstler hatte ich schon gesehen. Sie arbeiteten gewissermaßen hauptamtlich an Aufträgen für englische Offiziere und arabische „Big Effendis". Die ließen sich gern porträtieren. Nach meiner Einschätzung waren manche Bilder gut gelungen, andere eher mäßig. – Ungeachtet der Kunstfertigkeit, als Gesellschafter waren die beiden Pinsler einmalig. Sie wussten tolle Stories zu erzählen. Davon sind mir nur noch Bruchstücke in Erinnerung geblieben, die der eine zum Besten gegeben hat. Er hatte vorwiegend als Kirchenmaler in Bayern gearbeitet und schon jeher gern ein Maß getrunken. Mehrfach hatte er große Sorgen mit den Pfarrern gehabt, denn die hatten kein Verständnis aufgebracht, wenn er den Allerheiligsten Schrein als Aufbewahrungsort für seinen Maßkrug benutzt hatte.

Zur Feier des Tages sollte nun unbedingt eine tolle Feuerzangenbowle angerichtet werden. Über einem Schmiedefeuer spielte sich das alles sehr romantisch ab. Als Ersatz für Hutzucker musste klarer Zucker auf einem feinmaschigen Drahtgeflecht dienen. Dabei war das Festhalten des Drahtgitters das Problem, denn letzten Endes musste doch der Zucker in den Wein tropfen. Unsere behelfsmäßige Feuerzange wurde sehr heiß, heißer als wir uns das vorgestellt hatten. Ich weiß nur noch, am Ende hatten wir uns alle mächtig die Finger verbrannt. Über der gewaltigen Flamme war der Zucker schnell geschmolzen und durch das Sieb gelaufen. Das fertige Gesöff war sehr süß geworden. Ich hatte bis dahin so etwas überhaupt noch nicht getrunken. Am Ende hatten wir alle einen mächtigen Affen und am anderen Morgen einen sehr dicken Kopf.

Am Ende der Gefangenschaft erschien eine Zeit lang eine Lagerzeitung. Die Inhalte und Texte waren meist banal. Einige Seiten habe ich mir dennoch aufgehoben, denn sie widerspiegeln die Gedanken- und Gefühlswelt der deutschen Kriegsgefangenen in Afrika.

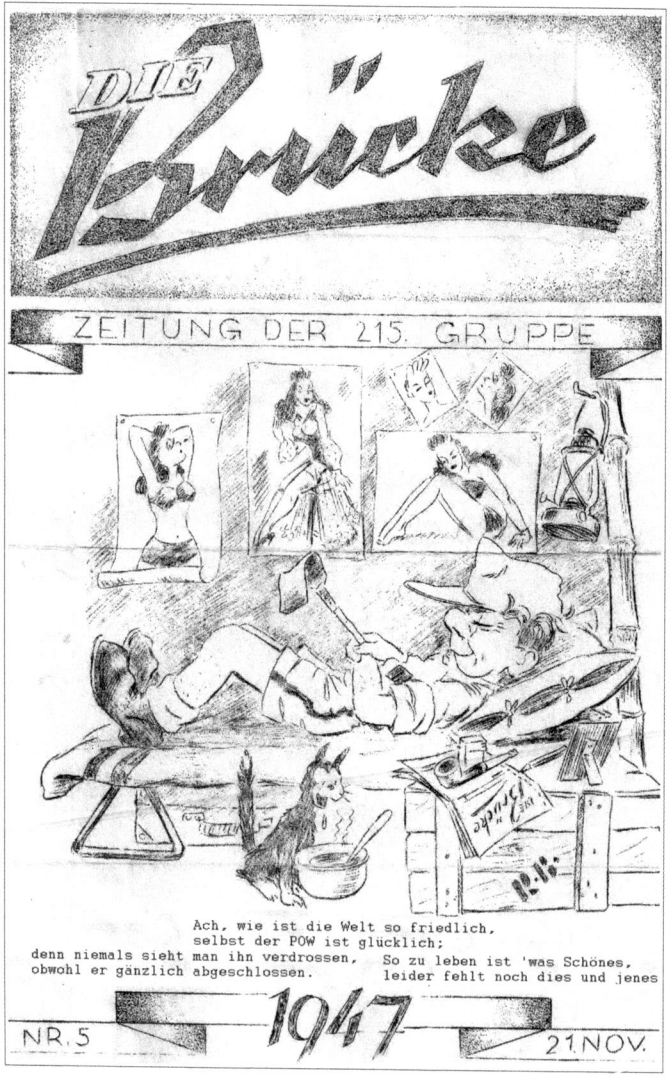

## Aus der Fibel eines P.O.W.

Fremdworte sind Worte, die meistens verkehrt angewendet werden und daher "Fremd"- Wort heissen. Wenn man sie sich nicht erklären kann, nimmt man in der Regel einen "Meyer" aus dem Bücherschrank und versucht, sein Wissen durch eine absolut klare Definition zu erweitern.
Ein anderer Weg, vielleicht ein nicht so gebräuchlicher, ist der der humoristischen Wortanalyse. So will ich versuchen, das Schlagwort im Leben des POW "REPATRIIERUNG" zu analysieren.

R epatriierung: Die Botschaft hör' ich wohl, allein mir fehlt der Glaube.
E manzipation: Ein Zustand, den wir seit Kriegsende geniessen - oder etwa nicht?
P risoner: Eine Ware, die befördert, jedoch vergessen wurde, am Bestimmungsort abgegeben zu werden und bis zur Klärung des Falles in Ägypten gelagert wird.
A frika: Das "Nachkriegsasyl" der Unfreiwilligen.
T hank you: Das bargeldlose Zahlungsmittel des des zwanzigsten Jahrhunderts, welches aber im Marshall-Plan keine Erwähnung fand.
R eparationen: Eine Zahlung in Form menschlicher Arbeitskraft.
I ronie: Die Aufstellung des Repatriierungsplanes einschließlich der Korrektur.
I ndiskret: Die Frage nach dem Entlassungstermin eines POW.
E ducation: Es gibt Leute "mit" und "ohne". Am günstigsten schneiden Personen "ohne" ab. Die "mit" unterliegen der "Re-education".
R epatriierung: (auch) ein Wort im Wandel der Zeit.
1907 Die Pflicht des Wissens
1948 Die Pflicht des Erfüllens.
U topia: Erscheinungsland des wirklich demokratischen Staatsanzeigers.
N othing: Das Resultat dessen, was planmäßig hätte intreffen sollen.
G ermany: Ein Land, um dessen Konkursmasse sich die Gläubiger streiten - trotz allem die Heimat des POW.

**Was ist der P.O.Wist in Middle East?**

Ein durch Stacheldraht schauender, auf Gott vertrauender,
sich zählen lassender, Inspektionen hassender,
zehnfach verbuchter, taschendurchsuchter,
rückenbeschrifteter, malariavergifteter,
von Sonne durchwärmter, von Mücken umschwärmter,
vom Sande bestaubter, der Freiheit beraubter,
entnazifizierter, demokratisch dressierter,
sich oftmals ödender, langsam verblödender,
den Mut nicht verlierender, Englisch studierender,
nie Mädchen küssender, stets treu bleiben müssender,
von der Liebe träumender, vor Kraft überschäumender,
Kantinen besuchender, oftmals fluchender,
seine Arbeit machender, dennoch meist lachender,
Urlaub entbehrender, Maiskorn verzehrender,
zackig sein sollender, heimfahren wollender,
in jeden Dreck krauchender, „Golden West" rauchender,
weißbrotverstopfter, scheinbar beklopfter,
dennoch immer gewitzter, von Genf aus beschützter,
Motoren bauender, Ersatzteile klauender,
und diese verscheuernder, seine Unschuld beteuernder,
und dennoch entlarvter, mit 28 Tagen bestrafter,
Kartoffel schälender, seine Tage zählender,
Zelte bauender, in die Zukunft schauender,
und sonst ein Vergessener, Milchsuppe fressender,
von Skorpionen bedrohter, sittlich verrohter
Middle East P.O.Wist.

(Ein kursierendes Gedicht von einen unbekanntem Verfasser)

## Meine Entlassung aus der Gefangenschaft

Schon in den ersten Monaten des neuen Jahres 1948 wurden die Entlassungsgerüchte so stark genährt und durch Fakten gestützt, dass es kaum noch Zweifel geben konnte, dass das sehnlich erwartete Ende der Gefangenschaft in greifbare Nähe rückte. Langsam und mit zunehmender Tendenz erfolgten Kommandierungen in das sogenannte Repatriierungslager. Dieses Entlassungslager nannten wir „Repatwing".

Ich kann mir nicht vorstellen, dass Außenstehende ermessen können, welche Emotionen der Begriff „Entlassung" in einem Gefangenengemüt hervorruft. Das muss man selbst erlebt haben!

Wir waren uns voll bewusst, dass es uns hier in Afrika im Moment bedeutend besser ging, als es uns die Heimat würde bieten können. Wir wollten aber trotzdem um jeden Preis nach Hause. Unser Sinnen und Trachten galt nur der Heimat. Dabei habe ich unter meinen Kameraden keine Unterschiede bemerkt, ganz gleich, ob zu Hause nur Eltern oder Frau und Kinder warteten. – Eine besondere Ausnahme machten dabei jene Kameraden, die nicht mehr in ihre alte Heimat zurückkehren konnten und auch noch keine Lebenszeichen von ihren Angehörigen hatten. Das waren nicht bloß Einzelne. Sie wussten nicht recht, in welche Zone sie sich entlassen lassen sollten. Aufgenommen wurden sie in jeder Zone. Ich habe bemerkt, dass man sich in den Entlassungslagern in Afrika und auch in Deutschland um diese Kameraden besonders bemüht hat. Verschiedene Institutionen, das Internationale Rote Kreuz und nicht zuletzt auch kirchliche Organisationen haben dabei Hervorragendes bei der Familienzusammenführung geleistet.

Von den ersten vier Monaten des Jahres 1948 habe ich kaum Erinnerungen an einzelne Vorgänge im Gedächtnis behalten. Die Ausnahme davon ist ein Lazarettaufenthalt vom 1. bis zum 27. Februar 1948. Ich war beim Kofferbasteln mit einem Stemmeisen abgerutscht und damit unglücklich in den Handrücken der linken Hand gefahren. Dabei hatte ich mir eine klaffende Wunde und eine Sehnenverletzung zugezogen. Meine Kameraden haben sich sofort darum gekümmert, dass ich ins Lazarett kam. Dort wurde unter Vollnarkose der Schaden genäht.

Als ich aus der Betäubung erwachte, hatte ich einen mächtigen Verband mit Schiene an der Hand. In den ersten fünf Tagen verabreichte man mir 2.000 Einheiten Penicillin. Das war damals die neue Wunderdroge. Hier beim Engländer wurden alle Verletzungen damit behandelt, auch Geschlechtskrankheiten, wie wir vom Sanitätspersonal erfahren konnten. Da das Penicillin nach vier Stunden seine volle Wirkung erreicht und dann aber wieder abbaut, wurde mir nun alle vier Stunden, Tag und Nacht, eine Spritze in den Hintern verpasst. In der Hand hatte ich keine Schmerzen mehr – aber wie ich liegen sollte, wusste ich bald nicht mehr! Die fünftägige Spritzenkur wurde sehr lang.

Der Verband wurde 21 Tage nicht erneuert. Bei der täglichen Visite wollte der Arzt nur wissen, ob ich Schmerzen in der Hand hatte. Weil ich das immer verneinen konnte, kam der Verband erst am 21. Tag herunter. Nach ein paar Tagen wurden die Fäden gezogen, und ich konnte wieder in mein Arbeitslager zurück. Im Lager habe ich noch eine Weile Übungen mit dem Daumen machen müssen. Bald war auch dies überstanden. Außer der Narbe ist kein Schaden zurück geblieben.

Noch ein Wort zum 4. Britischen Militär Hospital (4. B.M.H.): Es war ein großes Gelände mit hüttenartigen Patientenhäusern mit jeweils etwa 30 Betten. Die Behandlungs- und Operationsräume befanden sich in festeren Gebäuden. Der Teil des Hospitals für die Gefangenen war abgetrennt. Alle Ärzte und auch das Pflegepersonal waren deutsche Gefangene, Militärärzte und Sanitätspersonal.

In meinen alten Aufzeichnungen ist noch ein Lagerwechsel von etwa einem Monat verzeichnet, aber ich kann mich an Einzelheiten nicht mehr erinnern. Von jener Zeit ist nur die Sehnsucht nach der Entlassung, der „Repatriierung, in meiner Erinnerung haften geblieben.

Gerade in dieser angespannten Zeit kursierte eine Unmenge von hoffnungsvollen wie auch pessimistischen Gerüchten. Manchmal hieß es, es gäbe keine Schiffe mehr, oder es wurde vermeldet, ein Gefangenenschiff sei auf eine Mine gelaufen. Solcherart entsetzliche Geschichten ließen selbst unsere hartgesottenen Kriegerherzen erzittern. Keiner wusste etwas Genaues. – Wann und in welcher Reihenfolge würde die Entlassung ablaufen?

Berichte oder Briefe aus der Heimat von ehemaligen Afrika-Gefangenen kamen sehr selten und enthielten nur wenige Aussagen zu dem Verfahren der Entlassung. Uns peinigten so viele unbeantwortete Fragen, dass durch die magere Post die Spannung eher stieg, statt beruhigend zu wirken. Als ich dann an der Reihe war, haben mir etliche Kameraden den Schwur abgenommen, so schnell wie möglich einen ausführlichen Bericht von der Heimfahrt zu schreiben.

**Hurra, am 27. April 1948 erhielt der Prisoner of War Nummer 180 314 die Einweisung in das Repatwing, Lager 380!**

Ein großes altes Lager, in einer verhältnismäßig schönen Landschaft gelegen, hatte nun die dankbare Aufgabe erhalten, als Entlassungslager zu dienen. Es lag am Großen Bittersee in einer ungewohnt lieblich-grünen Landschaft. Wir waren ja in dieser Hinsicht nicht verwöhnt. Die Lage am Großen Bittersee war für ein Entlassungslager ideal, denn durch den Großen und Kleinen Bittersee führt der natürliche Weg des Suez-Kanals.

In diesem Lager wurden nun die Transporte zusammengestellt, die mit dem nächsten verfügbaren Schiff die Heimreise antreten sollten. Auch hier musste man noch Geduld an den Tag legen, denn immer noch konnten Wochen vergehen, ehe man auf der Heimfahrt war. Unser Verdienst hatte natürlich aufgehört und man musste jetzt vom Gesparten aus seinem Gepäck leben.

Das Gepäck der „armen" heimkehrenden Gefangenen ist auch noch einer Betrachtung wert: In der jahrelangen Zeit der Gefangenschaft hatte sich jeder Gefangene irgendwie auf seine Heimfahrt vorbereitet. Jeder wusste doch, wie es in der Heimat aussah.

Hier in Ägypten konnte man in jeder Kantine oder bei den Arabern viele, wenn nicht gar fast alle Dinge kaufen, die in der Heimat mit Gold aufgewogen wurden. Die hauptsächlichsten Dinge, die als Mitbringsel für die Heimat gekauft worden sind, waren:

Blechkanister mit 1 bis 2 kg Öl- oder Erdnussfett, grüner Bohnenkaffee, Tee, Seife, Schuhsohlenleder, Zwirn, Feuersteine und natürlich Zigaretten. Das Angebot war unerschöpflich, die Mengen wurden in erster Linie durch die Menge des gesparten Geldes begrenzt. Auch hier im Entlassungslager gab es nochmals beste Einkaufsgelegenheiten für alle begehrten Dinge. Es soll auch Gefangene gegeben haben, wahrscheinlich „Big Effendis", die Gold und Goldwaren mitgenommen haben.

Neben vielen gekauften Dingen gab es auch noch viele Sachen, die zweifelhafter Herkunft waren und sich im Gepäck befanden. Wegen dieser „Kleinigkeiten" undefinierter Herkunft hatten wir gewisse Sorgen. Bei den bevorstehenden Kontrollen und Durchsuchungen unserer Habseligkeiten, wir nannten das „Filzungen", hatten wir Bedenken wegen einiger der „besorgten" Dinge. Das betraf alle Sachen, die aus englischen Armeebeständen stammten und das normale Sortiment dessen, was ein Gefangener besitzen durfte, überstiegen. Solche Reichtümer waren Wolldecken, Unterwäsche, Schuhe, Uniformteile, Handtücher, Socken, Strohsäcke, Stoffe und Werkzeuge. Von diesen ergatterten Dingen hätten wir schon gern einiges mit nach Hause bringen wollen.

Im Nachhinein habe ich erfahren, dass mancherorts die Gefangenen bei ihrer Entlassung nur eine gewichtsmäßig begrenzte Menge persönlicher Sachen mit auf die Reise in die Heimat nehmen durften. Uns war eine Gewichtsbegrenzung nicht bekannt. So uferte das in einzelnen Fällen aus und man sah oft vor lauter Gepäck den Träger nicht mehr.

Für die Heimreise hatte ich mir zwei Holzkoffer mittlerer Größe gebaut. Zusätzlich hatte ich mir von einem Kameraden einen Seesack nähen lassen. Er hatte das schöne Stück gegen entsprechende Piaster aus einem neuen Strohsack genäht. Außerdem hatte ich noch Handgepäck mit all den Dingen, die unbedingt am Mann bleiben sollten. Jeder hatte die Befürchtung, dass man auf der großen Reise gewisse Wegstrecken sein Gepäck selbst schleppen müsste. Auch mein Reisegepäck hatte sein Gewicht. Aber es hatte den großen Vorteil, dass ich es stückweise allein tragen konnte.

Bei einigen Kameraden sah man mitunter Ungetüme von Gepäckstücken, die allein zu transportieren von vornherein völlig unmöglich war. So sah ich bei meinen Transport einen in Zeltbahnen eingewickelten präparierten ausgewachsenen Elefantenkörper ohne Beine und Rüssel, um den sich immer zwei Mann bemühten. Demgegenüber muss aber auch gesagt werden, dass es auch Kameraden mit ganz kleinen Gepäckstücken gab. Die hatten nur kleine Köfferchen bei sich. Die Größe und der Umfang der Gepäckteile lieferte überhaupt keine Aussage, wie wertvoll der Inhalt sein mochte. Mein Gepäck war nach meiner Schätzung genauso umfangreich und so viel wert wie das Gepäck der Mehrheit der Entlassungskandidaten.

Große Aufgaben hatten wir hier in diesem Lager nicht mehr zu erfüllen. Das Wichtigste war der Durchlauf durch die Registrierung mit anschließender ärztlicher Untersuchung. Man hatte hier auch noch Gelegenheit, seine offiziellen Bekleidungsstücke zu tauschen, wenn sie zu abgetragen und zu sehr geflickt waren. Die Einschätzung dessen, was tauschwürdig ist, trafen andere Gefangene, die sich für diesen Job gemeldet hatten. Die Meinungsbildung der Entscheider ließ sich mit Trinkgeld beeinflussen. Ich hatte mir hier auf diese Weise ein paar ganz neue und sehr solide hohe Schnürschuhe erworben. Beim Lagerschuhmacher ließ ich mir dann gleich noch ein Paar zusätzliche neue Sohlen darauf machen. Damit hatte ich ein Paar Schuhe auf Lebenszeit. Der einzige Nachteil dieser Schmuckstücke war ihr Eigengewicht. Als ich diese Schuhe Jahre später als Arbeitsschuhe an meinen Neffen, der als Gießer arbeitete, verschenkt habe, waren sie immer noch sehr gut erhalten.

Hier in dem Lager erhielten wir unseren Entlassungsanzug und einen Mantel. Vier Jahre habe ich in Ägypten ohne Mantel aushalten können. Zu Hause würde es jedoch wieder viel frischer sein. Die Kleidungsstücke für den Heimweg waren beinahe neue englische Uniformen, natürlich nun ohne Karo auf dem Rücken und Hosenboden.

Unsere Tropenbekleidung mit den Gefangenensymbolen – Karo auf dem Rücken und Hosenboden und Streifen an den Hosennähten – wurde eingezogen. Wer wollte sich eine solche Kluft auch mit nach Hause nehmen? Man konnte leicht gute Kleidungsstücke beschaffen. Allerdings musste man dann mit der Sorge leben, damit bei der schon erwähnten Filzung aufzufallen. Jeder tröstete sich mit der Hoffnung, dass ja nicht alle ganz gründlich inspiziert werden können.

Der Tagesablauf in diesem Lager bot uns viel Freizeit, die wir mit den verschiedensten Beschäftigungen ausfüllten. Ganz beliebt war das Baden im Großen Bittersee. So oft wie irgend möglich gingen wir zum Baden. Das war nach so langer Zeit ohne Bad und bei den hier herrschenden Temperaturen eine paradiesische Beschäftigung. Leider war der Anmarschweg bis zum See hinunter nicht unter 30 bis 40 Minuten zu schaffen. Unter der sengenden Sonne war das in der warmen Mittagszeit nicht gerade angenehm.

Das Wasser des Bittersees war sehr stark salzhaltig. Dadurch hatte der Körper deutlich mehr Auftrieb und man konnte herrlich und leicht schwimmen. Sobald man aus dem Wasser kam, war man mit Salzkristallen behaftet. Eine Nachspülung mit Süßwasser im Lager war deshalb unbedingt notwendig.

Auf dem Weg zum Baden passierten wir einen arabischen Basar, der bestimmt erst mit der Einrichtung des Entlassungslagers entstanden war. Das war eine kleine Budenstadt, ein richtiger Jahrmarkt orientalischer Prägung. Hier war immer Hochbetrieb. Es wimmelte von Verkäufern in Buden und fliegenden Händlern mit Bauchläden. Jeder pries seine Ware lautstark an. Manches konnten wir verstehen, vor allem wenn englische Brocken dem Wortschwall beigefügt waren. Vieles blieb natürlich unklar.

Kein Kauf ging ohne Feilschen ab. Zum Handeln und Feilschen gehörte eine gewisse Routine, wenn man etwas günstig kaufen will. Leider war das ganz und gar nicht meine starke Seite. Ich habe mich beim Bluffen nie sehr geschickt angestellt. Mit der Hilfe eines Kameraden, der auf diesem Gebiet wahre Wunder vollbrachte, habe ich etliche Geschäfte getätigt. Auf dem Basar gab es viele herumstromende Jungen. Einem Kameraden wurde von solch einem fixen Kerl unvermutet eine Pfundnote aus der Hand gerissen, und blitzschnell war der Lausejunge im Gewimmel untergetaucht. Nachforschungen waren sinnlos.

Nach elf Tagen im Lager reifte am 8. Mai 1948 ein besonders spannender Augenblick heran. Wir hatten schon Tage zuvor davon munkeln gehört, aber wir konnten noch nicht daran glauben. Aber nun kam der Befehl: „Alles mit Gepäck auf dem Appellplatz antreten!"

Die große gefürchtete Sichtung des Gepäcks begann. Ich weiß heute nicht mehr, wie viele kontrolliert worden sind und was alles eingezogen worden ist. In der Sektion, in der ich stand, ist niemand gefilzt worden.

Diese Prozedur mit starkem Nervenkitzel dauerte einige Stunden. Ungefähr 1.400 Entlassungskandidaten waren angetreten, aufgeteilt in 25 Sektionen. Als wir wegtreten durften, mussten wir unser Reisegepäck zurücklassen. Es wurde sektionsweise zu Haufen getürmt. Das Handgepäck durften wir wieder mit in das Lager nehmen.

Als gepflegter Gefangener kurz vor der Heimkehr

## Die Fahrt nach Hause – ein Reisebericht

Als Beschreibung für den weiteren Weg aus der Gefangenschaft möchte ich meinen Reisebericht sprechen lassen. Den hatte ich den zurückgebliebenen Kameraden versprochen. Sie baten darum, umgehend und genau informiert zu werden, wie die Entlassung, die Reise und die Ankunft in Deutschland ablaufen würden.

Im Quarantänelager Leipzig fand ich 22 Tage später die Zeit und Ruhe, den versprochenen Bericht anzufertigen. Dieser Bericht wendet sich an einen Kameraden, vier weitere Kameraden erhielten etwas später Kopien.

„Lieber ...

*jetzt sitze ich im Quarantänelager Leipzig für die Dauer von zehn Tagen fest. Deshalb will ich die Zeit nutzen, um gleich meinen Reisebericht zu schreiben, denn Du wirst sehnlichst darauf warten. Absenden werde ich ihn erst, wenn ich zu Hause bin. Dann will ich noch einige Familienerlebnisse ergänzen, soweit etwas zu erleben sein wird. Zu Hause finde ich dann hoffentlich auch eine Möglichkeit, den Bericht zu vervielfältigen. Denn außer Dir warten noch vier Mann in Middle East ebenfalls darauf. Viermal dasselbe abzuschreiben, habe ich nicht gerade viel Lust.*

*Also, hier im Quarantänelager habe ich im Moment sehr viel Zeit, und diese werde ich nun nutzbringend mit der Anfertigung dieses Berichts vertreiben:*

*Der 10. Mai 1948 war der langersehnte Tag der Verschiffung. Das lief ungefähr folgenderweise ab: Unser etwa 1.400 Mann starker Draft (so bezeichneten die Engländer unseren Transport) wurde in zwei Eisenbahnzügen vom Repatriierungs-Wing nach Port Said gebracht. Der erste Zug sollte um 6 Uhr fahren, tatsächlich startete er zwei Stunden später. Der zweite Zug sollte um 9 Uhr fahren, hatte aber ebenfalls zwei Stunden Verzug. Ich war dem zweiten Zug zugeteilt. Die Aufteilung richtete sich nach Sektionen: Die 1. bis 13. Sektion fuhr mit dem ersten Zug, die 14. bis 25. Sektion im zweiten. Ich gehörte zur 14. Sektion.*

*Vom Gepäck hatte ich ja schon geschrieben. Nach der großen Inspektion ist es sofort in Güterwagen verladen worden. Davon wurden wohl acht Waggons voll. Mit dem Gepäck fuhr eine Wache von zwei Offizieren und 30 Mann, aufgeteilt auf die einzelnen Wagen. Dieses Kommando hatte dann auch schon das Gepäck in das Schiff verstaut, ehe wir Port Said erreichten, denn sie waren schon zwei Tage vor uns losgefahren.*

*Nun zurück zu uns: Wann der erste Zug angekommen sein mag, ist unbestimmt. Unser zweiter Zug kam am Nachmittag in Port Said an. Der Zug fuhr bis an die Kaimauer heran. Dort befand sich eine große offene Halle, unter deren Dach wir dann sektionsweise antraten. Die nächsten Maßnahmen vollzogen sich sehr schnell, denn um 18 Uhr sollte schon „seeklar" sein.*

*Der erste Zug hatte bedeutend mehr Zeit und hat deswegen lange unter der Halle warten müssen. Aus diesem Zug sind dann auch etliche gründlich auseinander genommen worden. Wie ich hörte, ist dabei allerhand eingezogen worden – vorwiegend Navy-Sachen und überzählige Dinge, wie zum Beispiel Decken. Auch ägyptische Zigaretten waren betroffen, wenn sie in zu großen Mengen vorhanden waren. Mit eigenen Augen habe ich dies nicht gesehen, denn als wir ankamen, war dieser Zug schon verladen, und die Kumpels grüßten vom Schiff herunter.*

*Bei uns wickelte sich das folgendermaßen ab: Nachdem wir den Zug verlassen hatten und sektionsweise mit unserem Handgepäck angetreten waren, rollte der Zug sofort wieder weg. Nun eröffnete sich der Blick auf ein stolzes Schiff mit dem gewaltigen Namen „Empire Pride, Glasgow". Das war dafür auserkoren, uns als Transportschiff in die Freiheit und in die Heimat zu bringen. Einige ganz in Weiß gekleidete Araber versorgten uns mit einem Schluck weißem Tee mit Zucker und einem kuchenartigen Brötchen. Das war gewissermaßen der Willkommensgruß des Schiffes. Von allem, was wir in den folgenden Tagen als Verpflegung auf dem Schiff erhielten, war dieses Willkommensbrötchen bereits der Höhepunkt. Ansonsten sah das Schiff sehr ordentlich aus, es hatte ungefähr 10.000 t Wasserverdrängung und das Baujahr mochte 1938 sein. Das Auge des ehemaligen U-Bootfahrers taxierte diese Dinge immer noch so, als seien wir auf Feindfahrt.*

*Die Prozedur der Einschiffung verlief schnell und reibungslos. Kaum hatten wir das Brötchen verzehrt, mussten wir als erste Sektion schon vortreten und wurden nochmals genauestens unter Aufsicht der M.P. (Militärpolizei) gezählt. Dann ging es „Reihe rechts" in Richtung Schiff. Bevor wir den schwankenden Landungssteg betraten, erhielt jeder eine sogenannte Schiffskarte. Darauf standen die Nummern eines Decks und eines Tisches. Das waren die vorgesehenen Orte für den Aufenthalt auf dem Schiff. Zügig querten wir den Landungssteg zum Seefallreep und auf diesem hinauf auf das erste Deck. Ein Schiffsoffizier wies uns an Hand der Schiffskarte weiter zu dem zugewiesenen Deck.*

*Die weiteren Einzelheiten beschreibe ich in groben Zügen. Das Schiff war ein reiner Truppentransporter. Nachdem wir noch die Häfen Tobruk, Bengasi und Tripolis angelaufen hatten, hatten wir zuletzt über 2.000 sich auf ihre Freiheit freuende Deutsche an Bord, dazu noch einige Tommys. Letztere waren in Kabinen untergebracht. Wir wohnten in großen Wohndecks. Alles war sehr sauber. Das blieb auch so, dafür sorgten tägliche Inspektionen durch den Kapitän höchstpersönlich oder durch einen Schiffsoffizier. Während dieser Inspektionen mussten wir die Decks räumen. Nur das „Reinschiffkommando" musste dabei sein.*

*Fast täglich wurde das Anlegen der Schwimmwesten (jeder besaß eine) und das Antreten vor den Rettungsbooten exerziert. In der übrigen Zeit konnten wir das Oberdeck zu jeder Tag- und Nachtstunde betreten. Nur hier durfte geraucht werden. Die Wohndecks waren proppenvoll. Es war ein schlimmes Gewühle, ehe sich das nach drei Tagen etwas eingespielt hatte.*

*Das Schlafen in diesem Gedränge war überhaupt keine Erholung. Ein Teil der Männer schlief in Hängematten, die anderen auf Matratzen, die auf und unter den Tischen und in den Gängen kreuz und quer ausgelegt waren. Ich hatte es vorgezo-*

gen, in einer Hängematte zu schlafen. Abends nach 19 Uhr durften wir die Hängematten aufhängen. Dann war das Chaos perfekt, man konnte kaum noch durchkommen. Tagsüber und vor allem während der Inspektionen mussten die Hängematten und Matratzen fein säuberlich aufgerollt in Regalen aufgestapelt werden. Nach der Inspektion konnte man sich in freien Ecken auf die Matratzen niederlegen. Als das Schiff einmal etwas schwankte, durften die Seekranken in den Hängematten liegenbleiben, nur nicht während der Zeit der Inspektion.

Über das Essen habe ich schon geschimpft. Es war verdammt wenig und nicht sehr gut.

Morgens gab es Brot, abends ebenso. Das Brot war gut, aber viel, viel zu wenig. Es hatte Kastenform. Der Querschnitt hatte die Größe eines Kekses, ungefähr 7 mal 7 Zentimeter. Davon gab es früh und abends ein würfelförmiges Stück, dazu ein winziges Stück Margarine von der Größe eines Würfelzuckers oder eine Messerspitze mit Marmelade. Als Abwechslung gab es manchmal gar nichts als Beilage zum Brot.

Früh gab es regelmäßig Porridge (Hafermehlsuppe) in einer beinahe ungenießbaren Konsistenz. Die Pampe war ganz dick, völlig ungewürzt, manchmal sogar bitter und ohne jegliche Milch. Davon erhielten wir einen Vierteller voll. Zum Glück standen auf jedem Tisch ein Topf mit Salz und ein Pfefferstreuer. Mit Hilfe dieser Zutaten haben wir dem Kleister etwas Geschmack verliehen und ihn dann tapfer hinuntergewürgt.

Mittags gab es oft die seltsamsten Essenszusammenstellungen. Manchmal gab es Nudeln und Grieß, ein andermal Trockenkartoffeln und Erbsen ohne Tunke. Alles völlig ungewürzt. Eine Variante war in Wasser gekochtes Trockengemüse. Auch das war völlig geschmacksfrei. Es gab aber sowieso nur wenige Löffel davon. Jeden zweiten Tag mittags gab es einen sogenannten Eintopf, der zur Abwechslung stark gewürzt war, aber nur einen halben Teller voll.

Das Abendessen war die Hauptmahlzeit. Da gab es oft dieselben Zusammenstellungen wie mittags, nur keinen Eintopf. Zum Brot gab es als Beilage eine Scheibe Corned Beef oder eine drei-

*viertel Scheibe gerösteten Speck oder ein kleines Würstchen. Viermal erhielten wir auch zur Mittag- oder Abendmahlzeit geräucherten Fisch. Der war manchmal gut, jedenfalls eine Abwechslung. Außerdem gab es früh und abends sehr dünnen, etwas angegrauten Tee, der sehr schwach gesüßt war. Jeder erhielt davon einen viertel Becher voll.*

*Das war die Verpflegung auf der ganzen Fahrt. Die zweieinhalb mitgenommenen Brote halfen mir sehr, um den ständigen Hunger etwas zu stillen. Aber nach sieben Tagen war dieser Vorrat aufgebraucht. Das Brot fing auch schon langsam an zu schimmeln. Kekse sind bedeutend besser.*

*Eine besondere Erwähnung verdient die Bücherei auf dem Schiff. Sie war von der YMCA (ein internationaler christlicher Verein junger Männer) eingerichtet worden. Im Bestand waren sehr schöne Bücher, nur die Organisation der Buch-Ausgabe war katastrophal. Ein stundenlanges Schlangestehen war normal. Wenn man sich endlich bis zur Ausgabe vorgearbeitet hatte, musste man damit rechnen, dass die besten Sachen vergriffen waren. Wenn man ein gutes Buch erwischt hatte, tauschten wir uns das dann untereinander aus. Dies war die beste Lösung.*

*Nach der Beschreibung des allgemeinen Lebens auf dem Schiff füge ich nun noch ein paar Worte zur Schilderung der Fahrt an.*

*Am selben Abend der Einschiffung, also am 10. Mai 1948 gegen 19 Uhr, legte das Schiff in Port Said ab. Mit Einbruch der Dunkelheit passierten wir die Hafeneinfahrt. Nun ging es in flotter Fahrt westwärts. Am zweiten Tag morgens gegen 8 Uhr ankerten wir in der Bucht vor Tobruk. Mit Hilfe eines Lastkahns kamen die Kameraden, die offenbar dort interniert gewesen waren, an Bord, und gegen Mittag war das Gepäck verstaut. Sofort ging die Reise weiter, um am nächsten Morgen zur selben Zeit in der Bucht vor Bengasi vor Anker zu gehen.*

*Gegen Mittag waren wir wieder auf voller Fahrt bis zum Mittag des dritten Tages. Jetzt erreichten wir Tripolis, unsere letzte Anlegestelle vor Hamburg. Das war am 14. Mai, übrigens mein Ge-*

burtstag. Zum Feiern bot sich keine Gelegenheit. In Tripolis ging die Zuladung sehr schnell vonstatten, obwohl ich hier die vergleichsweise sperrigsten und wuchtigsten Gepäckstücke gesehen habe.

Zwei Stunden später hatten wir schon wieder das offene Meer erreicht. Nun sahen wir bis Gibraltar kein Land mehr, außer einigen Felszacken in der Ferne, die in der Nähe von Tunis stehen mochten. Gibraltar passierten wir am 17. Mai 1948 kurz nach Mittag. Da wurden einige Erinnerungen daran wach, als ich das letzte Mal hier in einigen Dutzend Metern Tiefe unter der Wasseroberfläche entlang gekommen bin.

Bis hierher verlief die Fahrt sehr ruhig. Einen Tag lang liefen wir etwas quer zu einer leichten Dünung und dadurch schwankte das Schiff leicht. Das genügte schon, dass einige Kameraden die Abortbrille im Arm hatten. Einen sah ich, der sogar Anstalten traf, um im Klosettbecken einen Handstand zu drücken. Es betraf aber nur verschwindend wenige. Im Atlantik rollte die Dünung dann etwas schwerer, ich schätze Seegang drei bis vier bei starkem Wind. Unser Kahn stampfte ganz schön, denn die See lief genau von vorn an. Nun wurde vermehrt herumgekotzt. Die den Abort nicht mehr erreichen konnten, überkam dies an anderer, meist unpassender Stelle. Sogar auf dem Rücken eines Kameraden hatte sich bei einem der Erguss entladen. Die meisten liefen etwas blass herum, aber der Großteil hielt sich tapfer. Das Oberdeck war ziemlich leer, alles lag lieber lang.

Bis jetzt war der Himmel kaum heiter gewesen. Bis auf einen Tag, da konnten wir uns sogar am Oberdeck sonnen. Sonst war der Himmel immer bedeckt gewesen und es wurde auch merklich kälter. Einige hatten sich schon den Mantel angezogen.

Die gefürchtete Biskaya überraschte uns in ganz eigentümlicher Art. Die See wurde immer ruhiger, bis sie beinahe bleiern dalag. Kaum noch Dünung. Das Wetter wurde diesig, sogar zwei Stunden lang direkt neblig, so dass wir langsamer fahren mussten.

Das Wetter wurde dann trüb und änderte sich bis kurz vor Hamburg nicht mehr. Oft regnete es sogar. Immer mehr Kameraden zogen ihre Mäntel an. Trotz Mantel fröstelte es mich. Diese Temperaturen waren wir nicht mehr gewohnt. Ich hätte sogar gern dicke lange Unterwäsche angezogen, wenn ich welche gehabt hätte. Unter diesen Wetterbedingungen passierten wir am 21. Mai frühmorgens Dover, aber das Land war wegen der schlechten Sicht nur sehr undeutlich zu sehen.

Am 22. Mai gegen 7 Uhr morgens stoppten wir am Feuerschiff Elbe I und übernahmen einen Lotsen. Nun waren wir so gut wie in Deutschland angekommen. Das Wetter wurde etwas heller, stundenweise schien sogar die Sonne. Bei der Weiterfahrt kam Cuxhaven in Sicht, herrliches grünes Land und rote Ziegeldächer. Alles stand an Oberdeck und war überwältigt und berührt von dem Blick auf deutsches Land! Auch ich werde die Augenblicke nie vergessen, als ich nach Jahren erstmals wieder den Anblick unseres deutschen Landes genießen konnte.

Uns begegneten sehr viele Dampfer. Wir wurden stürmisch mit „Hummel, Hummel, Mors, Mors" begrüßt. Das Gewinke und Geschreie wollte kein Ende nehmen. Den Höhepunkt erreichte es, als wir im Hamburger Hafen an den Landungsbrücken St. Pauli vorbeifuhren. Die langen Landungsbrücken standen voller Menschen, darunter viele Frauen. Es war ein toller Empfang, den uns die Hamburger da bereiteten. Wer uns gewahr wurde, kam herangelaufen, soweit es eben ging, und hat gewinkt. Es war einfach prächtig! Dann ging es in den Freihafen, und das Winken beschränkte sich auf die Hafenarbeiter.

Am Nachmittag des 22. Mai machten wir dann an einem Kai fest. Die Umgebung wurde sofort von deutscher Polizei abgesperrt. Es durfte keiner an das Schiff heran. Es gab drei oder vier Ausnahmen, Angehörige von Kameraden an Bord. Wie die das so schnell erfahren haben und hierher gelangt sind, ist mir schleierhaft.

Das einst so schöne Hamburg sah böse aus, soweit wir das vom Schiff aus sehen konnten. Überall sah man Ruinen. Auf den Werften sah es noch trostloser aus. Bei „Blohm & Voß" war die ganze Helling ein Eisentrümmerhaufen. Im Hafen lagen überall gesunkene Schiffe und Schiffsteile. Im Gegensatz zu früher fehlte die Betriebsamkeit. Alles war ruhig und leer, lediglich

*Schleppkähne mit Holz (sicherlich für England) waren unterwegs. Beinahe wie abgestorben lagen die Kais. Vereinzelt sah man ein großes Schiff mit fremder Flagge. Ein trauriger Anblick! Wann wird sich das wieder beleben?*

*Am nächsten Morgen – es war Sonntag, der 23. Mai 1948 – wurden wir ausgeschifft. Zwei Züge standen für uns bereit. Die Züge hielten fast neben dem Kai, an dem wir festlagen. Das Gepäck wurde durch ein besonderes Kommando in Güterwagen umgeladen. Wir anderen verließen Deck für Deck das Schiff. Mein Deck war das erste. Wir mussten nun in Personenwagen, die inwendig völlig leer waren, ganz ohne jede Sitzgelegenheit, Platz nehmen.*

*Kurz vor 10 Uhr setzte sich mein Zug in Bewegung. Nach etlichen Zwischenhalten erreichten wir die freie Strecke. Flott ging es dann über Lüneburg bis Uelzen, nach einem kurzen Halt weiter bis Munsterlager, wo wir am frühen Nachmittag anlangten. Zwischen Bahnsteig und dem Hauptlager lag ungefähr ein halber Kilometer Fußmarsch.*

*Im Hauptlager wurden wir sofort nach der gewünschten Zielzone sortiert und gezählt. Zu je 20 Mann wurde uns eine Hütte als provisorische Unterbringung zugewiesen. Diese Hütten und das Inventar sahen böse aus.*

*Wir bekamen eine Decke, warmes Essen und für zwei Tage Kaltverpflegung. Die verabreichte Suppe sah sehr grün aus und schmeckte ganz gut. Beim besten Willen kann ich nicht erklären, woraus diese Suppe bestand. Die Kaltverpflegung war nach bisherigen Maßstäben reichlich. Das kam daher, weil wir für einen Tag die Ration nachbekommen haben. Wie das möglich war, ist mir schleierhaft geblieben. Jedenfalls brauchte die Verpflegung für zwei Tage nur bis zum nächsten Tag mittags reichen. Hier erhielten wir pro Mann für zwei Tage ein halbes Brot. Dieses Schwarzbrot war sehr schwer und fühlte sich beinahe nass an. Dazu gab es ein Stück weiße Butter, so groß wie eine Streichholzschachtel, halb so viel Käse, einen guten Löffel voll Marmelade und ungefähr drei Löffel voll Rohzucker. Das ist doch ganz nett, nicht wahr? Beinahe hätte ich es vergessen: zwei Zigaretten, echte deutsche, waren auch dabei! Viele Kame-*

raden behaupteten, diese Zigaretten seien ungenießbar. So schlimm waren sie nach meiner Meinung nicht.

Einige Stunden später traf dann auch der zweite Zug mit dem Gepäck aus Hamburg ein. Das Gepäck wurde sofort mit Lastwagen zu unserem Lager gebracht. Auf dem großen Platz wurde es nach Sektionen sortiert und anschließend ausgegeben. Das Ausladen und Sortieren machten Kameraden von unserem Draft. – Welches Wunder, die Gepäckstücke waren alle vollzählig vorhanden! Nur zwei oder drei wohl etwas beschädigt. Es verlief alles sehr glatt. Zum Schutz vor Diebstahl ließen wir in den Unterkünften immer zwei Mann zurück, während die anderen zur Aufnahme waren oder andere Dinge erledigten.

Hier in Munsterlager trafen wir auch mit den ersten Gefangenen aus Russland zusammen. Die boten einen traurigen Anblick. Sie taten uns leid, wir konnten aber nicht viel für sie tun. Ich brauche dazu nichts weiter zu erzählen. Du wirst das alles noch selbst erleben. Allerdings: So krank und zerlumpt, wie wohl die ersten Angekommenen gewesen sein sollten, sind die jetzt angekommenen nicht mehr, aber krank sind sie alle noch. Viele haben Wasser oder andere Gebrechen, die sie in Russland arbeitsunfähig machten. Verblüffend ist, wie schnell sie transportiert worden sind. Einige erzählten, dass sie am 5. Mai im Ural losgefahren sind, durch die Lager in Frankfurt/Oder geschleust worden sind und dann schon am 23. Mai in Munsterlager angekommen waren. Aufgefallen ist mir ferner, dass sie alle sehr langsam und bedächtig sprechen. Das Freie, Ungezwungene und Heitere fehlt ihnen ganz. Sie muteten uns an wie ein anderer Menschenschlag. Wenn man dieses Elend sieht, hat man vermeintlich überhaupt keinen Grund mehr, über das Schicksal zu klagen. Wir müssen da ganz schweigen!

In Munsterlager hat jeder ab 16 Uhr am Nachmittag bis Mitternacht Ausgang. Da es nun gerade Sonntag war, ging es sofort an Land. Bald hatten wir eine Tanzdiele ausfindig gemacht. Der Eintritt kostete 2,50 RM. Wir hatten aber noch kein Geld. Als Ersatz öffneten zwei Zigaretten Marke „Golden West" sämtliche Tore. Auch das Bier ließ sich mit Zigaretten bezahlen. Normalerweise kostete es auf dem Tanzboden 0,50 RM. Es schmeck-

*te wie abgestandenes Selterswasser ohne Geschmack. Sofort rissen wir einige Touren ab. Die Lokale in Munsterlager waren alle nur sehr klein und dementsprechend voll. Man sah nur Gefangene und verhältnismäßig wenige Frauen, aber man spürte wieder einen Hauch von Freiheit und Normalität. Das Kaff ist zu klein für diesen Ansturm. Vier Tanzlokale sind am Ort, und sonntags, mittwochs und sonnabends ist Tanz. Ich war noch in einem anderen Lokal, aber überall bot sich dasselbe Bild.*

*Am nächsten Morgen war dann die Bonusauszahlung angesetzt. Der Bonus war das vom Verdienst für unsere Arbeit während der Gefangenschaft einbehaltene Geld. Wenn ich mich recht entsinne, bekam ich ungefähr 600 RM ausgezahlt.*

*Der nächste Tagesordnungspunkt war die Dokumentierung. Damit verbringt man fast den ganzen Tag. 2.000 Mann wollen abgefertigt sein! Damit jeder entlassene Gefangene überhaupt etwas Geld in die Tasche bekommt, wurden an jeden 40 Reichsmark Entlassungsgeld ausgezahlt.*

*Im Lager existiert eine Postbaracke. Dort kann man Telegramme, Päckchen und andere Postsachen aufgeben. Ich habe zwei Telegramme losgelassen, das Wort zu je 20 Reichsmark. Die Depeschen gingen verhältnismäßig schnell, in die russische Zone dauerte es zwei Tage.*

*Am späten Nachmittag wurden schon alle, die als Zielrichtung einen Ort in der amerikanischen Zone angegeben hatten, und auch diejenigen mit den Anfangsbuchstaben „A" bis „Kn" mit einem Ziel in der russischen Zone zum Weitertransport am nächsten Tage aufgerufen. Es gehen immer Transporte zu je 1.000 Mann weg. Ich hatte viel Glück, dass ich so schnell hier durchgekommen bin. Wie lange die Kumpels, die in die englische Zone wollten, warten mussten, habe ich nicht mitbekommen. Bei uns ging alles sehr schnell.*

*Mit der Ausnahme derjenigen, die in einem bestimmten Umkreis wohnen, müssen alle auf einen passenden Transport warten. Für den Abtransport mussten wir allerdings noch einmal in ein anderes Lager verfrachtet werden, noch am selben Abend. Das Lager lag ungefähr einen Kilometer entfernt. Eine Fahrgele-*

genheit wurde nicht gestellt, aber die Kraftfahrer bieten ihre Dienste gegen Zigarettenbezahlung freiwillig an. Der Lastkraftwagen wurde vollgepackt, und nach der Ankunft im anderen Lager wurde eine Zigarettenspende in einer Mütze gesammelt. Überall im Land und auch hier bei der Registrierung wurde man laufend nach Zigaretten angebettelt. Im neuen Lager verbrachten wir eine Nacht in unheimlich dreckigen Baracken.

Am nächsten Morgen, es war der 25. Mai 1948, wurde das Gepäck wieder auf Lastautos verladen. Diesmal wurden die Wagen gestellt. An einem Bahngleis wurden die Habseligkeiten wieder in Güterwagen verladen. Ich hatte mich diesmal zum Gepäckverladen gemeldet. Es war nicht zu anstrengend und ging ganz gut. Außerdem hatte ich auf diese Weise einen gewissen Einblick, was mit den Sachen passiert.

Unser Transport bestand ungefähr aus 200 bis 300 aus Afrika entlassenen Gefangenen, die anderen kamen von England. Die durften nur 56 lbs Gepäck mitführen. („lbs" ist die Abkürzung für das englische Pfund, was ungefähr einem Gewicht von 450 Gramm entspricht.) Die in England internierten Gefangenen konnten stattdessen vierteljährlich von England aus dicke Pakete nach Hause schicken. Dagegen hatte man es mit dem Gewicht des Entlassungsgepäcks sehr genau genommen.

Ich hatte noch vergessen, dass wir am selben Abend die englischen Entlassungsscheine erhielten, und am Morgen mussten wir drei Decken abgeben. Die eine im Lager empfangene und die zwei aus Afrika. Das konnten wir nicht vermeiden. Ansonsten ist uns aber nichts abgenommen worden, weder Kochgeschirr noch Unterwäsche, wie das viele behaupteten. Ich habe mit einem Kameraden einen Trick angewendet: Wir haben zwei Decken in der Mitte zerschnitten und dann die Hälften als ganze Decken abgegeben. Die Sache war riskant, aber bei uns lief alles glatt. Es ging alles sehr schnell und wir sind nicht aufgefallen. Auf diese Art und Weise bringe ich eine Decke mit nach Hause.

Doch nun weiter im Bericht. Wir fuhren wieder einmal in Personenwagen ohne jegliche Sitzgelegenheiten. Zum Glück waren wenigstens die Fenster in Ordnung. Die Fahrt ging um 8.45 Uhr *los. Über Uelzen, Celle, Göttingen erreichten wir Friedland um 16.30 Uhr. Das Lager Friedland liegt direkt neben dem Bahnhof. Vor dem Zug wurde sofort das Gepäck ausgegeben, und dann ging es ab in dieses Lager. Wie zuletzt überall, waren die Unterkünfte auch hier verheerend, regelrechte Nissenhütten mit 30 Mann Belegung pro Hütte. Die Einweisung ging sehr schnell vonstatten und alles war gut organisiert. Die Verpflegung glich der in Munsterlager. Wie in fast allen Lagern gibt es nur eine Decke. Meine ergaunerte Decke leistete mir schon hier gute Dienste.*

*Am nächsten Morgen, am 26. Mai, empfingen wir noch einmal Marschverpflegung, die sehr gut war. Vor allem die Butterportion war beachtlich. Dann wurden wir in Autobusse verladen, die uns vier Kilometer weit bis zur Grenze fuhren.*

*200 Meter vor dem englischen Schlagbaum mussten wir in einem Nebenweg antreten. Hier wurden wir von der deutschen Polizei gezählt. Der russische Schlagbaum war auch schon zu sehen. Dazwischen liegt ein ungefähr 150 Meter breites Niemandsland.*

*Wir mussten warten, weil erst ein Transport russischer Kriegsgefangener herüber sollte. Dieser kam dann gegen 9 Uhr an. Diese Kolonne könnte vielleicht auch 1.000 Mann stark gewesen sein. Aber der Unterschied in der körperlichen Verfassung zwischen denen und uns war horrend! Anschließend konnten wir die Grenze passieren, alles wild durcheinander.*

*350 Meter hat man das Gepäck bis zum russischen Schlagbaum selbst zu tragen. Vereinzelt ließen sich auch Leiterwagen auftreiben, aber die Posten ließen die Wagenbesitzer nicht gern durchs Niemandsland fahren. Wir hatten uns zu viert zusammen getan und einen größeren Leiterwagen samt einer alten Frau aufgetrieben. Zuerst ließen wir den größten Ansturm vorbei und dann fuhren wir mit unserem Wagen hinterher. So kamen wir ohne das schwere Gepäck in der Hand bis zum russischen Schlagbaum. Es war ja auch nicht weit.*

*Hinter dem russischen Schlagbaum standen unzählige Leiterwagen mit Frauen, Mädchen und Kindern bereit. Sie fanden gar nicht alle einen Nutzer. Es war ein fürchterliches Gedränge von Wagen und Gepäck am Schlagbaum. Die Einheimischen kämpften in der vordersten Reihe, um ihre Fahrgelegenheit anzubieten. Der russische Offizier und die zwei Soldaten, die am Schlagbaum ihren Dienst versahen, konnten sich des Trubels kaum erwehren. Natürlich haben sie mächtig geschimpft. Die russische Uniform, die sie tragen, sieht nicht schlecht aus, beinahe richtig zackig.*

*Zu zweit haben wir uns einen Leiterwagen mit einem jungen hübschen Mädchen als Kutscherin geangelt. Sie hat uns auf der Fahrt allerhand über Land, Leute und die Besatzungsmacht erzählt. Mit diesem fröhlichen Gespann passierten wir dann ein drei Kilometer langes Dorf mit dem Namen Kirchgandern. Am Ende des Dorfes befand sich ein kleines Lager, das wir aufzusuchen hatten.*

*In dem ersten Lager in der russischen Zone hielt dann erst mal ein Natschalnik eine pathetische, ungeschickte, beinahe plumpe Rede über die Vorteile und Herrlichkeiten der russischen Zone. Das war uns an der Stelle alles völlig egal. Wir waren froh, wieder in unserer Heimat zu sein.*

*Bei der Registrierung nahmen uns die Russen den englischen Entlassungsschein ab. Dann empfingen wir eine warme Suppe. Die war nicht viel anders als in den Lagern vorher. Marschverpflegung gab es auch schon wieder. Die Zulagen ließen allerdings merklich nach. Nun hatten wir schon einige Tage deutsches Brot gegessen. Das Brot in der russischen Zone ist vielleicht ein wenig schlechter als das in der englischen Zone. Schon nach dem ersten Verzehr stellten sich starke Winde ein und die haben sich bis heute nicht ganz gelegt. Sonst habe ich die Umstellung vom weißen auf das schwarze Brot ohne Probleme überstanden.*

*Am zeitigen Nachmittag wurden die ersten Ankömmlinge schon wieder zum anderthalb Kilometer entfernten Bahnhof Ahrenshausen weitergeschickt. Sie bedienten sich natürlich wieder der Dienste des Leiterwagengeschwaders. Die als erste losgeschickten Kumpel stammten aus Thüringen. Sie werden zunächst nach Gotha oder Erfurt geschafft. Genau kann ich es gar nicht sa-*

*gen. Eine Stunde später ging auch für die in Richtung Sachsen entlassenen Kumpel die Fahrt zum Bahnhof los. Für diese beiden Länder stand ein Zug bereit. Die Transportdienste mit den Leiterwagen entlohnten wir wie fast immer mit Zigaretten und Feuersteinen. Diese Art der Bezahlung sehen die Leute am liebsten.*

*Unser Sachsen-Zug bestand aus Personen- und Güterwagen. Die letzten Waggons fuhren nach der Provinz Sachsen, der Ort hieß wohl Gripa oder so ähnlich. Ich hatte einen ganz normalen Personenzugwagen erwischt, mit vollständigen Sitzbänken. Die Fahrt ging um fünf Uhr los und führte über Heiligenstadt, Nordhausen, Sangerhausen, Halle bis nach Leipzig. In Sangerhausen wurden die Wagen mit der Zielrichtung Provinz Sachsen abgehängt. Auch wir hatten hier beinahe fünf Stunden Aufenthalt. Der Bahnbetrieb rollte durchgängig eingleisig. Die normalen fahrplanmäßigen Züge sollen aber trotzdem ziemlich planmäßig fahren, wie uns überall versichert wurde. Unterwegs stiegen schon verschiedene Kameraden aus.*

*Am 27. Mai um 7.30 Uhr kamen wir auf dem Leipziger Hauptbahnhof an. Wir Dresdner hatten eigentlich die Absicht, von da aus sofort weiter nach Hause zu fahren. Erst in Dresden wollten wir in die Quarantäne gehen. Auf dem Bahnhof erzählte man uns aber, dass die Quarantäne hier in Leipzig nur noch zwei Tage dauere. Da wollten wir sie gleich hier hinter uns bringen. Wir blieben also sitzen, obgleich wenige Bahnsteige weiter um 10.11 Uhr ein D-Zug nach Dresden abfuhr. Das war schon ein recht zwiespältiges Gefühl.*

*Unser Zug wurde nach kurzem Aufenthalt auf dem Bahnhof Leipzig-Möckern abgestellt. Von da aus sind es nur zwei Minuten bis zur sogenannten 106er Kaserne, in der das Quarantänelager eingerichtet ist. Dort angekommen, erfuhren wir zu unserer größten Enttäuschung, dass die Quarantänezeit wieder auf 14 Tage erhöht worden ist. Wer zwischenzeitlich eine Arbeit annehme, könne nach zehn Tagen weiterziehen. Ein Zurück war nicht mehr möglich, weil sich die Tore schon geschlossen hatten. Tatsächlich betrug die Quarantänezeit vor dem 22. Mai nur zwei Tage. Das war der Tatsache geschuldet, dass die Kaserne zu der Zeit von Flüchtlingen überfüllt war.*

*Hier sitzen wir nun immer noch gefangen und voller Enttäuschung. Die Quarantänezeit war eingerichtet worden, um das Einschleppen von Krankheiten und Seuchen zu verhindern. Warum ausgerechnet jetzt die Verschärfung der Maßnahmen angeordnet ist, kann keiner sagen. Es ist eben ein Befehl von der sowjetischen Militäradministration.*

*Hier im Lager findet nun jeden dritten Tag eine sehr flüchtige Untersuchung statt und außerdem hat man noch allerhand Lauferei. Dabei macht hier alles einen desorganisierten Eindruck. Man wurstelt sich so durch. Nachmittags und abends sind allerhand Veranstaltungen und Vorträge angeboten, die die Zeit verkürzen sollen. Aber im Großen und Ganzen ist es sehr langweilig.*

*Wie ich schon schrieb, brauchen diejenigen, die arbeiten, nur zehn Tage zu bleiben. Deshalb melden sich fast alle zum Arbeiten. Diese Arbeiten sind nicht toll: Flur fegen oder auf der Schreibstube helfen oder anderer Kram. Noch vor Ablauf der zehn Tage wegzukommen, ist äußerst schwer. Das wird nur in seltenen Fällen gestattet. Diese Fälle hingen dann wahrscheinlich mit der Übergabe von Bohnenkaffee zusammen. Für mich war der Kaffee dafür zu schade.*

*Die Stuben für die Unterbringung sind von ganz unterschiedlicher Größe. In einigen Stuben schlafen acht Mann, in anderen dreißig. Die Verpflegung ist furchtbar schlecht. Früh empfängt man das Brot, es sind ungefähr sechs bis sieben Scheiben. Dazu gibt es einen halben Löffel Marmelade oder Kunsthonig und einen Löffel klaren Zucker. Das ist für den ganzen Tag alles, außer einer fürchterlichen dünnen Suppe am Mittag. Bei dieser Kost ist die schlanke Linie gesichert!*

*Nach meiner Beobachtung sehen die Männer in Deutschland alle sehr schlecht aus. Der Hunger und die Not ist ihnen am Gesicht abzulesen. Bei den Frauen und Mädchen ist es etwas anders. Die jungen Frauen und Mädels sind beinahe dick und sehen sehr gut aus. Ich habe darüber gestaunt. Die älteren*

*Frauen hingegen sind genauso ausgemergelt wie die Männer. Sicherlich sind meine Beobachtungen nicht repräsentativ, weil ich bislang zu wenig Kontakt zur Öffentlichkeit hatte.*

*Aus dem Quarantänelager kommt man nicht raus, es sei denn durch den Zaun. Die Sache ist aber gefährlich. Wer geschnappt wird, muss nochmals 14 Tage dranhängen.*

*Nun möchte ich meinen Bericht beenden und hoffe, dass ich Dich damit ausreichend ins Bild gesetzt habe. Nachdem ich zu Hause angekommen sein werde, schreibe ich dann noch Persönliches dazu. Abschließend möchte ich darauf hinweisen, dass dies meine persönlichen Reiseerlebnisse waren. Beim nächsten Transport kann sich dies oder das schon wieder geändert haben. Meine Erfahrung wird aber ein paar Anhaltspunkte für Dich liefern können."*

\* \* \*

Hier endete mein Reisebericht, und ich will noch hinzufügen, dass ich am 6. Juni 1948 auf dem Neustädter Bahnhof in Dresden endlich meine Frau, erstmalig meinen beinahe schon vierjährigen Sohn und meine Eltern in die Arme schließen konnte.

**– ENDE –**

# Im Namen des Führers und Obersten Befehlshabers der Wehrmacht

verleihe ich

dem

Mechanikergefreiten

Fritz Gundel

das

## Eiserne Kreuz 2. Klasse.

Kiel, den 14. April 19 40

*Carl*

Admiral
u.Mar.-Gruppenbefehlshaber Ost

(Dienstgrad und Dienststellung)

# Im Namen des Oberbefehlshabers der Kriegsmarine

verleihe ich dem

Mechanikermaat

Gundel

-UN 2325/38 S-

## für die Teilnahme an den Kriegsfahrten des

Kreuzers

"Lützow"

das

# Flotten-Kriegsabzeichen

Den 30. März 1943.

Der Befehlshaber der Kreuzer

Admiral

Im November 1939 war aus dem Panzerschiff „Deutschland" der Schwere Kreuzer „Lützow" geworden.

# Verleihungs-Urkunde

Auf Grund der Ermächtigung des Oberbefehlshabers
der Kriegsmarine verleihe ich dem

Mechanikermaat
(Dienstgrad)

G u n d e l (Fritz)
(Name)

das

# Ubootskriegsabzeichen 1939

Betriebsstelle, den 7. April 1943

Kreisch
~~Vizeadmiral und Befehlshaber der Unterseeboote~~
Konteradmiral
und
Führer der Unterseeboote Italien

# Im Namen des Führers und Obersten Befehlshabers der Wehrmacht

verleihe ich

dem

Mechanikersmaaten

Fritz G u n d e l

das

# Eiserne Kreuz 1. Klasse

Befehlsstelle , den 11. Oktober 1943

Kreisch

Konteradmiral
und
Führer der Unterseeboote Mittelmeer
(Dienstgrad und Dienststellung)

(MS 46466)

**CONTROL FORM D.2**
**Kontrollblatt D.2**

## CERTIFICATE OF DISCHARGE
### Entlassungschein

ALL ENTRIES WILL BE MADE IN BLOCK LATIN CAPITALS AND WILL BE MADE IN INK OR TYPESCRIPT.

**I**
**PERSONAL PARTICULARS**
*Personalbeschreibung*

Dieses Blatt muss in folgender weise ausgefüllt werden:
1. In lateinischer Druckschrift und in grossen Buchstaben.
2. Mit Tinte oder mit Schreibmaschine.

SURNAME OF HOLDER ...... G.I.M.D.E.L. ......
Familienname des Inhabers

DATE OF BIRTH ...... 14.5.19 ......
Geburtsdatum (DAY/MONTH/YEAR — Tag/Monat/Jahr)

CHRISTIAN NAMES ...... F.R.I.T.2 ......
Vornamen des Inhabers

PLACE OF BIRTH ...... D.R.E.S.D.E.N. ......
Geburtsort

CIVIL OCCUPATION ...... M.A.S.C.H.-B.A.U.E.R. ......
Beruf oder Beschäftigung

FAMILY STATUS—SINGLE † Ledig
Familienstand   MARRIED  Verheiratet
                WIDOW(ER) Verwitwet
                DIVORCED Geschieden

HOME ADDRESS Strasse ...... E.I.S.E.N.B.E.R.G.E.R. - 16 ......
Heimatanschrift   Ort ...... D.R.E.S.D.E.N. ......
                  Kreis ...... " ......
                  Regierungsbezirk/Land ...... " - B.A.U.T.Z.E.N. ......

NUMBER OF CHILDREN WHO ARE MINORS ......
Zahl der minderjährigen Kinder

I HEREBY CERTIFY THAT TO THE BEST OF MY KNOWLEDGE AND BELIEF THE PARTICULARS GIVEN ABOVE ARE TRUE.
I ALSO CERTIFY THAT I HAVE READ AND UNDERSTOOD THE "INSTRUCTIONS TO PERSONNEL ON DISCHARGE" (CONTROL FORM D.1).
SIGNATURE OF HOLDER ...... Fritz Gmndel ......
Unterschrift des Inhabers

Ich erkläre hiermit nach bestem Wissen und Gewissen, dass die obigen Angaben wahr sind. Ich bestätige ausserdem dass ich die "Anweisung für Soldaten und Angehörige Militär-ähnlicher Organisationen" u.s.w. (Kontrollblatt D.1) gelesen und verstanden habe.

**II**
**MEDICAL CERTIFICATE**
*Ärztlicher Befund*

DISTINGUISHING MARKS ......
Besondere Kennzeichen

DISABILITY, WITH DESCRIPTION ......
Dienstunfähigkeit, mit Beschreibung

MEDICAL CATEGORY ...... FIT ......
Tauglichkeitsgrad

I CERTIFY THAT TO THE BEST OF MY KNOWLEDGE AND BELIEF THE ABOVE PARTICULARS RELATING TO THE HOLDER ARE TRUE AND THAT HE IS NOT VERMINOUS OR SUFFERING FROM ANY INFECTIOUS OR CONTAGIOUS DISEASE.
SIGNATURE OF MEDICAL OFFICER ......
Unterschrift des Sanitätsoffiziers
NAME AND RANK OF MEDICAL OFFICER IN BLOCK LATIN CAPITALS ...... Dr. med. Ottomar Meyer ......
Zuname/Vorname/Dienstgrad des Sanitätsoffiziers
(In lateinischer Druckschrift und in grossen Buchstaben)

Ich erkläre hiermit, nach bestem Wissen und Gewissen, dass die obigen Angaben wahr sind, dass der Inhaber ungezieferfrei ist und dass er keinerlei ansteckende oder übertragbare Krankheit hat.

P.T.O.
Bitte wenden

† DELETE THAT WHICH IS INAPPLICABLE
Nichtzutreffendes durchstreichen

---

Dieser Entlassungsschein wurde am 24. Mai 1948 in Munsterlager ausgestellt. Der Stempelaufdruck „Übergangspunkt Heiligenstadt" wurde beim Grenzübertritt in die russische Zone angebracht.

## III
## PARTICULARS OF DISCHARGE
### Entlassungsvermerk

THE PERSON TO WHOM THE ABOVE PARTICULARS REFER
Die Person auf die sich obige Angaben beziehen
WAS DISCHARGED ON (Date) .... 2 4 MAI 1948 .... FROM THE* .... KRIEGSMARINE ....
wurde am (Datum der Entlassung)                    vom/von der*                 entlassen

RIGHT THUMBPRINT
Abdruck des rechten Daumens

CERTIFIED BY ..........
Beglaubigt durch

NAME, RANK AND
APPOINTMENT OF ..........
ALLIED DISCHARGING
OFFICER IN
BLOCK CAPITALS ..........

OFFICIAL
EMBOSSED SEAL
Amtlicher
Einprägestempel

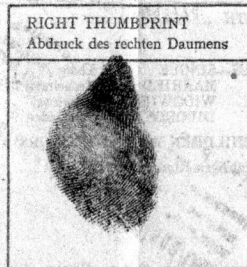

No 1 P.W. TRANSIT CAMP MÜNSTER

C. POTTER S.S.M.
DISCHARGE OFFICER

* INSERT "ARMY", "NAVY", "AIR FORCE", "VOLKSSTURM", OR PARA-MILITARY ORGANIZATION, e.g. "R.A.D.", "N.S.F.K.", ETC.
Wehrmachtteil oder Gliederung der die Einheit angehört, z.B. "Heer", "Kriegsmarine", "Luftwaffe", "Volkssturm", "Waffen SS", oder "R.A.D.", "N.S.F.K.", u.s.w.

40.- RM.
Entlassungsgeld
gezahlt.

BRIT. PAY CONTROL
Cashier No. 3

Übergangspunkt Holl.
von:
nach:

**Durchgangslager**
für deutsche Kriegsgefangene Nr. 1
der Stadt Leipzig
der sowjetischen Militär-Administration
im Land Sachsen

Leipzig, den 9. 6. 1948

Nummer: ...

## Bescheinigung

Der      G u n d e l , Fritz

ist im Durchgangslager für Kriegsgefangene Nr. 1 der Stadt Leipzig der sowjetischen Militär-Administration des Landes Sachsen am 27. 5. 1948 angekommen.

Er ist vom Truppenteil entlassen worden, ärztlich untersucht, entlaust, hat 14 tägige Quarantäne durchgemacht, praktisch gesund und wird nach seinem Wohnort zur Verfügung

Dresden ............................................. entlassen.

Приемный пункт
ВОЕННОПЛЕННЫХ НЕМЦЕВ № 1
г. Лейпциг СВА
Земли Саксония

"9" июня 1948 г.
г. Лейпциг. № 122570

## Удостоверение

Дано     Гундель
         Фриц

в том, что он прибыл на Приемный Пункт военнопленных № 1 г. Лейпциг СВА Ф. З. САКСОНИЯ

"27" мая 1948 г., демобилизован из армии, прошел мед. осмотр, санитарную обработку, четырнадцатидневный карантин, практически здоров, направляется по месту жительства

в распоряжение Бургомистра

г. Дрезден

Капитан: ............ (Петухов)

Diese Bescheinigung in deutscher und russischer Sprache war die Voraussetzung für die polizeiliche Anmeldung in Dresden und für die Beantragung von Lebensmittelkarten.

Bitte beachten Sie auch unsere Buchempfehlung auf der folgenden Seite! Vielen Dank.

## **Germania-Verlag**

Postfach 10 11 17
D-69451 Weinheim

www.Germania-Verlag.de

Werner Schneider

# 12 Feindfahrten

## Als Funker auf U 431, U 410 und U 371 im Atlantik und im Mittelmeer

Ausbildung - Einsatz - Gefangenschaft 1940-1946

176 Seiten, kt.

ISBN 978-3-934871-05-2

Werner Schneider wurde 1919 in Leipzig geboren. Im April 1940 wurde er zur Kriegsmarine einberufen und für die U-Bootwaffe ausgebildet. Als Funker war er anschließend nacheinander auf drei U-Booten im Einsatz und absolvierte insgesamt zwölf Feindfahrten, die meisten davon im Mittelmeer.

Schneiders erstes Boot war ab Indienststellung im April 1941 U 431. Fast alle Männer, die auf diesem Boot gefahren sind, fielen im Krieg. Denn U 431 wurde im Oktober 1943 vor der nordafrikanischen Küste von einem englischen Flugzeug versenkt. Die gesamte Besatzung fand dabei den Tod. Wer überlebte, war entweder vorher auf ein anderes Boot versetzt worden oder besuchte einen Lehrgang.

Werner Schneider hatte Glück: Nach seiner zehnten Feindfahrt auf U 431 hatte er sich im Juni 1943 zu einem Funkmaatenlehrgang gemeldet. Anschließend kam er auf U 410 zum Einsatz. Doch schon im März 1944 wurde bei einem Bombenangriff auf die französische Hafenstadt Toulon auch dieses Boot vernichtet.

Seine zwölfte Feindfahrt trat Schneider schließlich Ende April 1944 auf U 371 vor Algerien an. Diese Fahrt sollte zugleich die letzte und dramatischste werden. Nach einer wilden und erbarmungslosen Jagd sank U 371 mit fast leeren Batterien auf den Meeresgrund. Niemand glaubte mehr daran, jemals wieder lebend hochzukommen. Als nach 35 Stunden in höchster Not ein Auftauchen doch noch gelang, war U 371 von feindlichen Zerstörern umzingelt, die sofort das Feuer eröffneten. Die Besatzung ging über Bord, U 371 wurde versenkt.

Werner Schneider und seine überlebenden Kameraden waren nun Kriegsgefangene der USA und wurden zum Baumwollpflücken nach Mississippi verschifft. Ein abenteuerlicher Fluchtversuch aus dem Gefangenenlager misslang, Umerziehungsversuche und Schikane in einem weiteren Lager folgten. Erst im November 1946 durfte Schneider nach Deutschland zurückkehren.

**Germania-Verlag**, Postfach 10 11 17, D-69451 Weinheim